二手车鉴定评估交易手册

杨智勇　金艳秋　主编

U0314236

化学工业出版社
·北京·

内 容 简 介

本书是二手车从业人员在实际工作中的查阅手册，是围绕二手车鉴定、评估、交易实际操作的内容而编写的。

本书采用全彩图解＋视频演示的形式，把不易理解的二手车鉴定评估流程、操作方法，以图示化、影像化的直观简洁形式呈现，力求让读者特别是初学者能够更加一目了然地了解二手车鉴定评估过程。

本书主要适用于二手车鉴定评估交易从业人员查阅与学习，也可作为职业院校汽车类专业的培训教材、各种短训班的教学参考用书，还可供有关汽车检测维修技术人员和二手车置换的车主学习参考。

图书在版编目（CIP）数据

二手车鉴定评估交易手册 / 杨智勇，金艳秋主编. —北京：化学工业出版社，2023.2

ISBN 978-7-122-42701-4

Ⅰ. ①二… Ⅱ. ①杨…②金… Ⅲ. ①汽车 - 鉴定 - 手册②汽车 - 价格评估 - 手册③汽车 - 商品交易 - 手册 Ⅳ. ① U472.9-62 ② F766-62

中国版本图书馆 CIP 数据核字（2022）第 258735 号

责任编辑：周　红　　　　　　　　　　　　文字编辑：袁　宁
责任校对：张茜越　　　　　　　　　　　　装帧设计：刘丽华

出版发行：化学工业出版社（北京市东城区青年湖南街13号　邮政编码100011）
印　　装：北京缤索印刷有限公司
787mm×1092mm　1/16　印张21½　字数524千字　2023年 3月北京第1版第1次印刷

购书咨询：010-64518888　　　　　　　　　售后服务：010-64518899
网　　址：http://www.cip.com.cn
凡购买本书，如有缺损质量问题，本社销售中心负责调换。

定　　价：99.00元

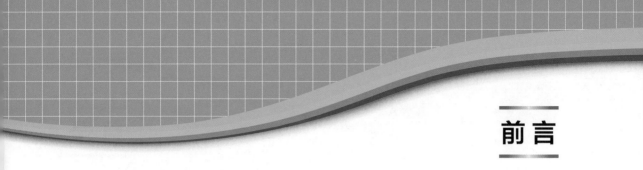

前言

我国汽车工业飞速发展，连续多年产销稳居世界第一，已成为世界汽车生产、消费大国。新车的生产与销售，促进了我国居民更换新车的步伐，消费升级和置换需求在汽车消费中的占比将进一步提升，二手车市场有着巨大的发展空间和潜力。

国家相关部门多次表态支持二手车行业发展，并出台了一系列政策，扶持二手车产业发展。全面取消二手车的全国限迁政策，推行小型非营运二手车交易登记跨省通办，实施全国二手车异地转籍的电子化，减征销售增值税等一系列便利政策，简化二手车异地交易流程，促进二手车便利交易，进一步释放了二手车的消费潜力。这些措施极大地促进了二手车交易量。

本书是二手车从业人员在实际工作中的查阅手册，围绕二手车鉴定评估交易实际操作内容的要求而编写。本书根据二手车鉴定评估交易所需要了解和掌握的知识，将内容分为5篇17章，详细讲解了汽车与二手车基本知识、二手车鉴定概述、二手车基本信息核查、事故车的鉴定、二手车动态检查、泡水车的鉴定、火烧车与调表车的鉴定、豪华二手车的鉴定、二手车的拍照、二手车成新率的确定、二手车价格的评估、二手车交易概述、二手车的收购与销售、二手车的清洗、二手车的维修与整备等方面的内容。

在编写的过程中，本书采用全彩图解的形式，把不易理解的二手车鉴定评估流程、操作方法，以图示化、图形化的直观简洁形式呈现，力求让读者特别是初学者能够更加直观、清楚地了解二手车鉴定评估过程；书中对重点知识内容配备了视频，读者可通过手机等移动终端扫描二维码观看，提高阅读学习效果。

本书始终遵循《二手车鉴定评估技术规范》（GB/T 30323—2013）规定的二手车鉴定评估流程与要求，详细阐明了二手车鉴定评估的工作内容，并且紧密结合二手车鉴定评估的实际工作情况，理论知识浅显易懂，实操技能叙述条理清晰，内容查阅方便。本书遵循的其他法律法规，如《机动车登记规定》可在公安部官网上查阅，《二手车交易规范》和《二手车流通管理办法》可在商务部官网上查阅。

本书图文并茂、通俗易懂，集常识性、理论性和实用性于一体，可供二手车鉴定评估交易从业人员查阅与学习使用，也可作为职业院校汽车类专业的培训教材、各种短训班的教学参考用书，还可供有关汽车检测维修技术人员和二手车置换的车主学习参考。

本书由杨智勇、金艳秋担任主编，宋云峰、郭明华、郝宏海担任副主编。参与编写的还有贾宏波、刘大龙、周新博、李海玉等。

在编写过程中，我们参考并引用了国内外一些汽车厂家的技术资料、有关出版物，还参考了许多发表在网站上的相关文章，在此对原作者、编译者表示衷心的感谢。

由于水平所限，不足之处在所难免，敬请读者批评指正。

编　者

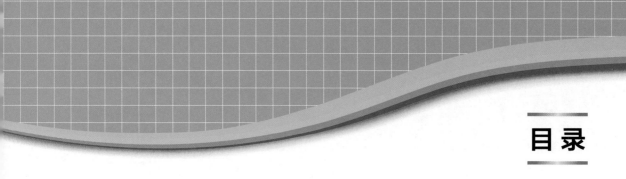

目录

第1篇　二手车鉴定评估基本知识

第1章　汽车基本知识　/ 2

第2章　二手车基本知识　/ 50

第2篇　二手车鉴定

第3章　二手车鉴定概述　/ 55

04　第4章　二手车基本信息核查　/ 66

05　第5章　事故车的鉴定　/ 85

第6章　二手车动态检查　/ 176

第7章　泡水车的鉴定　/ 189

第8章　火烧车与调表车的鉴定　/ 207

第9章　豪华二手车的鉴定　/ 225

第10章 二手车的拍照 / 240

第3篇 二手车评估

第11章 二手车成新率的确定 / 245

第12章 二手车价格的评估 / 259

第4篇 二手车交易

第13章 二手车交易概述 / 273

第14章　二手车的收购与销售　/ 295

第5篇　二手车的清洗、维修与整备

第15章　二手车的清洗　/ 306

第16章　二手车的维修　/ 322

第17章　二手车的整备　/ 333

参考文献　/ 336

第1篇

二手车鉴定评估基本知识

第 1 章

汽车基本知识

1.1 汽车的类型及型号编制规则

我国国家标准《汽车和挂车类型的术语和定义》（GB/T 3730.1—2001）中对汽车有如下定义：由动力驱动，具有 4 个或 4 个以上车轮的非轨道承载的车辆，主要用于载运人员和（或）货物、牵引载运人员和（或）货物的车辆、特殊用途。此外，汽车还包括与电力线相连的车辆（如无轨电车）以及整车整备质量超过 400kg 的三轮车辆等。

1.1.1 汽车的类型

我国汽车分类标准已与国际接轨，把国际标准化组织的统一规定作为我国国家标准。所以，在 2001 年有关部门发布了 GB/T 3730.1—2001，作为国家标准给予规定。该标准根据国际标准化组织的统一规定，将汽车按照动力装置类型、用途、行走方式等特征以及行驶道路条件来分类。

1.1.1.1 按汽车的动力装置类型分类

（1）活塞式内燃机汽车 活塞式内燃机汽车是用活塞式内燃机作为动力装置的汽车。活塞式内燃机汽车有按燃料种类和活塞的运动方式两种分类方法。

① 按燃料种类分类。

a. 汽油机汽车：发动机用汽油作为燃料的汽车。

b. 柴油机汽车：发动机用柴油作为燃料的汽车。

c. 气体燃料汽车：发动机用天然气、煤气等气体作为燃料的汽车。

d. 液化气燃料汽车：发动机使用液化气体作为燃料的汽车。

② 按活塞的运动方式分类。

a. 往复活塞式发动机汽车：将往复活塞式发动机作为动力装置的汽车。

b. 旋转活塞式发动机汽车：将旋转活塞式发动机作为动力装置的汽车。

（2）电动汽车 电动汽车是用电动机作为动力装置的汽车。根据电源形式分为无轨电车和电瓶车两种。

① 无轨电车：从架线上获得电力，以电动机驱动的大客车。

② 电瓶车：用蓄电池作为电源的电动汽车。

（3）混合动力汽车 混合动力汽车是指车上装有两个以上的动力源：其中一个为动力电池；另一个为内燃机等其他动力源。

目前市场主要的混合动力汽车类型有以下几种。

① 全面混合动力汽车：可以只使用内燃机或电池及电动机推动，也可两者同时使用的汽车。这类组合需要体积较大，电压也较高的电池。

② 辅助混合动力汽车：电池及电动机用于内燃机的辅助，为车辆加速提供动力的汽车。这种类型的汽车是在前轮驱动车辆的后轮上装上电动机，在需要的时候通过后轮增加推力。

③ 轻度混合动力汽车：电动机不能驱动车轮，而是在内燃机启动时，使用很大的启动电动机使内燃机转到较高的运转转速的汽车。

1.1.1.2　按汽车的用途分类

按照国家标准 GB/T 3730.1—2001，将汽车按用途分为两大类，即乘用车和商用车（图 1-1）。

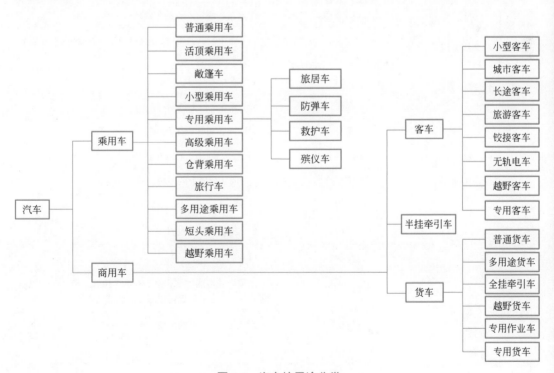

图 1-1　汽车按用途分类

（1）**乘用车** 在其设计和技术特性上主要用于载运乘客及其随身行李和（或）临时物品的汽车，包括驾驶员座位在内最多不超过 9 个座位。它也可以牵引一辆挂车。乘用车的代表车型为轿车、小型客车、商务车等，乘用车的类型与结构特点如表 1-1 所示。

表 1-1　乘用车的类型与结构特点

序号	类型	结构特点	
1	普通乘用车	车身	封闭式，侧窗中柱可有可无
		车顶（顶盖）	固定式，硬顶。有的车辆顶盖可部分开启
		座位	4 个或 4 个以上座位，至少两排。后排座椅可折叠或移动，以形成装载空间
		车门	2 个或 4 个侧门，可有一个后开启门
2	活顶乘用车	车身	具有固定侧围框架可开启式车身
		车顶（顶盖）	车顶为硬顶或软顶，至少有两个位置：第一个位置封闭；第二个位置可开启或拆除。可开启式车身可以通过使用一个或数个硬顶部件和（或）合拢软顶将开启的车身关闭
		座位	4 个或 4 个以上座位，至少两排
		车门	2 个或 4 个侧门
		车窗	4 个或 4 个以上侧窗
3	高级乘用车	车身	封闭式，前后座之间可以设有隔板
		车顶（顶盖）	固定式，硬顶。有的车辆顶盖可部分开启
		座位	4 个或 4 个以上座位，至少两排。后排座椅前可安装折叠式座椅
		车门	4 个或 6 个侧门，也可有一个后开启门
		车窗	6 个或 6 个以上侧窗
4	小型乘用车	车身	封闭式，通常后部空间较小
		车顶（顶盖）	固定式，硬顶。有的车辆顶盖可部分开启
		座位	2 个或 2 个以上的座位，至少一排
		车门	2 个侧门，也可有一个后开启门
		车窗	2 个或 2 个以上侧窗
5	敞篷车	车身	可开启式
		车顶（顶盖）	车顶为软顶或硬顶，至少有两个位置：第一个位置遮覆车身；第二个位置可供车顶卷收或可拆除
		座位	2 个或 2 个以上的座位，至少一排
		车门	2 个或 4 个侧门
		车窗	2 个或 2 个以上侧窗

序号	类型	结构特点	
6	仓背乘用车	车身	封闭式，侧窗中柱可有可无
		车顶（顶盖）	固定式，硬顶。有的车辆顶盖可部分开启
		座位	4个或4个以上的座位，至少两排。后排座椅可折叠或可移动，以形成一个装载空间
		车门	2个或4个侧门，并有一个后开启门
7	旅行车	车身	封闭式，车尾外形使车辆可提供较大的内部空间
		车顶（顶盖）	固定式，硬顶。有的车辆顶盖可部分开启
		座位	4个或4个以上的座位，至少两排。其中一排或多排座椅可拆除，或装有向前翻倒的座椅靠背，以提供装载平台
		车门	2个或4个侧门，并有一个后开启门
		车窗	4个或4个以上侧窗
8	多用途乘用车	是指除上述1～7车辆以外的，只有单一车室载运乘客及其行李或物品的乘用车。但如果这种车辆同时具备右侧两个条件，则不属于乘用车，而属于货车	除驾驶员座以外的座位数不超过6个；只要车辆具有可使用的座椅安装点，就应算"座位"存在
			满足下式：$P-(M+N\times68)>N\times68$ 式中 P——最大设计总质量； 　　M——整车整备质量与一位驾驶员质量之和； 　　N——除驾驶员座以外的座位数
9	短头乘用车	这种短头乘用车，发动机长度的一半以上位于车辆前风窗玻璃最前点以后，并且转向盘的中心位于车辆总长的前1/4部分内	
10	越野乘用车	在其设计上所有车轮可同时驱动（包括一个驱动轴可以脱开的车辆），或其几何特性（接近角、离去角、纵向通过角、最小离地间隙）、技术特性（驱动轴数、差速锁止机构或其他型式机构）和其他性能（爬坡度）允许在非道路上行驶的一种乘用车	
11	专用乘用车：运载乘员或物品并完成特定功能的乘用车，它具备完成特定功能所需的特殊车身和/或装备	旅居车	是一种具有下列生活设施结构的乘用车，如座椅和桌子、睡具（可由座椅转换而来）、炊事设施、储藏设施
		防弹车	用于保护所运送的乘员和（或）物品并符合装甲防弹要求的乘用车
		救护车	用于运送病人或伤员并为此目的配有专用设备的乘用车
		殡仪车	用于运送死者并为此目的而配有专用设备的乘用车

（2）**商用车**　在设计和技术特性上用于运送人员和货物的汽车，并且可以牵引挂车，乘用车不包括在内。商用车的类型与结构特点如表1-2所示。

表 1-2　商用车的类型与结构特点

序号	类型		结构特点
1	客车：在设计和技术特性上用于载运乘客及其随身行李的商用车辆，包括驾驶员座位在内座位数超过9座。客车有单层的和双层的，也可牵引一辆挂车	小型客车	用于载运乘客，除驾驶员座位外，座位数不超过16座的客车
		城市客车	一种为在城市内运输而设计和装备的客车。这种车辆设有座椅及站立乘客的位置，并有足够的空间供频繁停站时乘客上下车走动用
		长途客车	一种为在城市间运输而设计和装备的客车。这种车辆没有专供乘客站立的位置，但在其通道内可载运短途站立的乘客
		旅游客车	一种为旅游而设计和装备的客车。这种车辆的布置要确保乘客的舒适性，不载运站立的乘客
		铰接客车	一种由两节刚性车厢铰接组成的客车。在这种车辆上，两节车厢是相通的，乘客可通过铰接部分在两节车厢之间自由走动。这种车辆可以按城市客车、长途客车、旅游客车进行装备。两节刚性车厢永久连接，只有在工厂车间使用专用的设施才能将其拆开
		无轨电车	一种经架线由电力驱动的客车。这种电车可指定多种用途，并按城市客车、长途客车和铰接客车进行装备
		越野客车	在其设计上所有车轮可同时驱动（包括一个驱动轴可以脱开的车辆），或其几何特性（接近角、离去角、纵向通过角、最小离地间隙）、技术特性（驱动轴数、差速锁止机构或其他型式机构）和其他性能（爬坡度）允许在非道路上行驶的一种车辆
		专用客车	在其设计和技术特性上只适用于需经特殊布置安排后才能载运人员的车辆
2	半挂牵引车		装备有特殊装置、用于牵引半挂车的商用车辆
3	货车：一种主要为载运货物而设计和装备的商用车辆，它也可以牵引挂车	普通货车	一种在敞开（平板式）或封闭（厢式）载货空间内载运货物的货车
		多用途货车	在其设计和结构上主要用于载运货物，但在驾驶员座椅后带有固定或折叠式座椅，可载运3个以上乘客的货车
		全挂牵引车	一种牵引牵引杆式挂车的货车。它本身可在附属的载运平台上运载货物
		越野货车	在其设计上所有车轮可同时进行驱动（包括一个驱动轴可以脱开的），或其几何特性（接近角、离去角、纵向通过角、最小离地间隙）、技术特性（驱动轴数、差速锁止机构或其他型式机构）和其他性能（爬坡度）允许在非道路上行驶的一种车辆
		专用作业车	在其设计和技术特性上用于特殊工作的货车，如消防车、救险车、垃圾车、应急车、街道清洗车、扫雪车、清洁车等
		专用货车	在其设计和技术特性上用于运输特殊物品的货车，如罐式车、乘用车、运输车、集装箱运输车等

（3）挂车　挂车就其设计和技术特性是指需由汽车牵引才能正常使用的一种无动力的道路车辆，用于载运人员和（或）货物或者特殊用途。挂车的类型与结构特点如表 1-3 所示。

表 1-3　挂车的类型与结构特点

序号	类型	结构特点	
1	牵引杆挂车	客车挂车	在其设计和技术特性上用于载运人员及其随身行李的牵引杆挂车。它可按半挂牵引车和货车装备
		牵引杆货车挂车	在其设计和技术特性上用于载运货物的牵引杆挂车
		通用牵引杆挂车	一种在敞开（平板式）或封闭（厢式）载货空间内载运货物的牵引杆挂车
		专用牵引杆挂车	根据其设计和技术特性，需经特殊布置后才能载运人员和（或）货物；只执行某种规定的运输任务（如乘用车运输挂车、消防挂车、低地板挂车、空气压缩机挂车等）
2	半挂车	客车半挂车	在其设计和技术特性上用于载运乘客及其随身行李的半挂车。这种半挂车可按客车、半挂牵引车和货车加以装备
		通用货车半挂车	一种在敞开（平板式）或封闭（厢式）载货空间内载运货物的半挂车
		专用半挂车	根据其设计和技术特性，需经特殊布置后才能载运人员和（或）货物；只执行某种规定的运输任务。例如原木半挂车、消防半挂车、低地板半挂车、空气压缩机半挂车等
		旅居半挂车	能够提供活动睡具的半挂车
3	中置轴挂车	牵引装置不能垂直移动（相对于挂车），车轴紧靠挂车的重心（当载荷均匀时）的挂车，这种车辆只有较小的垂直静载荷作用于牵引车，不超过相当于挂车最大质量的10％或1000N的载荷（两者取较小者）。其中一轴或多轴可由牵引车来驱动。旅居挂车属于能够提供活动睡具的中置轴挂车	

注：1.牵引杆挂车，至少有两根轴的挂车，其中一轴可转向；通过角向移动的牵引杆与牵引车连接；牵引杆可垂直移动，连接到底盘上，因此不能承受任何垂直力。具有隐藏支地架的半挂车也作为牵引杆挂车。

2.半挂车，车轴置于车辆重心（当车辆均匀受载时）后面，并且装有可将水平或垂直力传递到牵引车的连接装置的挂车。

（4）汽车列车　一辆汽车与一辆或多辆挂车组合而成的车辆。汽车列车的类型与结构特点如表1-4所示。

表 1-4　汽车列车的类型与结构特点

序号	类型	结构特点
1	乘用车列车	乘用车和中置轴挂车组合而成的车辆
2	客车列车	一辆客车与一辆或多辆挂车组合而成的车辆。各节乘客车厢不相通，有时设有服务走廊
3	货车列车	一辆货车与一辆或多辆挂车组合而成的车辆
4	牵引杆挂车列车	一辆全挂牵引车与一辆或多辆挂车组合而成的车辆
5	铰接列车	一辆半挂牵引车与具有角向移动连接的半挂车组成的车辆
6	双挂列车	一辆铰接式列车与一辆牵引杆挂车组合而成的车辆

序号	类型	结构特点
7	双半挂列车	一辆铰接式列车与一辆半挂车组合而成的车辆。两辆车的连接是通过第二个半挂车的连接装置实现的
8	平板列车	一辆货车和一辆牵引杆货车挂车组合而成的车辆；在可角向移动的货物承载平板的整个长度上，载荷都是不可分地置于牵引车和挂车上。为了支撑这个载荷，可以使用辅助装置。这个载荷和（或）它的支撑装置构成了这两个车的连接装置，因此不允许挂车再有转向连接

1.1.1.3 按汽车的行走方式分类

（1）**轮式汽车** 轮式汽车是将车轮作为行走装置的汽车，通常可分为非全轮驱动和全轮驱动两种形式。汽车的驱动形式一般用符号"$n \times m$"表示，其中 n 为车轮总数（在 1 个轮毂上安装双轮辋和轮胎仍算 1 个车轮），m 为驱动轮数。另外，轮式汽车在驱动形式上还可以进行更为细致的分类。根据发动机和各个总成相对位置的不同，现代汽车的驱动形式通常分为 5 类，即发动机前置后轮驱动（简称前置后驱，英文简称 FR）、发动机前置前轮驱动（简称前置前驱，英文简称 FF）、发动机后置后轮驱动（简称后置后驱，英文简称 RR）、发动机中置后轮驱动（简称中置后驱，英文简称 MR）、发动机前置全轮驱动（简称前置全驱，也称前置四驱，英文简称 XWD）。

① 前置后驱。发动机前置后轮驱动如图 1-2 所示。发动机布置在汽车前部，动力经过离合器、变速器、万向传动装置、后驱动桥，最后传到后驱动车轮，使汽车行驶。这是一种传统的布置形式，应用广泛，适用于除越野汽车外的各类型汽车，大多数的货车、部分轿车和部分客车都采用这种形式。

这种布置类型通常将发动机、离合器、变速器各总成连成一体（载重车的变速器为便于维修常单独悬置），安装于汽车前部；主减速器、差速器安装于后桥中部，构成后驱动桥；在变速器与后驱动桥之间用万向传动装置进行连接。

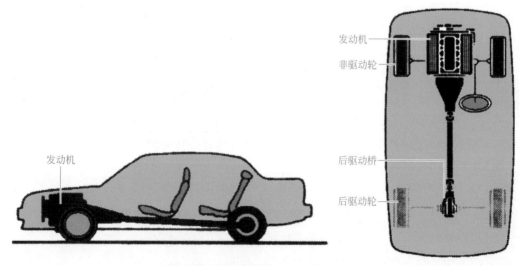

图 1-2　发动机前置后轮驱动示意图

② 前置前驱。发动机前置前轮驱动如图 1-3 所示。发动机布置在汽车前部，动力经过离合器、变速器、前驱动桥，最后传到前驱动车轮。这种布置形式在变速器与驱动桥之间省去了万向传动装置，使结构简单紧凑，整车质量小，高速时操纵稳定性好，大多数轿车采用这种布置形式。但这种布置形式的不足是爬坡性能差。

发动机前置前轮驱动布置形式根据发动机布置的方向可以分为发动机前横置前轮驱动式和发动机前纵置前轮驱动式。

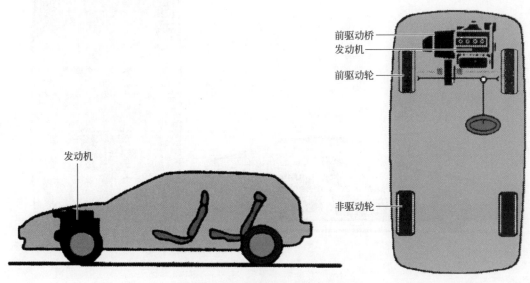

图 I-3　发动机前置前轮驱动示意图

③ 后置后驱。发动机后置后轮驱动如图 1-4 所示。发动机布置在汽车后部，动力经过离合器、变速器、角传动装置、万向传动装置、后驱动桥，最后传到后驱动车轮，使汽车行驶。这种布置形式便于车身内部的布置，减小车内发动机的噪声，一般用于大型客车。

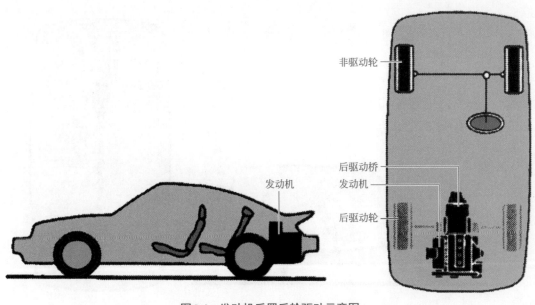

图 I-4　发动机后置后轮驱动示意图

④ 中置后驱。发动机中置后轮驱动如图 1-5 所示。这种布置形式将发动机布置于驾驶室后面、汽车的中部，有利于实现前、后轴较为理想的轴荷分配，是赛车和部分大、中型客车采用的方案。客车采用这种方案布置时，能使车厢有效面积得到最高利用。

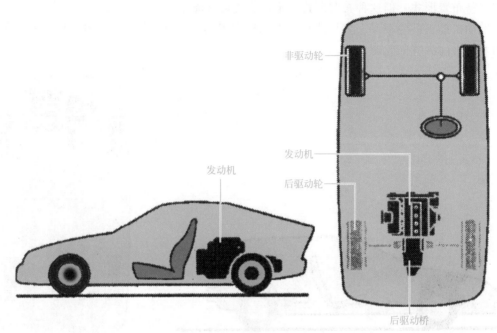

图 1-5　发动机中置后轮驱动示意图

⑤ 前置四驱。发动机前置全轮驱动如图 1-6 所示。发动机布置在汽车前部，动力经过离合器、变速器、分动器、万向传动装置分别到达前后驱动桥，最后传到前后驱动车轮，使汽车行驶。这种布置形式由于所有的车轮都是驱动车轮，提高了汽车的通过性能，因而被越野汽车广泛采用。

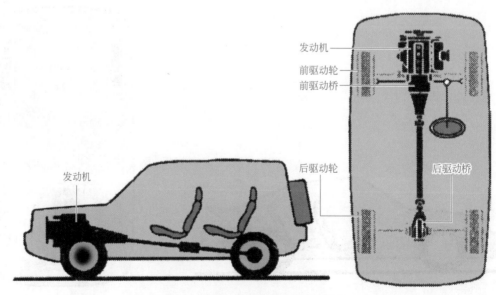

图 1-6　发动机前置全轮驱动示意图

前置四驱主要用于吉普车和越野车，但是也有部分轿车采用了全轮驱动形式。通常，两车桥汽车的全轮驱动形式称为四轮驱动，三车桥的全轮驱动形式称为六轮驱动，以此类推。

四轮驱动一般分为三种形式：全时驱动、兼时驱动和适时驱动。

a. 全时驱动（full-time）。全时驱动车辆永远保持四轮驱动模式，正常行驶时将发动机输出转矩按 50%：50% 设定在前后轮上。当轮胎打滑时自动分配前后转矩以确保在不同路面上极佳的车辆性能和驾驶条件，前后驱动转矩的分配比例在 30%～70% 之间连续无级可调，采用这种驱动模式的车辆具有极佳驾驶操控性和行驶循迹性。全时四驱科技含量高，车辆的行驶操控性能和舒适性也强，主要运用在奥迪 A6L 轿车、宝马 X5 汽车等车型上。

奥迪 A6L 轿车全时四轮驱动系统的基本组成如图 1-7 所示。

图 1-7　奥迪 A6L 轿车全时四轮驱动系统

b. 兼时驱动（part-time）。兼时驱动模式一般用于越野车或四驱 SUV 上。驾驶人可根据路面情况，通过接通或断开分动器来变化两轮驱动或四轮驱动模式。其优点是可根据实际情况来选取驱动模式，比较经济；缺点是其机械结构比较复杂，需要驾驶者有很强的驾驶经验。

c. 适时驱动（real-time）。采用适时驱动的车辆，其选择何种驱动模式由电脑控制，正常路面一般采用两轮驱动，如果路面不良或驱动轮打滑，电脑会自动侦测出并立即将发动机输出转矩分配给其他两轮，切换到四轮驱动状态，免除了驾驶人的判断和手动操作，应用更加简单。选用这种驱动模式的代表车型有上汽通用别克昂科威、东风本田 CR-V 和北京现代途胜等。

如图 1-8 所示，与常见的传统适时四驱系统不同，昂科威搭载的适时四驱系统采用的是后桥锁止离合器侧向布置的方式，通过离合器分别控制左右后轮的扭力分配，左右后轮可以实现 0～100% 的连续分配。

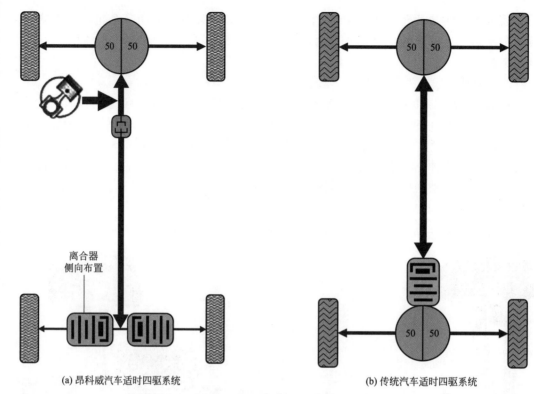

离合器
侧向布置

(a) 昂科威汽车适时四驱系统　　　　　　　　　(b) 传统汽车适时四驱系统

图1-8　昂科威汽车与传统汽车适时四驱系统对比

（2）其他形式的车辆

① 履带式汽车：将履带作为行走装置的汽车。

② 半履带式汽车：将履带作为驱动装置，将前轮作为转向装置的汽车。如雪橇式车辆、气垫式车辆、步行机械式车辆等。

1.1.1.4　按汽车的行驶道路条件分类

（1）公路用车　公路用车是指主要行驶于公路和城市道路的汽车。公路用车的长度、宽度、高度、单轴载荷等均受交通法规的限制。

（2）非公路用车　非公路用车主要有两类：一类是本身的外廓尺寸、单轴载荷等参数超出了法规限制而不适于公路行驶，只能在矿山、机场和工地内的无路地区或专用道路上行驶的汽车；另一类是越野汽车，越野汽车是一种能在复杂的无路路面上行驶的高通过性汽车。

越野汽车可以是轿车、客车，也可以是货车或其他用途的汽车。常见的轮式越野汽车都配备越野轮胎并采用全轮驱动的驱动形式。越野汽车按总质量分类：

① 轻型越野汽车：总质量小于或等于5t的汽车。

② 中型越野汽车：总质量大于5t而小于或等于13t的汽车。

③ 重型越野汽车：总质量大于13t而小于或等于24t的汽车。

④ 超重型越野汽车：总质量大于24t的汽车。

一般而言，在车辆类型的各种分类中，与二手车鉴定评估密切相关的是按动力装置分类和按用途分类。

1.1.2 汽车的型号编制规则

汽车型号需表明汽车的生产企业、汽车类型和主要的特征参数、产品序号以及企业自定代号等内容。完整的汽车型号包括五部分内容，即企业名称代号、车辆类别代号、主参数代号、产品序号和企业自定代号，用简单的汉语拼音字母和阿拉伯数字来编号表示。我国汽车产品型号编制规则如图1-9所示，专用车产品型号编制规则如图1-10所示。

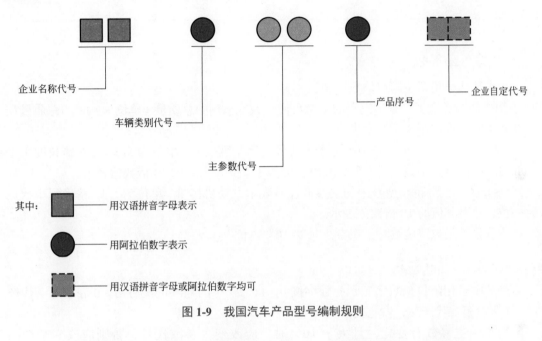

图1-9　我国汽车产品型号编制规则

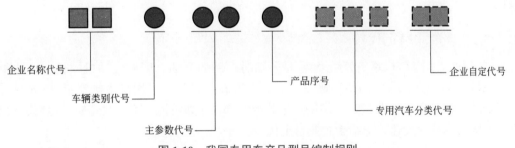

图1-10　我国专用车产品型号编制规则

1.1.2.1　企业名称代号

企业名称代号由两个字的汉语拼音首字母表示，代表某一个汽车生产企业，如CA代表一汽集团公司、EQ代表东风汽车集团公司。

1.1.2.2　车辆类别代号

车辆类别代号表明车辆分属的种类，用一位阿拉伯数字表示。车辆类别代号的规定如表1-5所示。

表 1-5　车辆类别代号规定

车辆类别代号	车辆种类	车辆类别代号	车辆种类
1	载货汽车	5	专用汽车
2	越野汽车	6	客车
3	自卸汽车	7	轿车
4	牵引汽车	8	半挂车

1.1.2.3　主参数代号

主参数代号用两位阿拉伯数字表示。

（1）载货汽车类　载货汽车的主参数代号表示车辆的总质量（单位为 t）。当总质量在 100t 以上时，允许用 3 位数字表示。

（2）客车类　客车型号中的主参数代号表示车辆长度（单位为 m）。当车辆长度小于 10m 时，应精确到小数点后一位，并以长度值（单位为 m）的 10 倍数值表示。

（3）轿车类　轿车型号中的主参数代号表示发动机排量（单位为 L）。精确到小数点后一位，并以其值的 10 倍数值表示。

主参数不足规定位数时，在参数前以"0"占位。

1.1.2.4　产品序号

产品序号用阿拉伯数字表示，数字按 0，1，2，…的顺序依次使用。0 表示第一代产品，1 表示第二代产品，以此类推。

当车辆主参数有变化，且大于 10％时，应改变主参数代号，否则应改变其产品序号。

1.1.2.5　企业自定代号

同一种汽车因结构略有变化而需要区别时，例如汽油、柴油发动机，长、短轴距，单、双排座驾驶室，平、凸头驾驶室，左、右置转向盘等，可用汉语拼音字母和阿拉伯数字表示，位数也由企业自定。供用户选装的零部件（如暖风装置、收音机、地毯、绞盘等）不属结构特征变化，不给予企业自定代号。

1.1.2.6　专用汽车结构特征代号

专用汽车结构特征代号的规定如表 1-6 所示。

表 1-6　专用汽车结构特征代号规定

结构类型	结构特征代号	结构类型	结构特征代号
厢式汽车	X	特种结构汽车	T
罐式汽车	G	起重举升汽车	J
专用自卸汽车	Z	仓栅式汽车	C

1.1.3 发动机型号编制规则

1.1.3.1 发动机型号的组成

根据内燃机（发动机）产品名称和型号编制规则（GB/T 725—2008），内燃机产品名称均按所采用的燃料命名，如柴油机、汽油机、天然气机等。内燃机型号由阿拉伯数字、汉语拼音字母或国际通用的英文缩略字母组成，包括四部分，如图 1-11 所示。

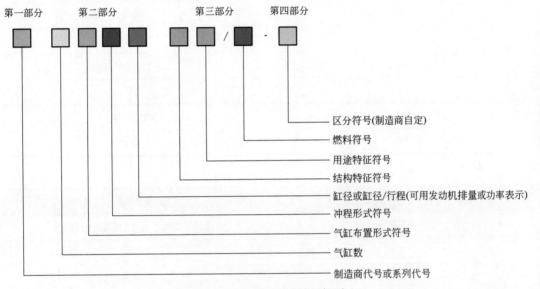

图 1-11　发动机型号编制规则

（1）第一部分　由制造商代号或系列代号组成。本部分代号由制造商根据需要选择相应 1 ～ 3 位字母表示。

（2）第二部分　由气缸数、气缸布置形式符号、冲程形式符号、缸径符号组成。

①气缸数用 1 ～ 2 位数字表示。

②气缸布置形式符号按表 1-7 所示的规定。

表 1-7　气缸布置形式符号

符号	含义
无符号	多缸直列及单缸
V	V 形
P	卧式
H	H 形
X	X 形

注：其他布置形式符号见 GB/T 1883.1。

③冲程形式为四冲程时符号省略，二冲程用 E 表示。

④缸径符号一般用缸径或缸径 / 行程数字表示，也可用发动机排量或功率数表示。其

单位由制造商自定。

（3）第三部分　由结构特征符号、用途特征符号组成，其符号分别按表1-8和表1-9所示的规定。

表1-8　结构特征符号

符号	结构特征
无符号	冷却液冷却
F	风冷
N	凝气冷却
S	十字头式
Z	增压
ZL	增压中冷
DZ	可倒转

表1-9　用途特征符号

符号	用途特征
无符号	通用型及固定动力（或制造商自定）
T	拖拉机
M	摩托车
G	工程机械
Q	汽车
J	铁路机车
D	发电机组
C	船用主机、右机基本型
CZ	船用主机、左机基本型
Y	农用三轮车（或其他农用车）
L	林业机械

注：内燃机左机和右机的定义按GB/T 726的规定。

（4）第四部分　区分符号。同系列产品需要区分时，允许制造商选用适当符号表示。第三部分与第四部分可用"-"分隔。

1.1.3.2　发动机型号编制举例

（1）柴油机型号举例

①G12V190ZLD——系列代号为G的12缸、V形、四冲程、缸径190mm、冷却液冷却、增压中冷、发电用。

② R175A——系列代号为 R 的单缸、四冲程、缸径 75mm、冷却液冷却、区分符号为 A。

③ YZ6102Q——扬州柴油机厂生产的 6 缸直列、四冲程、缸径 102mm、冷却液冷却、车用柴油机。

（2）汽油机型号举例

① IE65F/P——单缸、二冲程、缸径 65mm、风冷、通用型。

② 492Q/P-A——4 缸、直列、四冲程、缸径 92mm、冷却液冷却、汽车用（区分符号为 A）。

（3）燃气机型号举例　12V190ZL/T——12 缸、V 形、四冲程、缸径 190mm、冷却液冷却、增压中冷、燃气为天然气。

（4）双燃料发动机型号举例　G12V190ZLS——系列代号为 G 的 12 缸、V 形、缸径 190mm、冷却液冷却、增压中冷、燃料为柴油 / 天然气双燃料。

燃料符号及名称如表 1-10 所示。

表 1-10　燃料符号及名称

符号	燃料名称	备注
无符号	柴油	
P	汽油	
T	天然气	管道天然气
CNG	压缩天然气	
LNG	液化天然气	
LPG	液化石油气	
Z	沼气	各类工业化沼气（农业有机废弃物、工业有机废水、城市污水处理、城市有机垃圾）允许用 1～2 个字母的形式表示。如"ZN"表示农业有机废弃物产生的沼气
W	煤层气	浓度不同的煤层气允许用 1 个小写字母的形式表示。如"Wd"表示低浓度煤层气
M	煤气	各类工业化煤气如焦炉煤气、高炉煤气等。允许在 M 后加 1 个字母区分煤气的类型
S SCZ	柴油 / 天然气双燃料 柴油 / 沼气双燃料	其他双燃料用两种燃料的字母表示
M	甲醇	
E	乙醇	
DME	二甲醇	
FME	生物柴油	

注：1.一般用 1～3 个拼音字母表示燃料，亦可用英文缩写字母表示。

2.其他燃料允许制造商用 1～3 个字母表示。

1.1.4　汽车信息查询

二手车不同于新车，它是完全的个体，且涉及众多品牌、众多型号的汽车。准确对汽车信息进行查询识别，是二手车鉴定评估中确定二手车购置价的重要依据，也是准确判断、快速确定二手车价值的重要前提，对于二手车鉴定评估人员而言是有现实意义的。在查验二手车是否为可交易车辆时，车辆识别信息也是必须查验的主要内容。

1.1.4.1　车辆识别信息

（1）品牌　品牌（brand）是车款的最基本的信息，是制造厂对一类车辆所给予的名称。如别克、奥迪、本田、大众等。有的品牌和制造商名相同，如大众、本田；有的则不同，如别克品牌的制造商是通用。

（2）车系　车系（line）是指制造商为一个品牌中的一组或一批车辆的命名，这些车辆在结构上（如车身、底盘、驾驶室形式）具有一定的共性。

（3）型号　型号（model）又称车型，是制造商对具有相同品牌、车系和车身类型的车辆所给予的名称。如别克的昂科威、GL8，奥迪的 A4、A6，大众的帕萨特、迈腾等。

（4）子车型　所有的子车型（submodel）属于同一车型，但某些附件或选装件不同。

对子车型型号代码中的各字母（或数字）的含义，各汽车生产厂商具有不同的规定。子车型对配件和保险行业具有重要意义。

（5）车型年份　车型年份（model year）表示车型的年份（年款），不一定是实际生产的年份，一般是制造商指定的车型年份。在北美，每年 9 月份以后上市的车辆，其车型年份都标注为下一年款。现在，新车推出的时间有前移的趋势，甚至 7 月份就推出了下一年份的车型。

（6）制造工厂　制造工厂（plant）为标贴车辆识别代码（VIN）的工厂，一般就是指装配工厂。

同一年款的同一车型，可能出自不同的装配工厂。购买进口车的车主一定要注意车辆的装配工厂，因为不同的装配工厂，其出厂汽车的技术水平可能有较大的差异。

1.1.4.2　汽车标志

汽车标志（车标）是指在整车车身前部外表面显而易见的部位上装置的至少一个能永久保持的标识，是各种汽车品牌的标志。这些标识往往成为汽车企业的代表，是识别车辆、认识车辆的首选途径。在二手车交易中，有时会碰到一些车辆在使用过程中被私自改装车辆标识的现象，对这些车辆的身份应该注意加以辨别。有些品牌的汽车在不同时期会由于生产商的原因出现不同的标志图案，这也是识别车辆年份和批次的重要依据之一。表 1-11 所示为常见的汽车标志。

表 1-11　常见的汽车标志

标志						

品牌 名称	奔驰	宝马	奥迪	劳斯莱斯	保时捷	路虎
国别	德国	德国	德国	英国	德国	英国
标志						
品牌 名称	捷豹	大众	宾利	迈巴赫	沃尔沃	兰博基尼
国别	英国	德国	英国	德国	瑞典	意大利
标志						
品牌 名称	一汽	北汽	丰田	东风	本田	吉利
国别	中国	中国	日本	中国	日本	中国
标志						
品牌 名称	日产	铃本	三菱	比亚迪	马自达	雷克萨斯
国别	日本	日本	日本	中国	日本	日本
标志						
品牌 名称	斯巴鲁	凯迪拉克	别克	广汽传祺	英菲尼迪	讴歌
国别	日本	美国	美国	中国	日本	日本
标志						
品牌 名称	长城	长安	现代	起亚	特斯拉	福特
国别	中国	中国	韩国	韩国	美国	美国
标志						
品牌 名称	雷诺	欧宝	奇瑞	五菱	雪佛兰	雪铁龙
国别	法国	德国	中国	中国	美国	法国

第1章　汽车基本知识

1.1.4.3　车辆铭牌

汽车制造厂商除了在车身上安装标志外，还要安装一个能永久保持的车型标牌，称为车辆铭牌。在二手车鉴定评估时，车辆铭牌也是至关重要的一个检查项目，可从中获取其必要信息。

（1）车辆铭牌的内容　车辆铭牌的内容由两半区组成，上半区为规定区，下半区为自由区，上下两个半区用一横线分开，如图 1-12（a）所示。

①规定区的内容：厂牌（品牌）文字或图案、车辆识别代码、最大设计质量、发动机型号、发动机排量、发动机额定功率、制造年月、整车型号、乘员人数、制造厂家名称、制造国、最大设计装载质量（货车）、额定载客人数（客车）等信息。

②自由区内容：如果车辆是在无车身的非完整车辆的基础上制造完成的，车辆制造厂应在自由区内对车身类型加以描述。另外，还可以根据实际情况标出其他与车辆有关的信息，如车身颜色代码等。

对于大多数车辆，因为没有需要在自由区内标示的内容，所以铭牌上没有自由区，如图 1-12（b）所示。

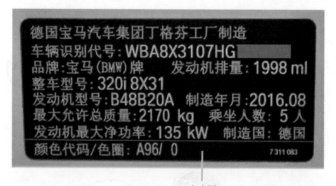

(a) 有自由区的汽车铭牌

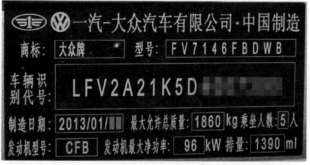

(b) 无自由区的汽车铭牌

图 1-12　车辆铭牌示例

（2）对车辆铭牌的要求

①装置在不受更换部件影响的部位；内容应该编写规范、防腐耐磨、字码清晰并且易于阅读；固定在显而易见的位置。

②出口车辆的铭牌，可将汉字与外文并列标注，也可根据使用国的要求制作铭牌。

（3）**车辆铭牌的位置**　各型号汽车铭牌的位置不尽相同，如上海大众汽车的铭牌有的在发动机舱后围板上，小型货车的铭牌在右前外柱上，丰田轿车的铭牌在发动机舱后围板、左前门下（靠 B 柱）、左前减振器支撑座（塔）上，一些轻型客车的铭牌在座椅下，而中大型客车的铭牌多在仪表板左下方。

1.1.4.4　车身标识

汽车技术发展迅速，不同品牌或同一品牌的车身上（通常在车辆的尾部）不断出现一些字母或者数字标识，这些标识通常称为车身标识。车身标识是展现本品牌、型号汽车的技术，区别不同款型的最有效、最直接的方法之一。在二手车交易过程中，辨别某一款车辆的特殊性，或者用于区别同一款车的不同型号、配置等，都离不开这些直观有效的标识。下面仅列举一些目前常见的车身标识，并解释其含义。

（1）**大众"TSI"**　大众"TSI"在国外的含义是双涡轮增压和分层燃烧，在国内，"T"表示废气涡轮增压，"SI"表示燃油缸内直喷，并没有分层燃烧的技术。在国内，经常会看到不同的"TSI"标志（图 1-13），如有全红色的，有的"SI"是红色的，有的只有"I"是红色的，这只是为了区分发动机不同的排量。通常情况下，2.0L 排量和 1.8L 排量的车辆，"SI"是红色的；而 2.0 车型中的高配车型或者高端车型则使用全红的标识；1.4L 排量的车型只有"I"是红色。

图 1-13　大众"TSI"

（2）**缸内直喷技术**　表示缸内直喷技术的车身标识：奥迪"TFIS"（汽油）、"TDI"（柴油），奔驰"CGI"（汽油）、"CDI"（柴油）等。

（3）**发动机可变正时技术**　表示发动机可变正时技术的车身标识：本田"VTEC""i-VTEC"、丰田"VVT-I"、日产"CWT"、三菱"rvnVEC"、铃木"WT"等。

（4）**绿色发动机**　油电混合动力车（hybrid），是指同时装备两种动力源（热动力源，由传统的汽油机或者柴油机产生；电动力源，由电池与电动机产生）的汽车。

"EV"表示纯电动汽车，"HEV"表示混合动力汽车。"DM"表示双模电动车，是一种将 EV 和 HEV 相结合的技术，实现了既可充电，又可加油的多种能量补充方式。

（5）**驱动系统**

① 四轮驱动的标识为"4WD"或"4×4"。

② 两轮驱动通常不设标识，但有些汽车厂商为了区分车型特点还是设置两轮驱动的标识，如宝马用"sDrive"表示后轮驱动。

③ 全时四轮驱动的标识为"AWD"或"Quattro"，但一些汽车厂商会用不同的标识来

表示，如宝马的"xDrive"、奔驰的"4MATIC"均表示全时四驱系统。

（6）变速器 "MT"是指手动挡变速器；"AT"是指自动挡变速器；"CVT"是指无级变速器。

1.1.5 车辆识别代码（VIN）

1.1.5.1 车辆识别代码的特点

 小/提/示

> 车辆识别代码（Vehicle Identification Number，缩写为 VIN，俗称 17 位代码，也称车架号、大架子号、底盘号）是汽车制造厂为了识别一辆汽车而规定的一组字码，它由一组数字和字母组成，共 17 位。

车辆识别代码经过排列组合，可以使车型生产在 30 年之内不会发生重号现象，这很像我们的身份证不会产生重号一样，因此有人将其称为"汽车身份证"。全世界每一辆汽车都有其独一无二的 VIN，具有唯一性，并贯穿一辆车从出厂到报废的整个过程。在二手车鉴定交易过程中，需要重点查验 VIN，通过识别 VIN 来确定车辆是否合法。

图 1-14 所示为机动车行驶证上的 VIN。

图 1-14 机动车行驶证 VIN

通过 VIN 能够查询到该车的生产国别、制造公司或生产厂家、汽车的类型、品牌名称、车型系列、车身形式、发动机型号、车型年款、安全防护装置型号、检验数字、装配工厂名称和出厂顺序号码等车辆信息。

广大车主无论是在购买新车还是二手车时，都应该注意查看一下 VIN，通过 VIN 可以了解汽车的真实产地（对进口车尤其重要）、生产年限及内部的配置情况，防止上当受骗。

1.1.5.2 车辆识别代码的位置

VIN 位于车辆的前半部分、易于看到且能防止磨损或替换的部位。VIN 常见位置有前风挡玻璃左下方、散热器横梁上、行李舱中、减振器上支座处、纵梁上、翼子板内侧，或直接标注在车辆铭牌上，也可能固定在车门铰链柱、门锁柱或与门锁柱接合的门边之一的柱子上，接近于驾驶人员座位的地方，大型客车、货车则可能在整车底盘等地方。VIN 的常见位置如图 1-15 所示。

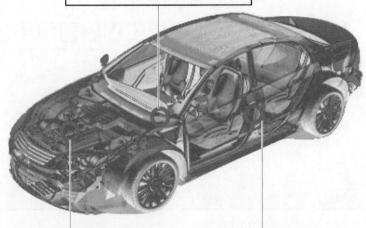

(a) 常见位置

(b) 前风挡玻璃左下方(最常见的位置)

(c) 减振器上支座处

(d) 散热器横梁上

(e) 行李舱中

图 1-15　VIN 的常见位置

1.1.5.3 VIN 的组成

如图 1-16 所示，VIN 由世界制造厂识别代码（WMI）、车辆说明部分（VDS）和车辆指示部分（VIS）三个部分组成。

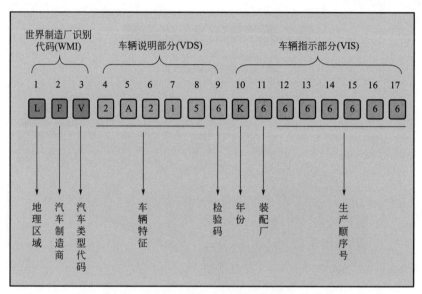

图 1-16　车辆识别代码的构成及含义

（1）第一部分　世界制造厂识别代码（WMI），由三位字母或数字组成，它们必须经过申请、批准和备案后方能使用。

第 1 位字码表示一个地理区域（或国家），是由国际代理机构根据预期的需要为某一个地理区域分配的字码。例如，1 ～ 5——北美洲，S ～ Z——欧洲，A ～ H——非洲，J ～ R——亚洲，6 和 7——大洋洲，8、9 和 0——南美洲，L 为中国，国家与代码对应如表 1-12 所示。

表 1-12　国家与代码对应表

代码	国家	代码	国家	代码	国家
1	美国	J	日本	W	德国
2	加拿大	K	韩国	Y	瑞典
3	墨西哥	L	中国	Z	意大利
4	美国	S	英国		
6	澳大利亚	T	瑞士		
9	巴西	V	法国		

第 2 位字码表示这个特定区域的一个国家的汽车制造商。WMI 代码应通过第 1 位和第 2 位字码的组合保证国家识别标志的唯一性。

第 3 位字码表示汽车类型代码。第 1、2、3 位字码的组合将保证一个国家的某个汽车制造厂识别标志的唯一性。对于年产量小于 500 辆的制造厂，世界制造厂的汽车识别代码的第 3 位字码为数字 9。此时，车辆指示部分的第 3 ~ 5 位字码，即 17 位码的第 12、13、14 位字码将与第一部分的三位字码共同作为世界制造厂识别代码。

⊛ 小 / 提 / 示

　　我国的 WMI 前两位区段为 LA ~ LO，它规定了所有在中国境内生产的汽车产品的 WMI 编号必须在该区段内。以下是我国常见汽车制造厂家的 WMI 编号：LSV 表示上海大众；LSG 表示上海通用；LFV 表示一汽大众；LEN 表示北京吉普；LHG 表示广州本田；LHB 表示北汽福田；LS5 表示长安汽车；LSG 表示上汽奇瑞；LNB 表示北京现代；LFP 表示一汽轿车；LGB 表示东风汽车；LDN 表示东南汽车。

　　（2）第二部分　车辆说明部分（VDS）由六位字码组成。分别由制造厂用不同的数字或字母标明车辆形式或品牌、车辆类型、种类、系列、车身类型、发动机或底盘类型、驾驶室类型以及汽车车辆的其他特征参数。如果制造厂不用其中的一位或几位字码，应在该位置填入制造厂选定的字母或数字占位。该部分的最后一位，即 17 位代码的第 9 位为制造厂检验位。检验位由 0 ~ 9 中的任一数字或字母 X 标明。其作用是核对 VIN 记录的准确性。

　　（3）第三部分　车辆指示部分（VIS）由 8 位字码组成。

　　① 第 1 位字码，即 17 位代码的第 10 位，表示汽车生产年份，年份代码按表 1-13 规定对照使用，它由数字（不用数字 0）和字母（不用字母 I、O、Q、U、Z）组成，这样保证VIN 30 年内不会重复。

表 1-13　VIN 中第 10 位代码与年份对照表

年份	代码	年份	代码	年份	代码	年份	代码
1991	M	2001	1	2011	B	2021	M
1992	N	2002	2	2012	C	2022	N
1993	P	2003	3	2013	D	2023	P
1994	R	2004	4	2014	E	2024	R
1995	S	2005	5	2015	F	2025	S
1996	T	2006	6	2016	G	2026	T
1997	V	2007	7	2017	H	2027	V
1998	W	2008	8	2018	J	2028	W
1999	X	2009	9	2019	K	2029	X
2000	Y	2010	A	2020	L	2030	Y

　　② 第 2 位字码，即 17 位代码的第 11 位，用来指示汽车装配厂，若无装配厂，制造厂可规定其他的内容。对于年产量≥500 辆的制造厂，此部分的第 3 ~ 8 位字码，即 17

位代码的第 12 ～ 17 位，表示生产顺序号；对于年产量 < 500 辆的制造厂，该部分第 3 ～ 5 位字码与第一部分的三位字码共同表示一个车辆制造厂，最后三位字码表示生产顺序号。

1.1.5.4　部分汽车品牌的 VIN 编码规则

下面对常见车型的 VIN 中各代码的含义做一个简单说明，有些位置代码的类型较多，这里仅举其中几个车型加以说明。

(1) 中国一汽集团 VIN 代码含义

L	F	P	H	5	A	B	A	A	2	M	8	0	0	4	3	2	1
(1)	(2)	(3)	(4)	(5)	(6)	(7)	(8)	(9)	(10)	(11)	(12)	(13)	(14)	(15)	(16)	(17)	

第（1）位为生产国别代码。L 表示中国。

第（2）位为制造厂商代码。F（First）表示一汽。

第（3）位为车型代码。P（Passenger）表示轿车。

第（4）位为车辆品牌代码。H 表示红旗牌。

第（5）位为发动机排量代码。5 表示 2.1 ～ 2.5L。

第（6）位为发动机类型及驱动形式。A 表示汽油，前置，前轮驱动。

第（7）位为车身形式代码。B 表示四门折背式。

第（8）位为安全保护装置代码。A 表示手动安全带。

第（9）位为工厂检验位代码。用数字 0 ～ 9 或 X 表示。

第（10）位为生产年份代码。M 表示生产年份为 2021 年。

第（11）位为生产装配工厂。8 表示第一轿车厂。

第（12）～（17）位为工厂生产顺序号代码。

(2) 上海通用汽车 VIN 代码含义

L	S	G	S	J	6	2	U	8	2	S	3	1	0	7	3	1
(1)	(2)	(3)	(4)	(5)	(6)	(7)	(8)	(9)	(10)	(11)	(12)	(13)	(14)	(15)	(16)	(17)

第（1）～（3）位为世界制造厂识别代码。LSG 表示上海通用汽车有限公司。

第（4）、（5）位为车型代码。WG 表示 SGM7200（别克君威 2.O）；DC 表示 SGM65lO GL8（别克 GL8）；SJ 表示 SGM7160SL（赛欧）。

第（6）位为车身类型代码。5 表示 3 厢四门轿车；6 表示 2 厢四门仓背式轿车；8 表示 2 厢四门旅行车。

第（7）位为约束系统代码。2 表示手动安全带及驾驶人、前排乘客安全气囊。

第（8）位为发动机类型代码。C 表示 LW9、2.98L、V6、OHC、SFI；D 表示 LB8、2.49L、V6、OHC、SFI；U 表示 L91、1.6L、DOHC、MPFI。

第（9）位为检验位代码。

第（10）位为年份代码。2 表示生产年份为 2002 年。

第（11）位为装配厂代码。S 表示上海通用汽车有限公司上海厂区；Y 表示上海通用汽车有限公司烟台厂区。

第（12）～（17）位为车辆制造顺序号。

汽车基本构造

1.2.1 汽车总体结构

汽车的类型虽然很多，但基本都是由发动机、底盘、电气设备和车身四大部分组成，如图 1-17 所示。

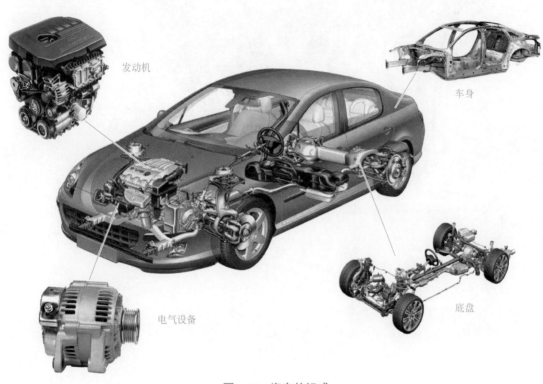

发动机

车身

电气设备

底盘

图 1-17 汽车的组成

1.2.1.1 发动机

🔅 小/提/示

发动机是汽车的心脏，是由多个机构和系统组成的复杂机器。现代汽车发动机的结构形式很多，即使是同一类型的发动机，其具体结构也各不相同，但不论哪种类型的发动机，其基本结构都是相似的。

（1）汽油机的总体构造　汽油机的剖视图如图 1-18 所示。汽油机主要由"两大机构、五大系统"组成。"两大机构"指曲柄连杆机构和配气机构，"五大系统"指燃料供给系统、冷却系统、润滑系统、点火系统和启动系统。汽油机的总体构造如表 1-14 所示。

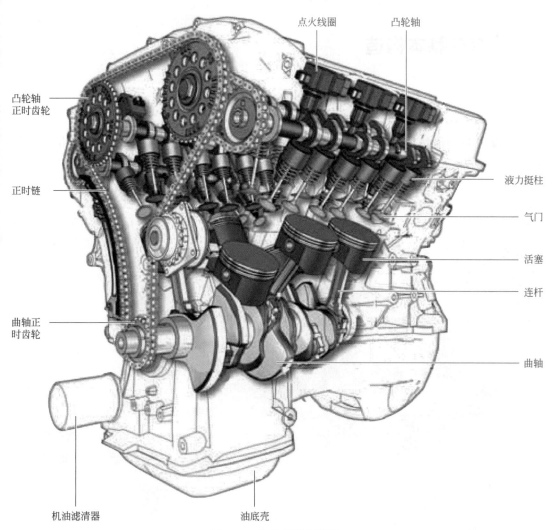

图 1-18　汽油机的剖视图

表 1-14　汽油机的总体构造

序号	结构	功用	组成
1	曲柄连杆机构	是发动机实现热能与机械能相互转换的核心机构，其功用是将燃料燃烧所放出的热能通过活塞、连杆、曲轴等转变成能够驱动汽车行驶的机械能	主要由气缸体、气缸盖、活塞、连杆、曲轴和飞轮等机件组成
2	配气机构	是根据发动机的工作需要，适时地打开进气通道或排气通道，以便使可燃混合气（燃料与空气的混合物）及时地进入气缸，或使废气及时地从气缸内排出；而在发动机不需要进气或排气时，则利用气门将进气通道或排气通道关闭，以便保持气缸密封	主要由气门、气门弹簧、凸轮轴、挺杆、凸轮轴传动机构等零部件组成

序号	结构	功用	组成
3	燃料供给系统	是根据发动机的工作需要，配制出一定数量和浓度的可燃混合气并送入气缸	由空气供给系统、燃油供给系统和电子控制系统组成
4	点火系统	是根据发动机的工作需要，及时地点燃气缸内的混合气	包括蓄电池、发电机、点火线圈、分电器（有些无分电器）、火花塞和电子控制系统等
5	冷却系统	是帮助发动机散热，以保证发动机在最适宜的温度下工作	水冷式冷却系统通常由水套、水泵、散热器、风扇、节温器等组成；风冷式冷却系统主要由风扇、散热片组成
6	润滑系统	是向做相对运动的零件表面输送清洁的润滑油，以减小摩擦和磨损，并对摩擦表面进行清洗和冷却	一般由机油泵、集滤器、限压阀、油道、机油滤清器等组成
7	启动系统	是使发动机由静止状态进入到正常工作状态	包括起动机、启动继电器、点火开关、蓄电池等

（2）柴油机的总体构造 四冲程水冷式柴油机由"两大机构、四大系统"组成，"两大机构"指曲柄连杆机构和配气机构，"四大系统"指燃料供给系统、冷却系统、润滑系统、启动系统。柴油机实物如图 1-19 所示。

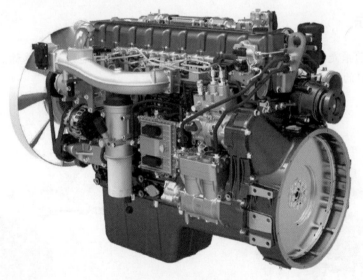

图 1-19 柴油机实物

1.2.1.2 底盘

汽车底盘由传动系、行驶系、转向系和制动系四大系统组成，其功用为接收发动机的动力，使汽车运动并保证汽车能够按照驾驶员的操纵而正常行驶。如图 1-20 所示为常见轿车的底盘结构图。

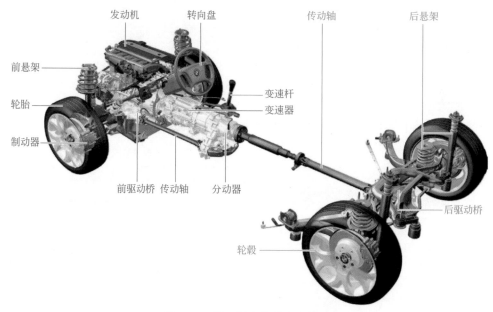

图 1-20　常见轿车的底盘结构图

（1）**传动系**　汽车传动系统一般是由离合器、手动变速器、万向传动装置（传动轴等）、驱动桥（主减速器等）等组成；而现在轿车中采用自动变速器的越来越多，即用自动变速器取代了离合器和手动变速器；如果是越野汽车（包括 SUV，即运动型多功能车），还应包括分动器。汽车传动系统的组成如图 1-21 所示。

⚙ 小/提/示

> 汽车传动系是指从发动机到驱动车轮之间所有动力传递装置的总称。传动系的功用是将发动机的动力传给驱动车轮。

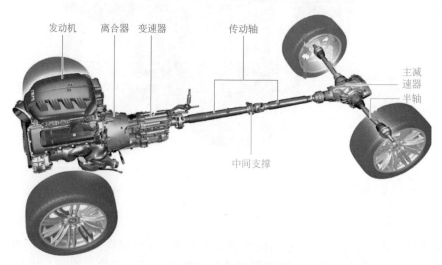

图 1-21　传动系的组成

（2）行驶系　汽车行驶系的功用是支撑、安装汽车的各零部件总成，传递和承受车上、车下各种载荷的作用，以保证汽车的正常行驶。行驶系主要由车架（车身）、车桥、悬架、车轮等组成，如图1-22所示。

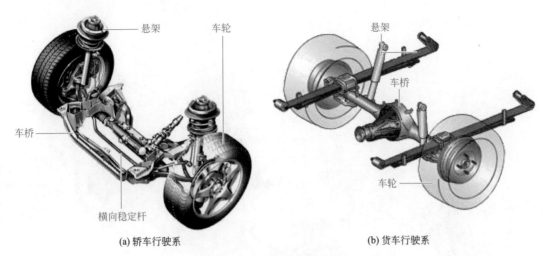

(a) 轿车行驶系　　　　　　　　(b) 货车行驶系

图 1-22　行驶系的组成

（3）转向系　转向系的功用是保证汽车能够按照驾驶员选定的方向行驶，主要由转向操纵机构（包括转向盘、转向轴等）、转向器（带转向助力电机）、转向传动机构（包括转向横拉杆、转向节臂、转向节、转向轮等）组成，如图1-23所示。现在的汽车普遍采用动力转向装置。

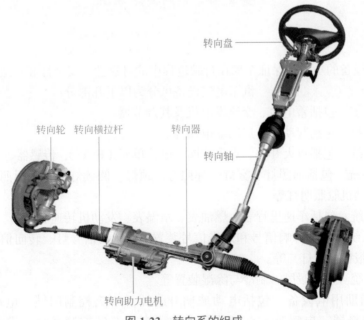

图 1-23　转向系的组成

（4）制动系　制动系的功用是使汽车减速、停车并能保证可靠地驻停。汽车制动系一般包括行车制动系和驻车制动系等两套相互独立的制动系统，每套制动系统都包括制动

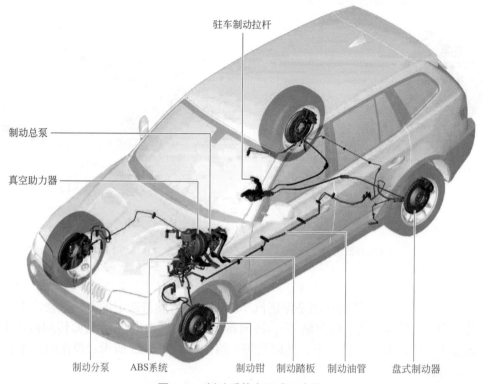

器和制动传动机构。现在汽车的行车制动系都普遍装有制动防抱死系统（ABS）。制动系基本组成示意图如图1-24所示。

驻车制动拉杆

制动总泵

真空助力器

制动分泵　ABS系统　　制动钳　制动踏板　制动油管　　盘式制动器

图1-24　制动系基本组成示意图

1.2.1.3　电气设备

汽车电气设备的功能是保证车辆在行驶过程中的可靠性、安全性和舒适性。

（1）汽车电气设备的组成　汽车电气设备可分为以下几部分。

① 电源系统。包括蓄电池、交流发电机及其调节器。

② 启动系统。包括起动机、启动继电器等。

③ 点火系统。包括点火开关、点火线圈、电控单元（ECU）、传感器、火花塞等。

④ 照明系统。包括前照灯、雾灯、牌照灯、顶灯、阅读灯、仪表板照明灯、行李厢灯、门灯、发动机舱照明灯等。

⑤ 仪表系统。包括车速里程表、燃油表、水温表、发动机转速表等。

⑥ 信号系统。包括音响信号和灯光信号装置（如制动信号灯、转向信号灯、倒车信号灯以及各种报警指示灯）等。

⑦ 空调系统。包括暖风、制冷与除湿装置等。

⑧ 其他辅助用电设备。包括电动玻璃升降器、中央控制门锁、电动后视镜、风窗刮水器、洗涤器、电喇叭、点烟器及电动天窗、巡航控制系统、安全气囊、电动座椅等。

（2）汽车电气设备的布置　汽车电气设备的安装位置如图1-25所示。

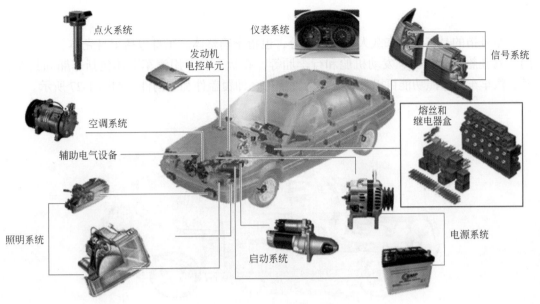

点火系统

仪表系统

信号系统

发动机电控单元

熔丝和继电器盒

空调系统

辅助电气设备

照明系统

启动系统

电源系统

图 1-25　汽车电气设备位置图

（3）汽车电气设备的特点

① 低压。汽车用电设备的额定电压有 12V、24V 两种。汽油车多采用 12V 电源电压，而大型柴油车多采用 24V 电源电压。

② 直流。主要从蓄电池的充电来考虑。因为蓄电池充电时必须用直流电，所以汽车电源必须是直流电。

③ 单线制。汽车上所有用电设备都是并联的，电源到用电设备只用一根导线连接，而另一根导线则用汽车车体或发动机机体的金属部分代替，作为公共回路，这种连接方式称为单线制。

④ 负极搭铁。如图 1-26 所示，将蓄电池的负极接到汽车车体或发动机机体的金属部分，便称为"负极搭铁"。目前各国生产的汽车基本上都采用"负极搭铁"。

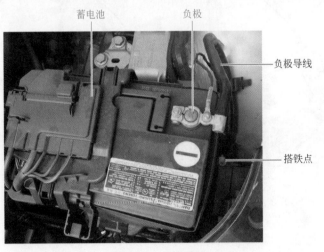

蓄电池

负极

负极导线

搭铁点

图 1-26　负极搭铁

1.2.1.4　车身

车身指的是车辆用来载人装货的部分，也指车辆整体。车身包括车身壳体、车窗、车门、驾驶舱、乘客舱、发动机舱和行李厢等，在货车和专用汽车上还包括车厢和其他装备。汽车车身按照功能可以大致分为两种部件，即覆盖件和结构件，如图 1-27 所示。

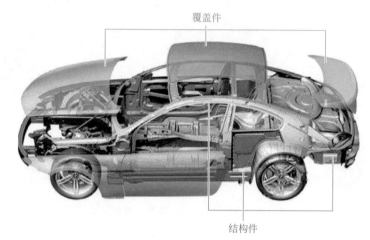

覆盖件

结构件

图 1-27　汽车车身

按车身承载方式分类，车身结构分为非承载式车身（也称车架式车身）和承载式车身（又称为整体式车身）。现代轿车一般都为承载式车身。

图 1-28 所示为典型承载式车身，整个车身没有单独的车架，主要由 A 柱、B 柱、C 柱、纵梁、门槛等组成。

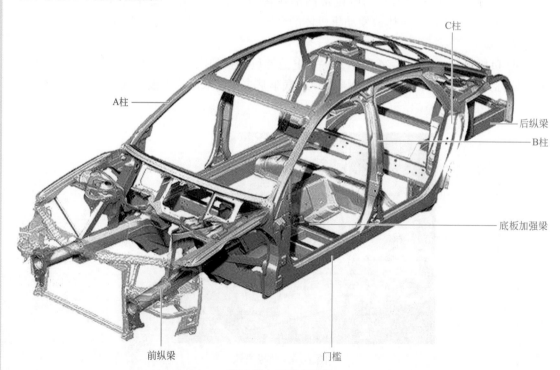

C柱

A柱

后纵梁

B柱

底板加强梁

前纵梁　　门槛

图 1-28　承载式车身

1.2.2 汽车玻璃上的标识

汽车玻璃是汽车车身附件中必不可少的部件，能提供良好的视线，主要起到防护作用，是驾乘人员的安全保障。汽车玻璃按所在的位置分为前风挡玻璃、侧窗玻璃、后风挡玻璃和天窗玻璃4种。汽车上的每块玻璃都印有相关的标识，如图1-29所示。汽车玻璃标识的含义，对选购二手车有着重要的作用。

图1-29　汽车玻璃上的标识

注：图中"WYP"是武汉武耀安全玻璃公司的简写

1.2.2.1 玻璃上的汽车品牌标志

汽车玻璃上一般都会印有汽车生产厂商的品牌标志，而且所有玻璃上都有这样的标志，如图1-30所示。

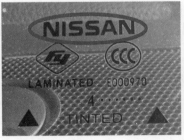

图1-30　玻璃上的汽车品牌标志

1.2.2.2 玻璃制造商的品牌标志

全球汽车玻璃市场被高度垄断，世界及我国汽车玻璃知名品牌如图1-31所示。

皮尔金顿

板硝子

旭硝子

圣戈班

加迪安

福耀

图 1-31　汽车玻璃知名品牌

（1）**皮尔金顿公司**　是世界上较大的玻璃生产集团之一，1826 年创建于英国，宾利、法拉利、奔驰、宝马等世界级名车均采用皮尔金顿制造的专业风挡玻璃，后被日本板硝子收购。

（2）**板硝子株式会社**　是一家日本玻璃制造商，2006 年购买了英国皮尔金顿，全球四大玻璃制造公司之一。

（3）**旭硝子株式会社**　是一家日本玻璃制品公司，为全球第二大玻璃制品公司，1907 年成立至今超过一百年。旭硝子产品为各种玻璃制品与半成品。

（4）**圣戈班**　是法国一家大型的跨国企业，在汽车玻璃领域，排名世界第三、欧洲第一，在国内主要为大众、通用、奔驰、宝马、神龙、日产等提供包边风挡玻璃及侧窗玻璃。

（5）**加迪安玻璃集团**　是世界较大的平板玻璃公司之一，也是全球四大玻璃制造公司之一。

（6）**福耀**　是我国较大的汽车玻璃配套厂商，也是国内较具规模、技术水平很高、出口量较大的汽车玻璃生产供应商。

1.2.2.3　中国强制 3C 认证

中国强制 3C 认证是中国强制性产品认证制度，英文名称 China Compulsory Certification。它是政府为保护消费者人身安全和国家安全，加强产品质量管理，依照法律法规实施的一种产品合格评定制度。需要注意的是，3C 标志并不是质量标志，而只是一种最基础的安全认证。

1.2.2.4　汽车玻璃制造商的安全认证代码

国家强制要求的安全认证信息。E 代表安全玻璃认证，6 位数字是生产厂家代码，同一品牌不同生产地具有不同的代码。

1.2.2.5　EEC 认证（E-mark 认证）

根据欧洲经济委员会（ECE）的 ECE 法规实施的一种对汽车部件的批准制度。表示该产品已经过了这些国外认证机构的认证许可，并可以向国外出口。有的企业获得国外认证仅仅是为说明其产品的质量具有"国标水准"。E+ 圆形外框，用于汽车零部件认可标志。"E"后面的数字代表颁发 E-mark 证书的各个不同成员国的代号，如 E1 代表德国，E4 代表荷兰。

1.2.2.6　玻璃的生产日期

（1）查看玻璃的生产日期　玻璃上的数字代表年，5 就代表 2015 年生产。黑点在数字左边代表上半年生产，右边代表下半年生产。左边有几个黑点就用 7 减去几，如若是一个黑点就是 7-1=6，即这块玻璃是 2015 年 6 月份生产的；如果黑点在数字右边，就用 13 减去几个黑点。

如图 1-32（a）中的玻璃生产日期为 2020 年 7 月，图 1-32（b）中的玻璃生产日期为 2018 年 1 月。

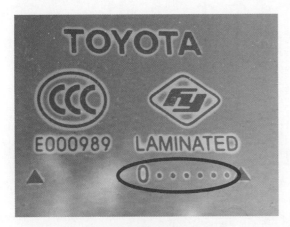
(a) 生产日期为2020年7月

(b) 生产日期为2018年1月

图 1-32　玻璃的生产日期

（2）判断玻璃是否更换　一般情况下，汽车玻璃的出厂日期应该和汽车整车的出厂日期相近。玻璃作为与汽车配套的配件，其生产日期要比整车的出厂日期早，如果玻璃生产日期晚于整车的出厂日期，可以判定该车的玻璃是更换过的。

1.2.2.7　DOT+数字

DOT 是美国交通运输部（United Stated Department of Transportation）的缩写，总部位于华盛顿。DOT ID，是用来识别产品的生产工厂的。没有 ID 的厂家，只需在自己的产品上打印上厂名或商标，交通运输部则可以识别。

1.2.2.8　M540 AS2

美国交通运输部 DOT 认证代码以及玻璃分类代码。M540，主要是用于标注一些玻璃的类型信息，例如颜色、厚度等等。一般一个厂家可以有多组号码。AS2，琉璃分类代码。AS1 代表的是这块玻璃的透光率不小于 70%，即"清楚的玻璃""可用于前风挡"；AS2 代表光线传输率不小于 70% 的玻璃，但它的可用范围是"除前风挡外的任何部位"。

有的汽车玻璃上写有 LAMINATED，是表示玻璃的类型为夹层玻璃。如果是钢化玻璃就写为 TEMPERED。

1.2.3　汽车轮胎的标识

汽车轮胎上的标识很多，有轮胎品牌、规格（型号）、生产日期等标识。

1.2.3.1　轮胎的规格

如图 1-33 所示，以轮胎的规格 195/60 R 14 85 H 为例进行说明。

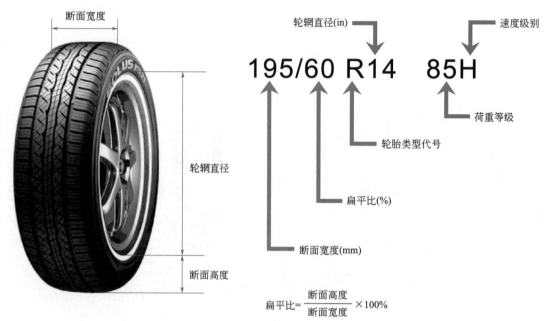

图 1-33　轮胎的规格

注：1in=2.54cm

① 195 表示轮胎宽度 195mm，货车子午线轮胎的宽度一般用英寸（in）为单位。

② 60 表示扁平比为 60%，扁平比为轮胎高度 H 与宽度 B 之比，有 60、65、70、75、80 五个级别。

③ R 表示子午线轮胎，即"Radial"的第一个字母。

④ 14 表示轮辋直径或轮胎内径为 14in。

⑤ 85 表示荷重等级，即最大载荷质量。荷重等级为 85 的轮胎的最大载荷质量为 515kg。

⑥ H 表示速度等级，表明轮胎能行驶的最高车速。轮胎速度等级对应表如表 1-15 所示。

汽车高速行驶时，会使整个轮胎的温度升高，从而导致胎面磨损加剧，轮胎都有其设计的临界速度。为了安全，轮胎是不允许超过设计速度使用的，而应根据轮胎的速度等级来使用。

另外，在轮胎规格前加"P"表示轿车轮胎；在胎侧标有"REINFORCED"表示经强化处理，"RADIAL"表示子午线胎，"TUBELESS"（或 TL）表示无内胎（真空胎），"M＋S"（Mud and Snow）表示适于泥地和雪地，"→"表示轮胎旋向，不可装反。

表 1-15 轮胎速度等级对应表

速度级别	最高车速	适用范围
L	120km/h	
M	130km/h	
N	140km/h	
P	150km/h	紧凑级轿车
Q	160km/h	
R	170km/h	
S	180km/h	
T	190km/h	
U	200km/h	中高端轿车
H	210km/h	
V	240km/h	
W	270km/h	大型豪华轿车、超级跑车等
Y	300km/h	
ZR	超过 240km/h	

1.2.3.2 轮胎的生产日期

如图 1-34 所示，轮胎生产日期可察看轮胎侧面相应的数据。生产日期的后两位代表生产年份，前两位代表是第几周生产，图中该轮胎为 2020 年第 12 周生产。

美国交通运输部认证　　轮胎产地信息　　工厂代码　　生产日期

图 1-34 轮胎生产日期

1.3

汽车技术状况

1.3.1 汽车技术状况的变化

1.3.1.1 汽车技术状况定义

汽车技术状况是指定量测得的、表征某一时刻汽车的外观和性能参数值的总和。当汽车零件的性能下降后，汽车的技术状况将受到影响，因此汽车技术状况的变化取决于组成零件的综合性能。

随着汽车行驶里程的增加，汽车的技术状况将逐渐变差，致使汽车的动力性下降、经济性变差、行驶安全性和使用可靠性变差，直至最后达到使用极限。

1.3.1.2 汽车技术状况变化的原因

汽车技术状况的变化是汽车诸多内在原因综合作用的结果。主要原因：零件之间相互摩擦而产生磨损、零件与有害物质接触而产生腐蚀、零件因交变载荷作用下产生疲劳、零件因外载和温度变化以及在残余内应力作用下发生变形、橡胶及塑料等非金属零件和电气元件因长时间使用而老化、偶然事件造成的零件损伤等。这些原因使零件原有尺寸和几何形状及表面质量发生改变，破坏了零件原来的配合特性和正确的位置关系，从而导致汽车（或总成）技术状况变差。

1.3.1.3 汽车技术状况变化的外观症状

汽车在使用过程中，随着行驶里程的增加，各部件由于磨损量的增大和各种损伤的影响，原有的尺寸、几何形状、力学性能、配合关系等遭受破坏，从而使汽车技术状况发生变化，汽车失去正常工作的能力，即汽车产生了"故障"。

实践证明，无论是汽车发动机还是底盘部分的故障症状均因其成因不同而不同。可以通过人们的耳朵（听）、眼睛（看）、鼻子（嗅）、手（摸）、身体（感受）等来发现外观症状，并根据这些外观症状来判断汽车是否存在故障。归纳起来，这些变化多样的故障症状大致可分为以下几类。

（1）技术性能变差

① 动力下降。如活塞、活塞环与气缸壁的磨损量超过限度后，则在进气行程中，气缸内吸力不足，以致进气量减少；并且在压缩行程、做功行程中，造成气缸漏气、爆发压力下降等现象，导致发动机功率下降。

② 可靠性变差。如制动系统的有关机件磨损过度，则汽车的制动性能下降，甚至失去制动功能。

③ 经济性变差。如发动机燃油供给系统的有关机件磨损过度，造成燃油的雾化不良，燃烧不完全，以致耗油量增加，经济性下降。

（2）声响异常，振动增大　随着机件的磨损，机件间相关的配合间隙增大，同时造成机件的磨损变形，于是在机件运转时，由于冲击负荷产生异响，运转不平衡而产生强烈的振动。

（3）**渗漏现象** 渗漏指汽车的燃油、润滑油、制动液（或压缩空气）以及其他各种液体的渗漏现象。渗漏容易造成机件过热、烧损，及转向、制动机件失灵等故障。

（4）**排气烟色异常** 发动机技术状况良好，气缸内可燃混合气燃烧正常时，汽油机排气管排出的废气在常温下为无色，柴油机一般呈淡灰色。气缸出现漏气会使燃油雾化不良，燃烧不完全，废气中碳烟含量增多，排气呈黑色；气缸上窜机油时，排气呈蓝色；缸套或缸垫破裂，冷却液进入气缸时，大量水蒸气随废气排出，废气呈白色。柴油发动机的排气烟色不正常，通常是发动机无力或不易发动的伴随现象。

（5）**气味异常** 当出现制动器拖滞、离合器打滑、摩擦片因摩擦温度过高而烧焦等现象时，车辆相关机件会散发出焦味；当混合气过浓，部分燃油不能参加燃烧时，车辆相关机件会散发出生油味；电路短路、导线烧毁时也有异味。

（6）**机件过热** 常见的机件过热症状有发动机过热、轮毂过热、后桥过热、变速器过热、离合器过热等，这些症状是机件运转不正常、润滑不良、散热不好的故障表现。

（7）**外观异常** 汽车停放在平坦场地上，如有横向或纵向歪斜等现象，即为外观异常。外观异常多由车架、车身、悬架、轮胎等异常造成，并会引起方向不稳、行驶跑偏、质心转移、车轮吃胎等故障。

1.3.2　汽车主要技术参数

1.3.2.1　质量参数

（1）**整车装备质量（kg）** 又称为整车整备质量或空车质量，是指汽车完全装备好时的质量，包括润滑油、燃油（燃油箱至少要加注至制造厂家设计容量的90%）、清洗液、随车工具、备胎等所有产品和装置的质量。

（2）**最大总质量（kg）** 汽车满载时的总质量。

（3）**最大装载质量（kg）** 汽车在道路上行驶时的最大装载质量。

（4）**最大轴载质量（kg）** 汽车单轴所承载的最大总质量。与道路通过性有关。

（5）**转弯半径（mm）** 汽车转向时，汽车外侧转向轮的中心平面在车辆支撑平面上的轨迹圆半径。转向盘转到极限位置时的转弯半径为最小转弯半径。

（6）**车轮数和驱动轮数（$n \times m$）** 车轮数以轮毂数为计量依据，n代表汽车的车轮总数，m代表驱动轮数。

1.3.2.2　尺寸参数

汽车的主要尺寸参数一般包括车长、车高、车宽、轴距、前悬、后悬等，尺寸参数含义如表1-16和图1-35所示。

表1-16　尺寸参数含义表

名称	说明
接近角/（°）	汽车前端突出点向前轮引的切线与地面的夹角

名称	说明
前悬 /mm	汽车最前端至前轴中心的距离
车厢长度 /mm	车身座舱的长度
车厢高度 /mm	车身座舱的高度
最小离地间隙 /mm	汽车满载时，最低点至地面的距离
轴距 /mm	汽车前轴中心至后轴中心的距离
车长 /mm	汽车长度方向两极端点间的距离
后悬 /mm	汽车最后端至后轴中心的距离
离去角 / (°)	汽车后端突出点向后轮引的切线与地面的夹角
车宽 /mm	汽车宽度方向两极端点间的距离
车高 /mm	汽车最高点至地面间的距离
轮距 /mm	同一车桥左右轮胎胎面中心线间的距离
车厢宽度 /mm	车身座舱的最大宽度

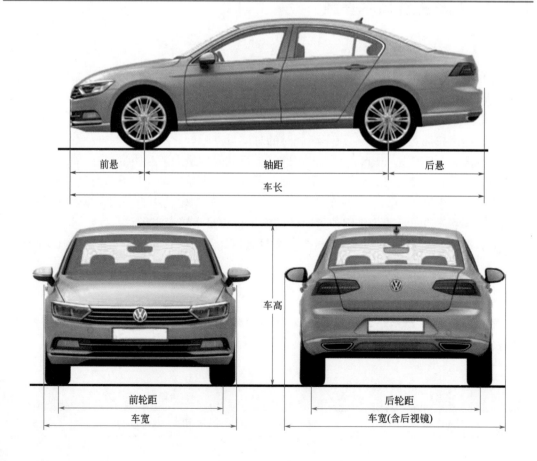

涉水深度

最小离地间隙

39.8°   23.5°   37.1°

接近角   纵向通过角   离去角

图1-35 汽车的主要尺寸参数

1.3.3 汽车性能指标

　　整车技术性能是衡量一辆汽车质量好坏的重要依据。汽车技术性能评价指标包括动力性、燃料经济性、制动性、操纵稳定性、操纵轻便性、行驶平顺性、通过性、机动性、环保性、安全性等。

1.3.3.1 动力性

　　汽车的动力性即汽车运动的能力，是指汽车克服各种行驶阻力进行加速，以足够高的平均速度行驶的能力。它是汽车使用性能中最基本也是最重要的性能。汽车动力性指标一般由最高车速、加速性能和爬坡能力来表示。

　　（1）最高车速　最高车速是指在无风条件下，在水平、良好的沥青或水泥路面上，汽车满载时所能达到的最大行驶速度。

　　（2）加速性能　加速性能是指汽车在各种使用条件下迅速增加行驶速度的能力，通常用加速时间和加速距离来表示。增加速度时所用加速时间和加速距离越短的汽车，其加速性能就越好。汽车加速性能主要通过两个方面来表征，即原地起步加速性和超车加速性。

　　① 原地起步加速性。原地起步加速性是指汽车由静止状态起步后，以最大加速强度连续换挡至最高挡，加速到一定距离或车速所需要的时间，它是反映汽车动力性的最重要参数。原地起步加速性一般有以下两种表示方式。

　　a. 百公里加速时间。汽车从静止状态（速度为零）加速到100km/h的速度时所需要的秒数（s），中高级轿车所需的时间一般为 8 ～ 15s，普通级轿车为 12 ～ 20s。

b. 千米加速时间。汽车从静止状态（速度为零）加速行驶 1000m 所需要的秒数（s）。所需时间越短，汽车的原地起步加速性就越好。

② 超车加速性。超车加速性是指汽车以最高挡或次高挡由最低稳定车速或预定车速（如 30km/h 或 40km/h）全力加速至某一高速度所需要的时间。所需加速时间越短，说明超车加速能力越强，从而可以减少超车期间的并行时间，确保超车安全。

实际中使用最多的是汽车的原地起步加速性，因其与超车加速性指标是一致的，因此原地起步加速性良好的汽车，超车加速性也同等程度地良好。需要指出的是，汽车加速时间与驾驶员的换挡技术、路面状况、行车环境、气候条件等密切相关，汽车使用手册上给出的参数往往是样车所能达到的最佳值，对于一般客户来说，此参数仅可作为参考。

（3）爬坡能力　爬坡能力是指汽车满载时，在坚硬路面上，以 1 挡等速行驶期间所能爬行的最大坡度。最大坡度反映汽车的最大牵引力，一般来说，越野汽车的爬坡能力最大，能够爬不小于 60% 的坡路；对载货汽车要求有 30% 左右的爬坡能力；轿车的车速较高，且经常在状况较好的道路上行驶，所以不强调轿车的爬坡能力，一般爬坡能力在 20% 左右。

1.3.3.2　燃料经济性

燃料经济性是指在一定的使用条件下，汽车以最少的燃油消耗量完成单位运输工作量的能力。汽车的燃料经济性是衡量汽车性能的一个重要技术指标，在燃油越来越贵的高油价时代，它也是二手车消费者最关心的指标之一。评价汽车燃料经济性的指标为单位运输工作量的耗油量及单位油耗行程。

（1）耗油量　耗油量是指汽车满载行驶单位里程所消耗的燃油量。我国和欧洲都用等速百公里油耗来衡量汽车的耗油量，即汽车等速行驶 100km 消耗的燃油量（L/100km）。由于实际用车过程与"等速"要求有偏差，等速百公里油耗并不能准确反映实际的耗油量，因此人们还引入了循环油耗指标。耗油量数值越小，汽车的燃料经济性就越好。

（2）单位油耗行程　单位油耗行程是指汽车满载时，每消耗单位体积燃油所能行驶的里程。单位油耗行程是美国、加拿大等国采用的衡量汽车燃料经济性的指标，常以每加仑燃油可行驶的英里数（mile/gal）或每升燃油可行驶的千米数（km/L）表示。单位油耗行程数值越大，汽车的燃料经济性就越好。

在实际使用过程中，汽车的燃料经济性与发动机的技术状况、汽车自重、车速、各种行驶阻力（如空气阻力、滚动阻力和爬坡阻力等）、传动效率、减速比等因素直接相关，因而实际的耗油量往往比使用手册上标称的大些。

1.3.3.3　制动性

制动性是指汽车按驾驶员的操作意图安全地减速直至停车的能力。汽车的制动性主要根据制动效能、制动效能稳定性和制动方向稳定性 3 个方面来评价。

（1）制动效能　制动效能是指使汽车迅速减速直至停车的能力。制动效能是汽车制动性最基本的评价指标，常用制动过程中的制动时间、制动减速度和制动距离来评价。汽车的制动效能除了跟汽车技术状况有关外，还与制动时汽车的速度以及轮胎胎面和路面的状况有关。

（2）**制动效能稳定性** 制动效能稳定性，又称为制动器抗热衰退性，是指汽车高速制动、在短时间内连续制动或下长坡连续制动后，制动器抵抗因温度升高而导致制动效能下降的能力。

（3）**制动方向稳定性** 制动方向稳定性是指汽车在制动期间，按指定轨迹行驶（循迹）的能力，即汽车在制动时不发生跑偏、侧滑或者失去转向能力的性能。当左、右侧车轮的制动力不一样时，容易发生跑偏；当车轮抱死时，易发生侧滑或者失去转向能力。为防止上述危及行车安全的现象发生，现代汽车一般都应用了防抱死制动系统（ABS）。

1.3.3.4　操纵稳定性

操纵稳定性反映汽车的两个相互紧密联系的性能，即操纵性和稳定性。操纵稳定性直接影响着汽车在转向或受到各种意外干扰时的行车安全。

（1）**操纵性** 操纵性是指汽车对驾驶员的转向指令能够及时且准确地响应的能力。轮胎的气压、悬架装置的刚度以及汽车的重心位置都会对汽车的操纵性产生显著的影响。

（2）**稳定性** 稳定性是指汽车在受到外界扰动（如路面碎石或突然阵风的扰动）后，不发生失控，自行迅速恢复原来的行驶状态和方向，抑制发生倾覆和侧滑的能力。汽车行驶稳定性又可分为纵向稳定性和横向稳定性，前者反映汽车受扰动后的方向保持能力，后者则反映汽车在横向坡道上行驶、转弯或受到其他侧向力作用时抵抗侧翻的能力。汽车的重心高度越低，稳定性越好。正确的前轮定位值使汽车具有自动回正和保持直线行驶的能力，提高了汽车直线行驶的稳定性。

1.3.3.5　操纵轻便性

操纵轻便性是指对汽车进行操作或驾驶时的难易、方便程度。可以根据操作次数、操作时所需要的力、操作时的容易程度以及视野、照明、信号效果等来评价。具有良好操纵轻便性的汽车，不但可以减轻驾驶员的劳动强度和紧张程度，也是安全行驶的保证。采用动力转向、倒车雷达、电动门窗、中控门锁、制动助力装置和自动变速器等，都能够改善汽车的操纵轻便性。

操纵轻便性的具体评价指标包括转向操纵力和操纵性配置（动力转向、倒车雷达、电动门窗、中控门锁、制动助力、自动变速器等的应用情况等）。

1.3.3.6　行驶平顺性

行驶平顺性是指汽车在行驶过程中对路面不平度引起的振动的抑制能力。评价汽车行驶平顺性的主要指标为汽车的固有频率和振动加速度。

由于不平整路面的冲击，汽车行驶时将发生振动，使乘员感到疲劳和不舒适，损坏运载的货物。振动引起的附加动载荷加剧零部件的磨损，影响汽车的使用寿命。车轮载荷的波动将会降低车轮的地面附着性，对汽车的操纵稳定性十分不利。

1.3.3.7　通过性

通过性是指汽车在一定的载荷下，能以较高的平均速度通过各种不平路段和无路地带，克服各种障碍（陡坡、侧坡、台阶、壕沟等）的运行能力。各种汽车的通过能力是不一样的。轿车和客车由于经常在市内行驶，通过能力比较差。而越野汽车、军用车辆、自卸汽车和载货汽车，必须有较强的通过能力。

采用宽断面轮胎、多轮胎可以提高汽车在松软土壤、雪地、冰面、沙漠、光滑路面上的运行能力；较深的轮胎花纹可以增加附着系数而不容易打滑；全轮驱动方式可使汽车的动力性得以充分的发挥；结构参数的合理选择，可以使汽车具有良好的克服障碍运行的能力，如较大的最小离地间隙、接近角、离去角和车轮半径等，都可提高汽车的通过性。

1.3.3.8 机动性

机动性是指汽车能够应对狭窄多弯的道路，易于停车并灵活地驶出的能力。机动性主要用最小转弯半径来评价，转弯半径越小，机动性越好。

一般来说，汽车越小，机动性也越好，这也是经常在市区内用车的客户选择小型轿车的原因之一。

1.3.3.9 环保性

汽车环保性是指汽车对环境的保护能力。汽车环保性包括污染物排放性和噪声两个方面。

（1）污染物排放性　污染物排放性反映汽车控制有害污染物向大气中排放的能力。汽车有 3 个主要污染物排放源：排气管排出的废气、曲轴箱的排放物、燃油箱盖漏出的水蒸气。

（2）噪声　噪声是指汽车行驶或怠速时产生的杂乱声音，是城市环境污染之一。汽车噪声的大小是衡量汽车质量水平的一个重要指标。汽车的噪声源有多种，如发动机、变速器、驱动桥、传动轴、车厢、玻璃窗、轮胎、继电器、喇叭、音响等都会产生噪声，但最主要的噪声源有两个，一个是发动机，另一个是轮胎，它们都是被动产生噪声的，而且只要汽车发动就会产生。

1.3.3.10 安全性

安全性是指汽车防止交通事故发生或发生事故后保护乘员和货物不受损害的能力。其中，汽车防止事故发生的能力又称为汽车的主动安全性；发生事故后，汽车保护乘员和货物不受损害或将损害降低到最小的能力，则称为汽车的被动安全性。

（1）典型主动安全装置　包括照明和信号灯、防眩目后视镜、ABS、ASR（牵引控制系统）、EBD（电子制动力分配）、ESP（车身电子稳定系统）、横向和纵向测距雷达等。良好的主动安全性要求汽车具有宽阔的视野，具有可靠灵敏的转向、加速和制动能力，具有具备除霜和除雾功能的风窗玻璃，各种操纵件、指示器和信号装置的标识要醒目统一，避免驾驶员错误识别或错误操作而导致事故。

（2）被动安全装置　主要有安全带、安全气囊（SRS）、安全玻璃、货车和挂车侧面及后下部防护装置、可溃缩转向柱以及车身碰撞吸能区域等。

1.3.4 汽车强制报废标准

公安部等四部门制定并公布了《机动车强制报废标准规定》，于 2013 年 5 月 1 日起施行。

凡达到报废标准的机动车，其所有人应将机动车交售给报废机动车回收拆解企业，由报废机动车回收拆解企业按规定进行登记、拆解、销毁等处理，并将报废的机动车登记证书、号牌、行驶证交公安机关交通管理部门注销。

《机动车强制报废标准规定》从累计行驶里程数和（或）使用年限两个方面，对各类机动车的报废里程（年限）做了具体规定，如表1-17所示。

表1-17　各类机动车的报废年限（里程）

车辆类型与用途				使用年限/年	行驶里程参考值/万千米
汽车	载客	营运	出租客运 小、微型	8	60
			出租客运 中型	10	50
			出租客运 大型	12	60
			租赁	15	60
			教练 小型	10	50
			教练 中型	12	50
			教练 大型	15	60
			公交客运	13	40
			其他 小、微型	10	60
			其他 中型	15	50
			其他 大型	15	80
		专用校车		15	40
		非营运	小、微型客车，大型轿车*	无	60
			中型客车	20	50
			大型客车	20	60
	载货	微型		12	50
		中、车型		15	60
		重型		15	70
		危险品运输		10	40
		三轮汽车、装用单缸发动机的低速货车		9	无
		装用多缸发动机的低速货车		12	30
	专项作业	有载货功能		15	50
		无载货功能		30	50

续表

车辆类型与用途			使用年限/年	行驶里程参考值/万千米
挂车	半挂车	集装箱半挂车	20	无
		危险品运输半挂车	10	无
		其他	15	无
	全挂车		10	无
摩托车	正三轮摩托车		12	10
	其他		13	12
轮式专用机械车			无	50

注：1. 表中机动车主要依据《机动车类型术语和定义》进行分类；标注"*"车辆为乘用车。

2. 对于小、微型出租客运汽车（纯电动汽车除外）和摩托车，省、自治区、直辖市人民政府有关部门可结合本地实际情况，制定严于表中使用年限的规定，但小、微型出租客运汽车使用年限不得低于6年，正三轮摩托车使用年限不得低于10年，其他摩托车使用年限不得低于11年。

 小/提/示

表1-17中相关汽车分类按以下标准执行。

① 大型客车是指核定载客人数≥20的载客汽车；中型客车是指核定载客人数为10～19的载客汽车；小型客车是指核定载客人数≤9的载客汽车；微型载客汽车是指核定载客人数≤8，且排气量≤1L的载客汽车，它是小型客车的一种，也称微型客车。

② 微型货车的总质量≤1.8t；轻型货车的总质量为1.8～6.0t（含6.0t）；中型货车的总质量为6.0～14.0t（含14.0t）；重型货车的总质量＞14t。

③ 低速货车一般以柴油机为动力，最高设计车速≤70km/h，最大设计总质量≤4500kg，车长≤6m，车宽≤2m，车高≤2.5m，具有4个车轮。

针对上述规定，《机动车强制报废标准规定》还做了如下相关说明。

① 机动车使用年限起始日期按照注册登记日期计算，但自出厂之日起超过2年未办理注册登记手续的，按照出厂日期计算。

② 对于没收的走私机动车，其注册登记日期按照机动车的出厂年份录入年，按确定机动车登记编号的日期录入月、日。

③ 部分机动车的使用期限既规定了累计行驶里程数，也规定了使用年限，那么当其中的一个指标达到报废标准时，即认为该车辆已达到报废标准。

④ 营运载客汽车与非营运载客汽车相互转换的，按照营运载客汽车的规定报废；但小、微型非营运载客汽车和大型非营运轿车转为营运载客汽车的，应重新核算，其计算公式为

累计可使用年限＝原状态已使用年限＋（1-原状态已使用年限/原状态使用年限）×状态改变后年限

⑤ 不同类型的营运载客汽车相互转换的，按照使用年限较严的规定报废。

⑥ 小、微型出租客运汽车和摩托车需要转出登记地所属省、自治区、直辖市范围的，按照使用年限较严的规定报废。

⑦ 危险品运输载货汽车、半挂车与其他载货汽车、半挂车相互转换的，按照危险品运输载货汽车、半挂车的规定报废。

⑧ 距本规定（《机动车强制报废标准规定》）要求使用年限 1 年以内（含 1 年）的机动车，不得变更使用性质、转移所有权或者转出登记地所属地市级行政区域。

第 1 章 汽车基本知识

49

第2章

二手车基本知识

2.1 二手车的优点

二手车的优点如表 2-1 所示。

表 2-1　二手车的优点

优点	分析
便宜	二手车最大的优点就是便宜。不同年份的二手车价格仅相当于新车的三分之一到二分之一，甚至更少。而且，由于新车头两年折旧率比较高，买二手车避开了汽车的快速折旧期，所以还具有相对保值的优势。此外，某些特定年代和车型的二手车还具有收藏的价值
适合初学驾驶者	初学驾驶者，刚拿了驾照，技术不过硬，也不妨先买台二手车练练手
适合汽车发烧友	对于那些希望体验新鲜感觉的汽车发烧友们，二手车是不错的选择
降低购车成本	用相同购买新车的钱可以买到高一个档次的二手车，因此，从降低购车成本的角度，普通大众购买二手车不失为更加明智的选择

2.2 二手车鉴定评估基本术语及其概念

二手车鉴定评估基本术语及其概念如表 2-2 所示。

表 2-2　二手车鉴定评估基本术语及其概念

基本术语	概念
二手车	二手车是指办理完注册登记手续达到国家强制报废标准之前进行交易并转移所有权的汽车（包括三轮汽车、低速载货车）、挂车和摩托车。二手车的标准术语为旧机动车
二手车交易	二手车交易行为是指以二手车为交易对象，在国家规定的二手车交易市场或其他经合法审批的交易场所中进行的二手车的商品交换和产权交易
二手车经销	二手车经销是指二手车经销企业收购、销售二手车的经营活动
二手车拍卖	二手车拍卖是指二手车拍卖企业以公开竞价的形式将二手车转让给最高应价者的经营活动
二手车经纪	二手车经纪是指二手车经纪机构以收取佣金为目的，为促成他人交易二手车而从事居间、行纪或者代理等经营活动
二手车置换	狭义的置换就是"以旧换新"业务，即经销商通过二手商品的收购与新商品的对等销售获取利益。广义的置换则是指在以旧换新业务的基础上，还同时兼容二手商品的整新、跟踪、二手商品再销售乃至折抵、分期付款等项目的一系列业务组合，从而成为一种有机而独立运营的营销方式。由于可以推动新车销售，不同于以往二手车交易的是，二手车置换业务往往背靠汽车品牌专营店，其背后获得汽车制造厂商的强大技术支持，经销商为二手车的再销售提供一定程度上的质量担保，这大大降低了二手车交易中消费者的购买风险，规范了交易双方的交易行为，有很大的发展潜力
成新率	成新率是二手车新旧程度的衡量指标，是指二手车的功能或使用价值占全新机动车的功能或使用价值的比率，也可理解为二手车的现时状况与机动车全新状况的比率
折现率	折现率是指将未来有限期预期收益折算成现值的比率
贬值	二手车贬值根据性质不同分为：功能性贬值、经济性贬值、有形损耗贬值
功能性贬值	是由技术进步引起的二手车功能相对落后而导致的贬值。这是一种无形损耗。功能性贬值可分为一次性功能贬值和营运性功能贬值
经济性贬值	是反映社会对各类产品综合的经济性贬值的大小，突出表现为供求关系的变化对市场价格的影响，二手车经济性贬值是指由外部经济环境变化所造成的车辆贬值。它也是一种无形损耗
有形损耗贬值	也称实体性贬值，是指二手车在存放和使用过程中，由物理和化学原因（如机件磨损、锈蚀和老化等）而导致的车辆实体发生的价值损耗，即由于自然力的作用而发生的损耗。计量二手车实体有形损耗时主要根据已使用年限进行分摊
二手车的原值	即原始价值，是指车主在购置以及通过其他方式取得某类全新机动车时所发生的全部货币支出，包括买价、运杂费、车辆购置附加费、消费税、新车登记注册等所发生的费用
二手车的净值	二手车在使用的过程中逐渐磨损，其原始价值也随之减少而转入企业成本。企业提取的机械折旧额为折旧基金，用于车辆磨损的补偿，提取折旧后，剩余的机械净值称为二手车的净值，它在一定程度上反映了车辆现有价值
二手车的残值	二手车报废清理时回收的那些材料、废料的价值称残值，它体现二手车丧失生产能力以后的残体价值

基本术语	概念
评估值	是指遵循一定的计价标准和评估方法，重新确定的二手车现值
报废汽车	是指已经达到国家《机动车强制报废标准规定》或各地方制定的有关报废规定、报废标准的；或虽未达到报废规定，但因交通事故或车辆超负荷使用造成发动机和底盘严重损坏，经检验不符合国家《机动车运行安全技术条件》规定的有关汽车安全、尾气排放要求的各种汽车、挂车、摩托车和轮式专用机械车辆
拼装汽车	是指使用报废汽车的发动机、前后桥、变速器、转向机、车架及其他零部件组装的机动车
改装汽车	改装汽车有两种基本类型：一是厂家的改装，使用的是经国家鉴定合格的零配件，对原车重新设计、改装；二是消费者自己或委托汽车改装公司在已购买汽车（主要是轿车和越野汽车等）的基础上，做一些外形、内饰和性能的改装。二手车交易市场常讲的改装汽车是指后者。车辆改装在法规里的描述是车辆变更，其行为是受法律约束的
机动车	是指由金属及其他材料制成，并由若干零部件装配起来的机械结构，在一定的动力装置驱动或者牵引下，能够自行行驶的供人员乘用或用于运送物品以及进行工程专项作业的车辆。机动车的本质特征是具有轮式或履带式行走装置
事故车	是指在使用过程中，曾经发生过长时间泡水、严重过火或严重碰撞，即使经过很好的修复之后，仍然存在安全隐患的车辆

2.3

二手车鉴定评估作业流程

二手车评估师在进行二手车鉴定评估时，必须遵守评估程序。二手车鉴定评估工作程序，也称为二手车鉴定评估操作流程，是指二手车鉴定评估机构在承接具体的车辆评估业务时，从接受立项、受理委托到完成评估任务，直至出具鉴定评估报告全过程的具体步骤和工作环节。

根据《二手车鉴定评估技术规范》（GB/T 30323—2013）的规定，二手车鉴定评估作业流程如图 2-1 所示。

根据图 2-1，可将二手车鉴定评估工作程序归纳为前期准备、现场鉴定和价格估算 3 个工作环节。

①前期准备环节包括受理鉴定评估、查验可交易车辆和签订委托书 3 个工作步骤。

②现场鉴定环节包括登记基本信息、判别事故车和鉴定技术状况 3 个工作步骤。

③价格估算环节包括评估车辆价值、撰写并出具鉴定评估报告和办理交易后续业务 3 个工作步骤。

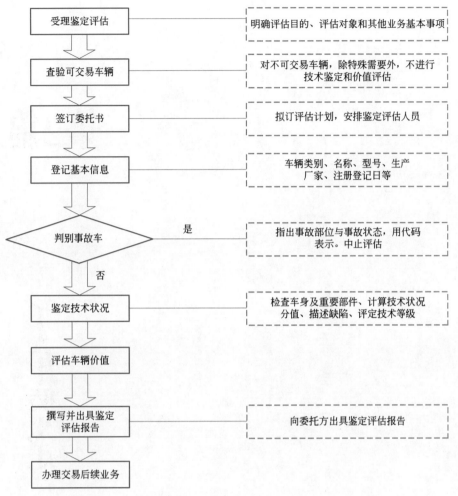

图 2-1　二手车鉴定评估作业流程

第2篇

二手车鉴定

第3章

二手车鉴定概述

二手车鉴定评估是指对二手车进行技术状况检测、鉴定，确定二手车在某一时点价值的过程。二手车鉴定评估包含二手车技术状况鉴定和二手车价值评估两层含义。二手车技术状况鉴定是对二手车技术状况进行缺陷描述和等级评定的过程；二手车价值评估是根据二手车技术状况鉴定结果和鉴定评估目的，对目标车辆价格进行计算估计的过程。

3.1

二手车鉴定评估目的与意义

3.1.1 二手车鉴定目的

二手车鉴定评估的目的是正确反映二手车的价值量及其波动，为将要发生的经济行为提供公平的价格尺度。具体而言，二手车鉴定评估的目的如下所述。

（1）提供车辆交易的参考价格 车辆交易即二手车的买卖，是二手车业务中最常见的一种经济行为。在二手车的交易过程中，买卖双方对交易价格的期望值是不同的。而二手车鉴定评估人员对交易的二手车进行的鉴定评估是第三方评估，可以作为双方议价的基础，从而起到协助确定二手车交易成交额的作用，进而协助二手车交易的达成。评估人员必须站在公正、独立的立场对交易车辆进行评估，并提供一个评估值，作为买卖双方协商的参考价格。

（2）确定车辆置换时的旧车价格 随着2005年《汽车贸易政策》的颁布，越来越多的品牌专卖店（如4S店）展开以旧换新的置换业务，为使车辆置换顺利进行，必须对待置换的二手车进行鉴定评估并提供评估值。

（3）确定资产价值 在公司合作、合资、联营、分设、合并、兼并等经济活动中，往往会牵涉资产所有权的转移，车辆作为固定资产的一部分，自然也存在产权变更的问题，在车辆产权变更时，必须对其价值进行评估。

（4）提供车辆拍卖的底价　法院罚没车辆、企业清算车辆、海关获得的抵税车辆和放弃车辆、个人或单位的抵债车辆、公车改革的公务用车等均须经过拍卖市场公开拍卖变现，拍卖前必须对车辆进行评估，为拍卖公司提供拍卖的底价。

（5）提供贷款额度参考基数　银行为了确保放贷安全，要求贷款人以一定的资产作为抵押，如以在用汽车为抵押物，给予贷款人与汽车价格相适应的贷款。这个抵押物到底价值多少，也只有经过评估才能确定。因此，需要专业评估人员对汽车的价格进行评估。对贷款人而言，汽车价格评估值的高低可决定其可申请贷款的额度；对放贷者而言，评估的准确性一定程度上影响着贷款回收的安全性。

（6）提供车辆投保额度　出险车主因车辆损坏从保险公司所获得的赔付额最多不得超出出险前的车辆价值，故必须对出险前车辆进行评估。

（7）为司法部门鉴定非法车辆或提供判决证据　当事人遇到涉及车辆诉讼的情况时，委托鉴定评估人员对车辆进行评估，有助于把握事实真相；同时，法院判决时，可以依据评估结果进行宣判，这种评估也可由法院委托评估机构进行。此外，评估机构也接受法院等司法部门或个人的委托，鉴定和识别走私车、盗抢车、拼装车等非法车辆。

（8）提供事故车辆维修范围　汽车修理厂应根据鉴定评估人员提供的查勘定损清单资料，确定更换部件的名称、数量、金额和修理部件的范围、工时定额费用及附加费，从而控制事故车辆总的修理费用，防止修理范围任意扩大。

（9）提供车辆的可担保额度　担保是指车辆所有人以其拥有的机动车为其他单位或个人的经济行为提供担保，并承担连带责任的行为。担保额度的大小取决于车辆的评估价格。

（10）提供典当时放款额度参考　为了保障典当业务的正常进行，典当行可以委托二手车鉴定评估机构对典当车辆的价值进行评估，并以此作为放款的依据。当典当车辆发生绝当时，对绝当车辆的处理，同样也需要委托二手车鉴定评估机构为其提供鉴定评估服务。

3.1.2　二手车鉴定的意义

对二手车鉴定评估的过程不仅仅是原有价值的重置和现实价值的形成过程，其背后还隐含着很多深层次的重要意义。具体而言，二手车鉴定评估的意义如下所述。

（1）促进二手车交易　二手车鉴定评估人员以第三方角色进行二手车的鉴定评估，其评估结果易于被交易双方接受，从而有助于促成交易。

（2）保证合理税收　二手车进入市场再流通，属固定资产转移和处置的范畴，按国家有关规定，进行该过程时应缴纳一定的税费。目前各地对这种税费的征管，基本是以交易额为计征依据，实行比率税（费）率，采用从价计征的办法，而这里的计征依据实质上就是评估价格。因此，二手车鉴定评估的准确与否直接关系到国家税收和财政收入的多少及其公正合理性。目前，大部分地区已经减免二手车交易税。

（3）参与国有资产管理　我国很多车辆为国家和集体所有，这是车辆管理方面有别于其他发达国家的明显之处。因此对二手车的鉴定评估很大程度上就是对国有资产的评估，评估结果直接关系到国有资产是否流失的问题。

（4）**防止非法交易** 二手车流通涉及车辆管理、交通管理、环保管理、资产管理等多方面，属特殊商品流通的范畴。目前我国对进入二级市场再流通的二手车有严格的规定，鉴定评估恰是防止非法交易发生的重要环节。

（5）**促进相关行业业务的有序开展** 二手车鉴定评估还关系到金融系统有关业务的健康有序开展，司法裁决公平、公正进行及企业依法破产、重组等诸多经济和社会问题。特别是在目前二手车市场已逐步成为我国汽车市场不可分割的重要组成部分的情况下，应该把科学准确地对二手车进行鉴定评估提高到促进汽车工业进步、有效扩大需求，乃至保障国民经济持续稳定发展和社会安定的高度来认识和把握。

3.1.3　二手车鉴定评估的依据

二手车鉴定评估的依据主要分为理论依据、法律依据和价格依据 3 方面。

（1）**理论依据** 二手车鉴定评估实质上属于资产评估的范畴，因此其理论依据必然是资产评估学的相关理论和方法。

（2）**法律依据** 具体涉及二手车鉴定评估的主要政策法规:《国有资产评估管理办法》《国有资产评估管理办法实施细则》《机动车强制报废标准规定》《二手车流通管理办法》《二手车交易规范》《二手车鉴定评估技术规范》及其他相关的政策法规。

（3）**价格依据** 二手车价格评估中的价格依据主要有历史依据和现时依据。前者主要是二手车的账面原值、净值等资料，它具有一定的客观性，但不能作为估价的直接依据；后者在评估价值时都以评估基准日为准，即以现时价格、现时车辆功能状态等为准。

3.1.4　二手车鉴定评估的原则

为了保证鉴定评估结果的客观、真实、公正、公开，二手车的鉴定评估必须遵循一定的原则，具体体现在以下几个方面。

（1）**公平性** 鉴定评估人员必须处于中立的立场上对车辆进行鉴定评估，这是鉴定评估人员应遵守的一项最基本的道德规范。目前在不规范的二手车市场中，时有鉴定评估人员和二手车经销/经纪人员互相勾结损害消费者利益和私卖公高估而公卖私则低估的现象，这是严重违反职业道德的行为。

（2）**独立性** 独立性要求二手车鉴定评估人员依据国家的有关法律和规章制度及可靠的资料数据对被鉴定评估的车辆独立地做出评定。坚持独立性原则，是保证鉴定评估结果具有客观性的基础。要坚持独立性原则，首先鉴定评估机构必须具有独立性，鉴定评估机构不应从属于和交易结果有利益关系的二手车市场，目前已不允许二手车市场建立自己的鉴定评估机构。

（3）**客观性** 客观性指鉴定评估结果应有充分的事实为依据。鉴定评估工作应尊重客观实际，反映被评估车辆的真实情况，所收集的与被评估车辆相关的统计数据准确。它要求车辆技术状况的鉴定评估结果必须翔实可靠，只有这样才能做到对被评估车辆现值的客观评估。

（4）科学性　科学性指在二手车的鉴定评估过程中，必须依据鉴定评估的目的，选用合理的鉴定评估标准和方法，使鉴定评估结果准确合理。如拍卖、抵押等适用清算价格标准计算，而一般的车辆交易则选用重置成本标准或现行市价标准。

（5）专业性　专业性要求鉴定评估人员接受相关部门的能力培训，达到从事二手车鉴定评估的要求或获得相关部门核发的能力证书。

（6）可行性　可行性要求鉴定评估人员素质是合格的；鉴定评估机构有可供利用的汽车检测设备；能获得鉴定评估所需的数据资料，而且这些数据资料是真实可靠的；鉴定评估的程序和方法是合法的、科学的。

3.2
二手车鉴定评估的基本要素与范围

3.2.1　二手车鉴定评估基本要素

二手车评估属于资产评估，因此二手车鉴定评估理论和方法以资产评估学为基础。评估主要由 8 个要素构成，包括评估的主体、客体、原则、目的、依据、程序、标准和方法，具体介绍如下所述。

（1）主体　二手车鉴定评估的主体指二手车鉴定评估业务的承担者，指评估机构或评估师。

（2）客体　二手车鉴定评估的客体指被评估的车辆。

（3）原则　二手车鉴定评估的原则指二手车鉴定评估中应遵循的行为准则。

（4）目的　二手车鉴定评估的目的指二手车发生经济行为的性质，如交易、典当、资产清查、抵押贷款、司法咨询（裁决）、拍卖等。

（5）依据　二手车鉴定评估的依据指二手车鉴定评估中所依据的理论、价格及相关标准、法规等。

（6）程序　二手车鉴定评估的程序指二手车鉴定评估工作从开始到结束的工作流程。GB/T 30323—2013 明确规定了二手车鉴定评估的程序。

（7）标准　二手车鉴定评估的标准指鉴定评估时采用的计价标准。

（8）方法　二手车鉴定评估的方法指确定二手车评估值的手段和途径。

3.2.2　二手车鉴定评估的基本要求

二手车鉴定评估应当本着买卖双方自愿的原则，不得强制进行；属国有资产的二手车应当按国家有关规定进行鉴定评估。二手车鉴定评估机构应当遵循客观、真实、公正和公开的原则，依据国家法律法规开展二手车鉴定评估业务，出具车辆鉴定评估报告，并对鉴定评估报告中车辆技术状况包括是否属事故车辆等评估内容负法律责任。

《二手车流通管理办法》等相关法规明确规定，二手车评估人员必须经过专业培训，通过国家有关部门组织的资格考试，取得二手车评估师职业资格证书，方可上岗从事有关鉴定评估业务。但 2017 年，人力资源和社会保障部颁布文件，取消了二手车评估师这一职业资格证书，这就意味着二手车评估师的执业资格不再由国家统一管理。由于社会的需要，目前，部分行业组织仍然在进行二手车评估师的能力培训、考核与能力证书核发工作。

鉴于以上原因，本书后面不再述及二手车评估师职业资格证书及其相关的事宜。

3.2.3　二手车鉴定评估的范围

随着汽车与经济和社会活动联系的日益紧密和功能的拓展，二手车鉴定评估也逐步渗透到社会的各个领域，成为资产评估重要组成部分。通过二手车评估目的可见，二手车评估的范围包括以下领域。

（1）**流通领域**　二手车在不同消费能力群体中互相转手，需要鉴定估价。

（2）**二手车经营企业**　收购、代购、代销、租赁、置换、回收（拆解）等二手车经营业务需要鉴定估价。

（3）**金融系统**　银行、信托机构及保险公司开展抵押贷款、典当、保险理赔业务时，需要对相关车辆进行鉴定评估。

（4）**企事业单位**　通过拍卖形式处理罚没车辆、抵押车辆、企业清算车辆时，需要对车辆进行鉴定评估以获取拍卖底价。公司注册、合资、合作、联营及合并、兼并、重组过程中也会涉及二手车鉴定评估业务。

（5）**司法部门**　在处理相关案件时，也需要以涉案车辆的鉴定评估结果作为裁定依据。

除此以外，二手车鉴定评估的一个重要任务就是要鉴定或识别走私车、盗抢车、报废车、拼装车等非法车辆，防止其通过二手车市场重新流入社会。

3.2.4　二手车鉴定评估的业务类型

按鉴定评估服务对象的不同，二手车鉴定评估的业务类型分为交易类业务和咨询服务类业务（也称为转移产权类业务和不转移产权类业务）两大类。

（1）**交易类业务**　交易类业务是服务于交易市场内部的二手车交易业务，主要目的是判定二手车的来历，并为交易双方提供交易的参考价格。

（2）**咨询服务类业务**　咨询服务类业务是服务于交易市场外部的非交易业务，如资产评估（涉及车辆部分）、抵押贷款评估、法院咨询等。

交易类业务和咨询服务类业务一般都是有偿服务，其评估的程序和作业内容并没有太大的差别，但依评估的目的不同，其评估作业的侧重点有所不同。例如，交易类业务的侧重点是二手车的来历、能否进入二手车市场流通及二手车的估价；而咨询服务类业务牵涉识伪判定、交易程序解答、市场价格咨询、国家相关法规咨询等方面的内容多些，当然也有一些要求提供正式的车辆评估价。

3.2.5　二手车鉴定评估的特点

汽车虽然属于机器设备一类的固定资产，但汽车有其自身的特点，主要表现在以下几个方面。

① 单位价值大，使用时间长。

② 技术性强，使用范围广，车辆属于有形资产，同时也是无形资产的载体。

③ 使用强度、使用条件、维护水平差异较大。

④ 使用管理严格，税费高。

由于汽车本身具有以上特点，而二手车流通又属特殊商品流通，因此，与其他资产评估相比，二手车鉴定评估具有以下特征。

（1）涉及知识面广　二手车鉴定评估理论和方法以资产评估学为基础，涉及经济管理、市场营销、金融、价格、财会及机械原理、汽车构造等多方面知识，技术含量高，因此二手车技术鉴定的知识依赖性较强。

（2）政策性强　从事二手车鉴定评估的人员既要熟知《中华人民共和国拍卖法》《国有资产评估管理办法》《机动车强制报废标准规定》《二手车流通管理办法》等政策法规，还要掌握车辆管理有关规定及各地相关的配套措施。

（3）实践和技能水平要求高　二手车鉴定评估工作要求从业人员不仅会驾驶汽车，而且还能使用检测仪器和设备，并能通过目测、耳听、手摸等手段判断二手车外观、总成的基本技术状况，能够通过路试判断发动机、传动系、转向系、制动系、电路、油路等的工作情况，甚至对汽车主要部件的功能和更换方法也要有一定程度的了解。评估过程是以人的智力活动为中心开展的，评估质量取决于评估人员掌握的信息、知识结构和经验，评估结果体现评估人员的主体性。

（4）动态特征明显　目前汽车产品更新换代快，结构升级、技术创新频繁，加之市场经济条件下市场行情的多变难测，使二手车鉴定评估工作具有极强的动态性、时效性。从业人员在具体工作中不仅要掌握有关的账面原值、净值、历史依据，更要结合评估基准日这一时点的现时价格和行情，这样才能准确做出评估。

> ⊛ 小 / 提 / 示
>
> 　　账面原值就是购买新车时发票上显示的价格；净值是当二手车作为固定资产时，账面原值减去提取的累计折旧额的差值。相关的二手车价值术语还有继续使用价值、交换价值、残余价值和报废价值等。二手车继续使用价值是指二手车作为整车能继续使用而存在的价值；二手车交换价值是二手车在公平市场条件下能够实现的交易价值；二手车零部件回收的价值称为残余价值；二手车报废回收金属的价值称为报废价值。

（5）以技术鉴定为基础　汽车是集机械、电子、自动控制和信息技术于一身的产品，对汽车进行鉴定评估涉及对以上技术状况的了解程度。此外，在长期使用中，由于机件的磨损和自然力的作用，汽车处于不断磨损的过程中。随着使用里程和使用年限的增加，车辆的有形损耗、无形损耗加剧，而其损耗程度的大小因使用强度、使用条件、维护水平的不同而相差很大，这些差异只有通过专业的技术鉴定才能鉴别出来。因此，要评估出汽车当前的实际价值，往往需要通过技术检测等技术手段来鉴定其损耗程度。

（6）单车评估　汽车在不同环节的价值属性比较复杂，决定了二手车鉴定评估的多样性。因此对二手车应该采用一车一评估（单车评估）的手段，才能保证评估结果合理。

（7）评估要考虑附加值　国家对汽车实施车籍管理，使用中需缴纳的税费较多，税费附加值较高。因此，对二手车进行鉴定评估时，除考虑其实体性价值外，还要考虑车籍管理的手续费用及使用过程中各种规费的价值。

二手车鉴定评估机构

GB/T 30323—2013 对于二手车鉴定评估机构的定义是"从事二手车鉴定评估经营活动的第三方服务机构"。

3.3.1　相关规定

二手车鉴定评估直接涉及当事人双方的权益，是一项政策性和专业性都很强的工作，所以无论是对专业鉴定评估机构，还是对专业鉴定评估人员都有较高的要求。

按照我国 1991 年 11 月颁布的《国有资产评估管理办法》第九条的规定，资产评估公司、会计师事务所、审计事务所、财务咨询公司，必须获得省级以上国有资产评估资格证书，才能从事国有资产评估业务。依照《价格评估机构资质认定管理办法》设立的价格评估机构有资格对流通中的二手车与事故车辆进行鉴定和评估。

依据我国保险监督管理委员会公布的《保险公估机构管理规定》设立的保险公估机构，也可经营汽车承保前的估价与出险后的估损等相关业务。

2017 年 9 月 14 日，商务部发布 2017 年第 3 号令《商务部关于废止和修改部分规章的决定》。经商公安部、工商总局、税务总局同意，删去《二手车流通管理办法》（商务部、公安部、工商总局、税务总局令〔2005〕第 2 号）第九条、第十条、第十一条。至发布日起，二手车鉴定评估及鉴定评估机构具有以下特点。

① 从事二手车鉴定评估业务不再要求持有二手车评估师职业资格证，可去职业培训学校学习二手车鉴定评估职业技能，并考取相应的职业能力证书作为执业水平的有效证明。

② 设立二手车鉴定评估机构不再需要商务部门审批的"二手车鉴定评估机构核准证书"，可直接去工商部门申请设立企业。

③ 解除外资进入二手车市场的限制，进一步激发二手车市场活力。

3.3.2　二手车鉴定评估机构的职能

二手车鉴定评估机构主要有评估、公证和中介职能。

（1）**评估职能** 评估即评价、估算，指对某一事物或物质进行评判和预估。二手车鉴定评估机构与其他公估人一样具有一种广义的评估职能，包括评价职能、勘验职能、鉴定职能、估价职能等。二手车鉴定评估机构对二手车进行评估，得出评估结论，并说明得出结论的充分依据和推理过程，体现出其评估职能。评估职能是二手车鉴定评估机构的关键职能。

（2）**公证职能** 二手车鉴定评估机构的公证职能指二手车鉴定评估机构对二手车评估结论做出符合实际、可以信赖的证明。二手车鉴定评估机构之所以具有公证职能，是因为以下两点。

① 二手车鉴定评估人员有丰富的二手车鉴定评估知识和技能，在判断二手车鉴定评估结论准确与否的问题上最具资格和权威性。

② 作为当事人之外的第三方，二手车鉴定评估机构完全站在中立、公正的立场上就事论事、科学办事。

公证职能是二手车鉴定评估机构的重要职能，并具有以下特征。

① 这种公证职能虽然不具备定论作用，但却有促成司法结案、买卖成交的作用，因为当事人双方难以找出与评估结论完全不同的原因或理由。

② 这种公证职能虽然不具备法律效力，但该结论可以接受法律的考验。这是因为二手车鉴定评估机构的评估结论确定之后，必须经当事人双方接受才能结案或买卖成交。一旦当事人双方有一方不能接受，则可选择其他途径解决，如调解协商、仲裁或诉讼。但是，二手车鉴定评估机构可以接受委托方的委托出庭辩护，甚至可被聘请为诉讼代理人出庭诉讼，本着对委托方特别是对评估报告负责的原则，促成双方接受既定结论。

（3）**中介职能** 二手车鉴定评估机构作为中介方，从事评估活动，不参与相关利益的分配，为当事人提供服务，具有鲜明的中介职能。这是因为二手车鉴定评估机构可以受托于双方当事人的任何一方，二手车鉴定评估机构以当事人之外的第三方身份从事二手车鉴定评估活动，从当事人一方获得委托，以中间方立场执行二手车鉴定评估，并收取合理费用。这样，二手车鉴定评估机构以中间人的身份，独立地开展二手车鉴定评估工作，并得出鉴定评估结论，促成双方当事人接受该结论，为当事人提供中介服务，从而发挥其中介职能。

3.3.3 二手车鉴定评估机构的地位

二手车鉴定评估机构的地位是独立的，这种独立性主要表现在以下几方面。

（1）**执行鉴定评估业务独立** 二手车鉴定评估机构执行鉴定评估业务时，既不代表双方当事人，也不受行政权力等外界因素干扰。

（2）**思维方式和判断标准独立** 在开展二手车鉴定评估业务的整个进程中，二手车鉴定评估人员保持着独立的思维方式和判断标准。

（3）**评估分析和结论独立** 二手车鉴定评估人员的评估分析和结论保持独立性，这一特征在二手车鉴定评估机构所出具的评估报告中得以充分体现。

（4）**鉴定评估人员坚持独立的立场** 二手车鉴定评估人员具有知识密集性和技术密

集性的特征，在二手车鉴定评估领域具有一定的权威地位，但从法律的角度看，这种权威地位是相对的。就市场地位而言，二手车鉴定评估人员必须坚持独立的立场，无论针对哪一方委托的事务都应做出客观、公平的评判。

3.4
二手车鉴定的受理委托

3.4.1 业务洽谈

（1）了解车主基本情况 车主即二手车所有人，指拥有车辆所有权的单位或个人。接受委托前应了解委托者是否是车主，是车主的即有车辆处置权，否则，无车辆处置权；同时还应了解车主（或委托人）的单位（或个人）名称（名字）、隶属关系和所在地等其他信息。

《二手车流通管理办法》第二十条规定，二手车所有人委托他人办理车辆出售的，应当与受托人签订授权委托书。

（2）了解车主要求评估的目的 评估目的是评估所服务的经济行为的具体类型，根据评估目的，鉴定评估人员选择计价标准和评估方法。车主要求评估的目的有交易、转籍、拍卖、置换、抵押、担保、咨询、司法裁决（司法鉴定）等，一般来说，委托鉴定评估的业务大多数属于交易类业务范畴，车主要求给出评估价格的目的大都是将评估价格作为买卖双方协商的参考底价。

（3）了解评估对象及其基本情况 在进行鉴定评估工作时，鉴定评估人员需要了解的基本情况如下所述。

① 二手车类别。二手车是乘用车，还是商用车；是客车、轿车还是货车等。

② 二手车品牌、型号、生产厂家和出厂日期。

③ 二手车初次注册登记日期和行驶里程。

④ 新车来历。新车来历包括购买、走私罚没处理、捐赠、继承、中奖、法院判决、仲裁裁定等。

⑤ 车籍。车籍指车辆牌证发放地。

⑥ 使用性质。使用性质包括营运和非营运两大类，其中营运又分为出租客运、租赁、教练、公交客运、专用校车和其他营运。

⑦ 手续是否齐全，是否经过年检。

（4）确定委托评估意向 对上述基本情况了解清楚以后，鉴定评估人员就可以做出是否接受委托的决定；如果接受委托，接下来就要进行车辆查验和签订二手车鉴定评估委托书等业务。

对于评估数量较多的业务，在签订二手车鉴定评估委托书之前，应安排鉴定评估人员到实地考察评估对象的情况。实地考察的目的是了解鉴定评估的工作量、工作难易程度和车辆现时状态（在用、已停放很久不用、在修或停驶待修等）。

3.4.2　签订二手车鉴定评估委托书

二手车鉴定评估委托书又称为二手车鉴定评估委托合同，是指二手车鉴定评估机构与法人、其他组织或自然人之间为实现二手车鉴定评估的目的，明确双方权利义务关系所订立的协议。

二手车鉴定评估委托书是受托方与委托方对各自权利、责任和义务的协定，是一项具有经济合同性质的契约。

二手车鉴定评估委托合同必须符合国家法律、法规和资产评估业的管理规定。涉及国有资产占有单位要求申请立项的二手车鉴定评估业务，应由委托方提供国有资产管理部门关于评估立项申请的批复文件，经核实后，方能接受委托，签署委托合同。二手车鉴定评估委托书范例如图3-1所示。

二手车鉴定评估委托书(范本)

委托书编号：×××× - ×××

××××二手车鉴定评估有限公司：

因□交易　□转籍　□拍卖　□置换　□抵押　□担保　□咨询　□司法裁决需要，特委托你单位对车辆号牌号码×× - ×××××、车辆类型××、发动机号×××××××××××××××、车架号××××××××××××××××××××××，进行技术状况鉴定并出具评估报告书。

附：委托评估车辆基本信息

车主			车主电话	
车主证件号			经办人	
地址			联系电话	
车辆情况	车辆型号		所有权性质	
	载重量/座位/排量		燃料种类	
	初次登记日期		车辆颜色	
	已使用年限		累计行驶里程	
	发动机大修次数		整车大修次数	
	维修情况：			
	事故情况：			
	车主报价			

填表说明：

1.若被评估车辆用途曾经为营运车辆、需在备注栏中予以说明；

2.委托方必须对车辆信息的真实性负责，不得隐瞒任何情节，凡由此引起的法律责任及赔偿责任由委托方负责；

3.本委托书一式二份，委托方、受托方各一份。

委托方：(签字、盖章)　　　　　　　　　　受托方：(签字、盖章)

年　　月　　日　　　　　　　　　　年　　月　　日

图3-1　二手车鉴定评估委托书范例

3.4.3 拟订二手车鉴定评估方案

鉴定评估方案是二手车鉴定评估人员进行二手车鉴定评估工作的规划和安排，其主要内容包括评估目的、评估对象和范围、评估基准日，协助评估人员工作的其他人员安排，现场工作计划、评估程序、评估具体工作和时间安排，拟采用的评估方法及其具体步骤等。确定鉴定评估方案后，下达二手车鉴定评估作业表，进行鉴定评估工作。二手车鉴定评估作业表的式样如图 3-2 所示。

二手车鉴定评估作业表

车主		所有权性质		□公□私	联系电话		
住址						经办人	
原始情况	厂牌型号			号牌号码		车辆类型	
	车辆识别代号(VIN)					车身颜色	
	发动机号			车架号			
	载重量/座位/排量					燃料种类	
	初次登记日期	年 月 日		车辆出厂日期		年 月 日	
	已使用年限	年 个月	累计行驶里程	万公里		用途	
检查核对交易证件	证件	□原始发票□机动车登记证书□机动车行驶证□法人代码证或身份证□其他					
	税费	□购置附加税□养路费□车船使用税□其他					
结构特点							
现时技术状况							
价值反映	维护保养情况			现时状态			
	账面原值(元)			车主报价(元)			
	重置成本(元)		成新率%		评估价格(元)		
鉴定评估目的：							
鉴定评估说明：							

注册二手车鉴定评估师(签名)　　　　　　　　　　　　　　　　　复核人：(签名)

　　年 月 日　　　　　　　　　　　　　　　　　　　　　　　　年 月 日

填表说明：

1. 现时技术状况：必须如实填写对车辆进行技术鉴定的结果，客观真实地反映出二手车主要部分(含车身、底盘、发动机、电气、内饰等)以及整车的现时技术状况；

2. 鉴定评估说明：应说明评估价格的计算方法。

3. 本作业表一式四份，买卖双方及车辆评估机构、二手车交易市场各执一份。

图 3-2　二手车鉴定评估作业表式样

第4章

二手车基本信息核查

在二手车交易市场或者电商平台选择二手车的时候，车况信息不透明一直以来困扰着交易双方。在选购二手车的时候，一定要先了解清楚二手车的各项信息，比如二手车法定证件、二手车税费及车主信息等，确保信息无误之后再做交易。

4.1

二手车法定证件的核查

 小 / 提 / 示

机动车法定证件主要有机动车来历证明、机动车行驶证、机动车登记证书、机动车号牌、道路运输证、机动车安全技术检验合格标志等。

4.1.1　核查机动车来历证明

机动车来历证明（来历凭证）除了机动车新车销售发票（即原始购车发票）、二手车销售发票（二手车销售发票反映了即将交易的车辆曾是一辆已经交易过的合法使用的二手车）之外，还有人民法院出具的调解书、裁定书、判决书以及相应的协助执行通知书，公证机关出具的公证书，国家机关出具的调拨证明，保险公司出具的权益转让证明书等。

4.1.1.1　购车发票

在国内购买的机动车的来历证明，可分为新车来历证明和二手车来历证明两种。在国外购买的机动车，其来历证明是该车销售单位开具的销售发票及其翻译文本。

（1）**新车来历证明**　新车来历证明即机动车销售统一发票（图4-1），是指经国家工商行政管理机关验证（加盖工商验证章）的机动车销售发票（即原始购车发票）。在购买新车时，通常可在当地的工商行政管理局机动车市场管理分局办理工商验证手续。

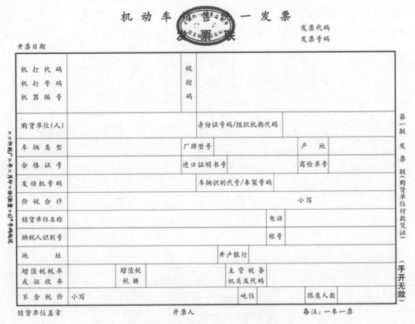

图4-1　机动车销售统一发票

（2）**二手车来历证明**　二手车来历证明即二手车销售统一发票（图4-2），是指经国家工商行政管理机关验证（加盖工商验证章）的二手车交易发票。二手车交易发票反映了即将交易的车辆曾是一辆已经交易过的合法使用的二手车。

图4-2　二手车销售统一发票

2005 年 10 月，《二手车流通管理办法》颁布施行，在全国范围内统一了二手车销售发票，目前国内大部分地区都使用了新版的二手车销售统一发票。

4.1.1.2 其他机动车来历证明

① 人民法院调解、裁定或者判决转移的机动车，其来历证明是人民法院出具的已经生效的调解书、裁定书（图 4-3）、判决书或协助执行通知书。

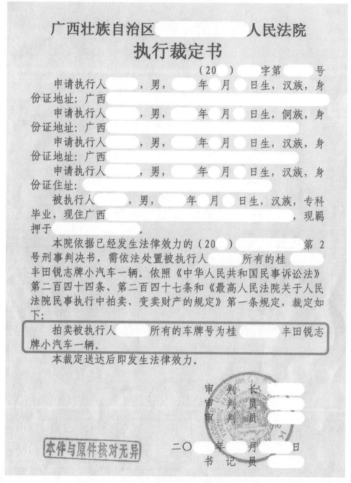

图 4-3 人民法院的裁定书

② 仲裁机构仲裁裁决转移的机动车，其来历证明是仲裁裁决书。

③ 继承、赠予、中奖和协议抵偿债务的机动车，其来历证明是继承、赠予、中奖和协议抵偿债务的相关文书和公证机关出具的公证书（图 4-4）。

④ 资产重组或者资产整体买卖中包含的机动车，其来历证明是资产主管部门的批准文件。

⑤ 国家机关统一采购并调拨到下属单位未注册登记的机动车，其来历证明是全国统一的机动车销售发票和该部门出具的调拨证明。

⑥ 国家机关已注册登记并调拨到下属单位的机动车，其来历证明是该部门出具的调拨证明。

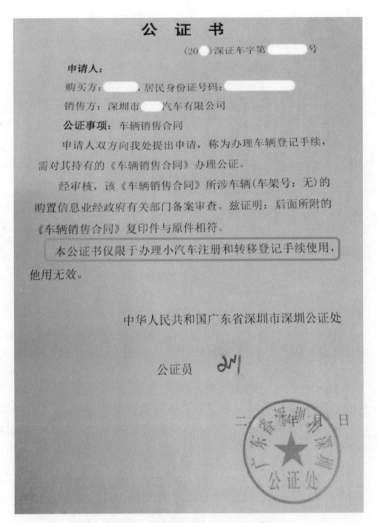

图 4-4 公证机关出具的公证书

⑦ 经公安机关破案发还的被盗抢且已向原机动车所有人理赔完毕的机动车，其来历证明是保险公司出具的权益转让证明书。

⑧ 更换发动机、车身、车架的机动车来历证明，是销售单位开具的发票及修理单位开具的修理发票（附维修结算单）。

通过检查机动车来历证明可以及时发现该车是否合法、是否为涉案车辆，同时，登录公安机关交通管理部门的全国被盗抢汽车信息系统，确认车辆是否为盗抢车，从而有效杜绝盗抢车、走私车、拼装车和报废车的非法交易，避免受到损失。

4.1.2 核查机动车行驶证

4.1.2.1 机动车行驶证的功用

机动车行驶证是由公安机关车辆管理部门依法对车辆进行注册登记核发的证件。它是机动车取得合法行驶权的凭证。《中华人民共和国道路交通安全法》第十一条规定，机动车行驶证是车辆上路行驶必须携带的证件。

在二手车鉴定评估的手续检查中，机动车行驶证也是检查二手车合法性的凭证之一。机动车行驶证上标注有机动车的重要信息，如图4-5所示。

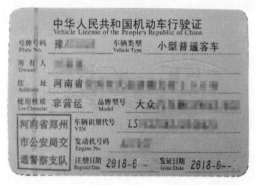

图4-5　机动车行驶证

通过查验机动车行驶证上的号牌号码、车辆识别代号、发动机号、车架号与车辆实物是否一致，是否有改动、凿痕、锉痕、重新打刻等情况，车辆颜色与车身装置是否与行驶证一致等项目可以初步判断二手车是否合法。

4.1.2.2　机动车行驶证真伪的识别

机动车行驶证的制作国家有统一规定。《中华人民共和国机动车行驶证》（GA 37—2008）规定，为了防止伪造行驶证，行驶证塑封套上有用紫光可识别的不规则的与行驶证卡片上图形相同的暗记（图4-6），并且行驶证上按要求粘贴车辆彩色照片。

图4-6　防伪暗记

机动车行驶证识别真伪的方法如下：

（1）检验暗记　查验机动车行驶证塑封套上不规则的暗记与行驶证卡片上不规则的暗记是否相同，不规则的暗记可用紫光灯识别。

（2）查验行驶证塑封套全息图文　行驶证塑封套有全息图文，图文由平安结、指路标志、机动车等图案和"中国CHINA""VEHICLE LICENSE"等字样构成（图4-7），在不同角度，全息图文会显出不同颜色。

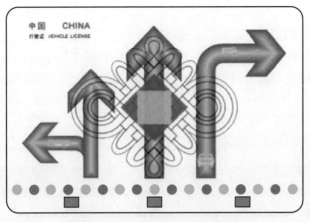

图4-7 行驶证塑封套的全息图文

（3）查看识伪标记 机动车行驶证签注的内容都是通过针式打印机打印，在证芯上留有凹凸感，而有些假证只是扫描后分色印刷出来，证芯上没有凹凸感。

（4）查验机动车行驶证上车辆照片与实车 核对机动车行驶证上车辆的彩色照片与实车是否相符。正常情况下机动车行驶证上车辆的照片（图4-8）都是在车管所拍摄，照片清晰，效果较好。若发现照片模糊，拍摄地点和方向有所出入时，须引起注意。

图4-8 机动车行驶证上车辆的照片

（5）查验印刷质量 对机动车行驶证上的印刷字体字号、纸质、印刷质量与车辆管理机关的机动车行驶证式样进行比较确认。一般来说，伪造行驶证纸质差，印刷质量模糊。

（6）检查字体 机动车行驶证上的数字均使用专用字体，均为公安部加密字体，比如"0"，中间一条起伏的横杠，"5"的横为一条曲线，不是直线（图4-9）。假机动车行驶证做工粗糙，印刷模糊，黑色过浓或过淡。

图4-9 检查字体

（7）**查看公安车辆管理机关印章**　查看公安车辆管理机关印章时要了解每个地方印章的特点，包括印章的大小、字体、色泽、边框乃至笔画特征。

（8）**通过公安车辆管理机关核查**　对有怀疑的机动车行驶证可通过信函、电话、传真到发证的公安车辆管理机关进行真假核实；或者通过公安部交通安全综合服务管理平台（图 4-10）、"交管 12123" App，可以查询到机动车所有人，机动车品牌型号、发动机号、车架号、注册登记日期、发证日期、核定载质量、核定载客人数等信息，与所查验的机动车行驶证上所载明的信息进行比对。

图 4-10　公安部交通安全综合服务管理平台

4.1.3　核查机动车登记证书

机动车登记证书（图 4-11）是由公安机关车辆管理部门核发和管理的，是机动车的"户口本"和所有权证明，具有产权证明的性质。机动车登记证书俗称"绿皮本"，由车辆所有人保管，不随车携带。此后办理转籍、过户等任何车辆登记时都要求出具，并在其上记录车辆的有关情况。

图 4-11　机动车登记证书

机动车登记证书上记载了有关机动车及其所有人的详细信息，包括车辆长、宽、高，轮胎尺寸，生产日期，车辆所有人，发动机排量、型号、功率，车辆颜色，变更过户记录，生产厂家等（图4-12）。

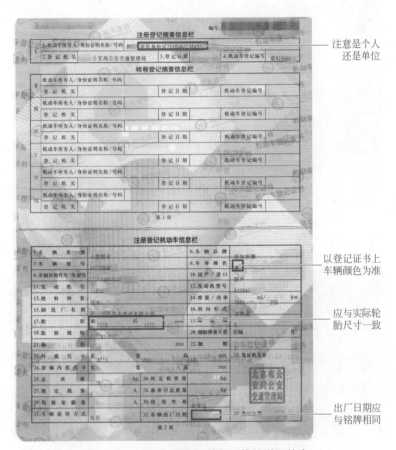

图4-12　机动车登记证书上记载的详细信息

当证书上所记载的原始信息发生变动时，机动车所有人应当及时到车辆管理所办理变更登记手续；当机动车所有权转移时，原机动车所有人应当将机动车登记证书进行变更登记后随车交给现机动车所有人。因此，机动车登记证书是机动车从"生"到"死"的完整记录。

核查机动车登记证书是二手车鉴定评估人员必须认真对待的查验手续。机动车登记证书与机动车行驶证相比它的内容更详细，一些评估参数必须从机动车登记证书获取，如使用性质、国产/进口等。

核查机动车登记证书时，首先要对比判断真伪。其次要确认机动车登记证书上记录的有关车辆的信息是否与被评估车辆完全一致，若不一致，则要求车主解决此事，并提示车主，此车不能进行交易。另外，还要核查机动车登记证书上的车主信息。在机动车登记证书的备注页查看是否有过户登记的记录，如果有记录则为已经转过手的二手车，登记的次数说明转手的次数。

机动车登记证书的真伪鉴别方法与机动车行驶证的真伪鉴别方法基本相同。需要说明的是，真的机动车登记证书有多处荧光防伪位置，如机动车登记证书中间缝合线处

（图4-13）、机动车登记证书最后一页"重要提示"处（图4-14）、机动车登记证书的证书编号处（图4-15）等。

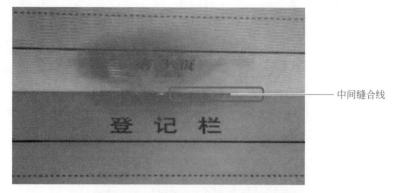

中间缝合线

图4-13 机动车登记证书中间缝合线处

图4-14 机动车登记证书"重要提示"处

图4-15 机动车登记证书的证书编号处

4.1.4 核查机动车号牌

4.1.4.1 机动车号牌定义

机动车号牌是指在法定机关登记的准予机动车在中华人民共和国境内道路上行驶的法

定标志。机动车号牌是由各地公安机关车辆管理部门依法对机动车进行注册登记核发的号牌。它和机动车行驶证一同核发，其号码与行驶证上记载的一致。机动车号牌是机动车取得合法行驶权的标志。《中华人民共和国道路交通安全法》中第十一条规定，机动车号牌应当按照规定悬挂并保持清晰、完整，不得故意遮挡、污损。目前，我国规定使用的机动车号牌按《中华人民共和国机动车号牌》（GA 36—2018）标准制作。

4.1.4.2 机动车号牌的特点

机动车号牌一般在机动车辆的特定位置悬挂，其号码是机动车登记编号，机动车号牌的配色主要由号牌底色和字符颜色构成。机动车号牌分类、规格、颜色、数量及适用范围如表 4-1 所示。

表 4-1 机动车号牌分类、规格、颜色、数量及适用范围

序号	分类	外廓尺寸 /（mm×mm）	颜色	数量	适用范围
1	大型汽车号牌	前：440×140 后：440×220	黄底黑字，黑框线	2	符合 GA 802 规定的中型（含）以上载客、载货汽车和专项作业车（适用大型新能源汽车号牌的除外）；有轨电车
2	挂车号牌	440×220		1	符合 GA 802 规定的挂车
3	大型新能源汽车号牌	480×140	黄绿底黑字，黑框线		符合 GA 802 规定的中型（含）以上的新能源汽车
4	小型汽车号牌	440×140	蓝底白字，白框线		符合 GA 802 规定的中型以下的载客、载货汽车和专项作业车（适用小型新能源汽车号牌的除外）
5	小型新能源汽车号牌	480×140	渐变绿底黑字，黑框线		符合 GA 802 规定的中型以下的新能源汽车
6	使馆汽车号牌		黑底白字，白框线	2	符合外发〔2017〕10 号通知规定的汽车
7	领馆汽车号牌				驻华领事馆的汽车
8	港澳入出境车号牌	440×140	黑底白字，白框线		港澳地区入出内地的汽车
9	教练汽车号牌		黄底黑字，黑框线		教练用汽车
10	警用汽车号牌		白底黑字，红"警"字，黑框线		汽车类警车

序号	分类	外廓尺寸/（mm×mm）	颜色	数量	适用范围
11	普通摩托车号牌	220×140	黄底黑字，黑框线	1	符合 GA 802 规定的两轮普通摩托车、边三轮摩托车和正三轮摩托车
12	轻便摩托车号牌		蓝底白字，白框线		符合 GA 802 规定的两轮轻便摩托车和正三轮轻便摩托车
13	使馆摩托车号牌	220×140	黑底白字，白框线	1	符合外发〔2017〕10 号通知规定的摩托车
14	领馆摩托车号牌		黑底白字，白框线		驻车领事馆的摩托车
15	教练摩托车号牌		黄底黑字，黑框线		教练用摩托车
16	警用摩托车号牌		白底黑字，红"警"字，黑框线		摩托车类警车
17	低速车号牌	300×155	黄底黑字，黑框线	2	符合 GA 802 规定的低速载货汽车、三轮汽车和轮式专用机械车
18	临时行驶车号牌	220×140	天（酞）蓝底纹，黑字黑框线	2	行政辖区内临时行驶的载客汽车
				1	行政辖区内临时行驶的其他机动车
			棕黄底纹，黑字黑框线	2	跨行政辖区临时行驶的载客汽车
				1	跨行政辖区临时行驶的其他机动车
			棕黄底纹，黑"试"字，黑字黑框线	2	试验用载客汽车
				1	试验用其他机动车
			棕黄底纹，黑"超"字，黑字黑框线	1	特型机动车，质量参数和/或尺寸参数超出 GB 1589 规定的汽车、挂车
19	临时入境汽车号牌		白底棕蓝色专用底纹，黑字黑边框	1	临时入境汽车
20	临时入境摩托车号牌	88×60		1	临时入境摩托车
21	拖拉机号牌	按 NY 345.1 执行			上道路行驶的拖拉机

大型汽车前号牌、小型汽车号牌、港澳入出境车号牌、教练车汽车号牌基本示例图如图 4-16 所示。

图 4-16 汽车号牌基本示例

小型新能源汽车号牌如图 4-17 所示。

图 4-17 小型新能源汽车号牌

4.1.4.3 机动车号牌真假判别

（1）对机动车号牌的要求 机动车号牌（金属材料号牌）的外观应符合以下要求。

① 表面应清晰、完整，不应有明显的皱纹、气泡、颗粒杂质等缺陷或损伤。

② 字符整齐，着色均匀。

③ 表面不同反光区域应反光均匀，不应有明显差异，其中小型汽车号牌和轻便摩托车号牌字符应反光。

④ 反光膜应与基材附着牢固，字符和加强筋边缘不应有断裂。

⑤ 正面应有清晰的反光膜型号标识和省、自治区、直辖市汉字简称标识或新能源汽车号牌专用标识，标识和机动车登记编号方向一致且无倾斜或变形。

⑥ 生产序列标识应清晰完整，且有动态的省、自治区、直辖市行政区划代码字符。

⑦ 大型新能源汽车号牌和小型新能源汽车号牌的两条正弦曲线应连续清晰，且有动态景深效果。

（2）机动车号牌真假判别方法 机动车号牌真假判别方法如图 4-18 所示。

① 用手触摸车牌。用手触摸车牌周边棱角处是否光滑。伪造号牌不是一次成形，车牌上的字体边缘会有棱角，即使打磨过也难以掩盖痕迹。拆下车牌查看时，其背面会有敲打过的痕迹。

上下一样大
规则的圆形
或椭圆

直线过渡

分界线明显

分界线明显

上下一样大
规则的圆形或椭圆

(a) 假机动车号牌

上小下大

防伪标识
清晰

分界线不明显　　边角圆滑　圆润过渡

(b) 真机动车号牌

图 4-18　机动车号牌真假判别

② 观察机动车号牌的颜色。机动车号牌的颜色非常青翠悦目，耐光照，可以保持多年不褪色变色。而伪造机动车号牌由于其制作工艺等多种因素，它的颜色或深或浅，极易褪色变色，很容易分辨。

③ 观察数字的圆弧过渡处。真号牌数字的字体经公安部加密，圆弧过渡处十分圆润流畅，一气呵成。而伪造号牌的数字圆弧过渡处则处理得十分粗糙，一般都是直线过渡，真假对比效果十分明显。

④ 观察防伪标识。真号牌防伪标识一般较清晰，在各个角度观察号牌均能清晰分辨，而伪造号牌防伪标识一般过于清晰或过于模糊，视觉效果差。

⑤ 观察数字的封闭区域。真号牌数字的封闭区域均为不规则圆形，例如 "9" 的封闭区域的圆形上小下大，像一个鸡蛋，"6" 的封闭区域则上大下小。而伪造号牌的封闭区域则通常为规则的圆形或椭圆。

⑥ 观察号牌字母数字边角处理。真号牌边角处理十分圆滑，而伪造号牌由于其压制工艺低劣，一般边角较为生硬，棱角分明，数字和字母凸面和号牌平面过渡分界线明显，有一条清晰的线。

4.1.5　核查道路运输证

运营车辆应有道路运输经营许可证，简称道路运输证（图 4-19）。

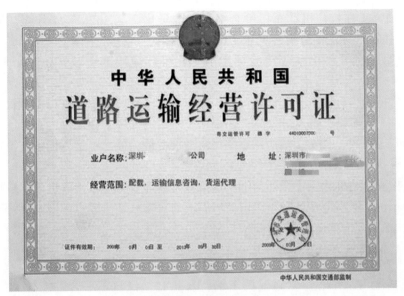

图 4-19　道路运输证

道路运输证是县级以上交通主管部门设置的道路运输管理机构对从事旅客运输（包括城市出租客运）、货物运输的单位和个人核发的随车携带的证件。营运车辆转籍过户时，应到运输管理机构及相关部门办理营运过户有关手续。

运营车辆应有道路运输证，非运营车辆没有该证。核查道路运输证的主要内容是道路运输证的真伪及其记载的信息是否真实、是否在有效期内。

4.1.6　机动车检验合格标志

机动车检验合格标志主要包括机动车安全技术检验合格标志、营运车辆综合性能检测合格标志及机动车环保检验合格标志几种类型。

4.1.6.1　机动车安全技术检验合格标志

机动车必须进行安全技术检验，检验合格后，由公安机关发放机动车检验合格标志（图 4-20）。根据《中华人民共和国道路交通安全法实施管理条例》第十三条的规定，机动车检验合格标志应粘贴在机动车风窗玻璃右上角。

图 4-20　机动车检验合格标志

目前，国家正在推广机动车检验合格标志电子化。从 2020 年 4 月起，黑龙江、江苏、浙江、山东、湖北、湖南、广东、海南、四川、贵州、云南、新疆 12 个省（自治区）将作为第一批开展机动车检验标志电子化推广应用的行政区，推行检验标志电子化。

机动车检验合格标志电子凭证通过统一的交管电子证照资源库进行验证管理，具备统一性、唯一性、安全性的特点。同时，还采用了专用的加密防伪二维码，保证电子凭证唯一、可靠和安全使用，公安交管信息系统将自动推送检验标志电子凭证。交警在执法管理中将通过警务执法终端等方式核查车辆检验状况。

机动车检验合格标志电子凭证与纸质凭证具有同等效力。已领取机动车检验合格标志电子凭证的车辆，不需要在机动车风窗玻璃右上角再粘贴纸质标志。公安交管部门不以机动车未放置（粘贴）机动车检验合格标志为由进行处罚。

4.1.6.2　营运车辆综合性能检测合格标志

凡在我国境内从事客、货运输的车辆，每年必须经汽车综合性能检测站检测，检测合格后由道路运输管理部门核发综合性能检测合格标志，并要求粘贴于风窗玻璃右上角。

4.1.6.3　机动车环保检验合格标志

机动车必须进行环保技术检验。

2016 年 7 月 21 日，生态环境部、公安部、国家认证认可监督管理委员会联合发布《关于进一步规范排放检验加强机动车环境监督管理工作的通知》，通知中明确表示要加强和改进机动车尾气排放检测的管理，机动车应依法进行尾气排放检验，但环保部门不再核发机动车环保检验合格标志（分绿标和黄标两种，如图 4-21 所示）。

绿色环保标志　　　　　　　　　黄色环保标志

图 4-21　不再核发的机动车环保检验合格标志

撤销机动车环保检验合格标志并不意味着车辆免于检测，只是环保检验标志和年审标志合二为一。按照规定，机动车检验机构需将尾气检验信息上传至公安交管部门。如果车辆未进行尾气检测，车管部门将不予出具安全技术检验合格证明，车主将无法进行年审。这与现行的车辆年审条件相同，尾气检测合格同样还是前置条件。

二手车税费与车主信息的核查

4.2.1　二手车税费的核查

根据《二手车流通管理办法》规定，二手车交易必须提供车辆购置税、车船税和车辆保险费等税费缴付凭证。

4.2.1.1　核查车辆购置税

车辆购置税是国家向所有购置车辆的单位和个人以纳税形式征收的一项费用，它由车辆购置附加费演变而来，设置该税的目的是解决发展公路运输事业与国家财力紧张的突出矛盾，筹集交通基础建设资金。

核查车辆是否具有真实的车辆购置税完税证明（图4-22）。如果为免税车，应查实其是否符合免税的有关规定。

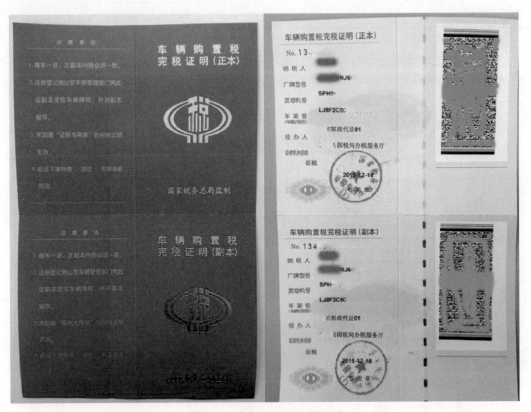

图4-22　车辆购置税完税证明

4.2.1.2　核查车船税

早期的车船税征收依据是2007年1月1日起实施的《中华人民共和国车船税暂行条

例》（国务院令第 482 号）。2011 年 2 月 25 日，《中华人民共和国车船税法》由中华人民共和国第十一届全国人民代表大会常务委员会第十九次会议通过，自 2012 年 1 月 1 日起施行。2011 年 11 月 23 日，国务院第 182 次常务会议通过并公布了《中华人民共和国车船税法实施条例》，自 2012 年 1 月 1 日起施行。所以目前车船税征收依据为《中华人民共和国车船税法》和《中华人民共和国车船税法实施条例》。

乘用车车船税征收标准见表 4-2。

表 4-2　乘用车车船税征收标准

税目		计税单位	年基准税额	备注
乘用车〔按发动机汽缸容量（排气量）分挡〕	1.0L（含）以下的	每辆	60 元至 360 元	核定载客人数 9 人（含）以下
	1.0L 以上至 1.6L（含）的		300 元到 540 元	
	1.6L 以上至 2.0L（含）的		360 元至 660 元	
	2.0L 以上至 2.5L（含）的		660 元至 1200 元	
	2.5L 以上至 3.0L（含）的		1200 元至 2400 元	
	3.0L 以上至 4.0L（含）的		2400 元至 3600 元	
	4.0L 以上的		3600 元至 5400 元	

核查是否具有真实的车船税完税凭证（图 4-23）。如果没有此凭证，但按规定能够补办，则应在价格评估时将此项费用扣除（包括新交税费、补交税费及滞纳金等）。

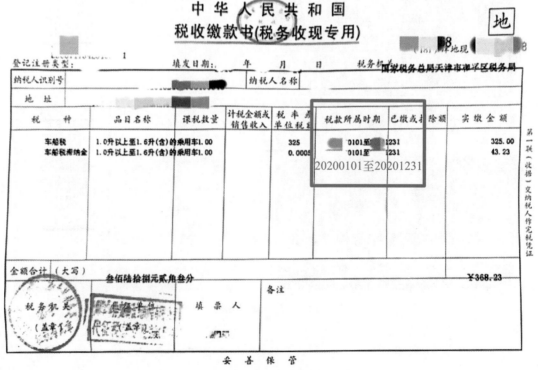

图 4-23　车船税完税凭证

4.2.1.3 核查机动车保险单

我国机动车保险险种分为基本险和附加险两大类。所谓基本险,是指可以单独投保和承保的险别;所谓附加险,是指不能单独投保和承保的险别,投保人只能在投保基本险的基础上,根据自己的需要选择加以投保。基本险和附加险又分别有不同险种。基本险(又称为主险)分为车辆损失险、第三者责任险和车辆盗抢险。附加险又分为车上责任险、无过失责任险、车载货物掉落责任险、玻璃单独破碎险、车辆停驶损失险、自燃损失险、新增设备损失险和不计免赔特约险等。基本险与附加险有这样的关系:如果附加险的条款和基本险条款发生抵触,抵触之处的解释以附加险条款为准;如果附加险条款未做规定,则以基本险条款为准。保险人按照承保险别分别承担保险责任。

在二手车交易中,核查机动车保险单(图4-24)时,应核查该车辆投保了哪些险种(如车辆损失险、交强险、盗抢险及其他附加险),并确认其保险单的真实性。

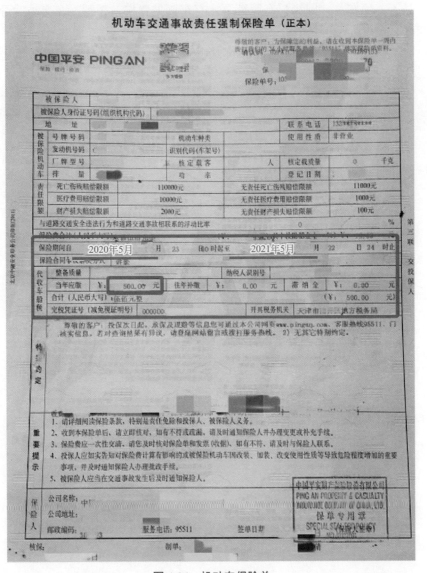

图4-24 机动车保险单

4.2.1.4　客、货运附加费

客、货运附加费是国家本着取之于民、用之于民的原则，向从事客、货营运的单位或个人征收的专项基金。它属于地方建设专项基金，各地征收的名称叫法不一，收取的标准也不尽相同。客运附加费是用于公路汽车客运站点设施建设的专项基金，货运附加费是用于港航、场站、公路建设和车船技术改造的专项基金。

4.2.2　车主信息的核查

按照机动车行驶证登记信息及委托人的身份证信息，核查车主以下基本信息，确保车主信息的真实性。

① 了解机动车行驶证登记所有人与委托人的身份证是否一致，判断二手车交易人员（委托者）是否是原车主，因为只有原车主才有车辆处置权，否则，在交易后可能会引起不必要的麻烦。

② 如果是单位车辆，应了解单位名称及隶属关系，核查单位组织机构代码证和经办人身份证复印件（必须在有效期内）。

第 5 章

事故车的鉴定

5.1

车身外观的检查

二手车外观检查项目，基本上可分为两大类：一类是仅做定性规定的检查项目，可用直观检查，即目测检查的方法进行；另一类是做定量规定的检查项目，需采用仪器设备和客观检查方法做定量分析。外观检查项目中，如需在底盘下面进行，应在设有检测地沟或汽车举升机的工位上进行。

二手车在进行外观检查前，应进行外部清洗。

外观检查各项目中，有些可以依靠检验人员的技能和经验，用感官进行定性的直观评价，比如车辆外部损伤、漏水、漏气、渗油和连接件松动、脱落等；有些项目却需要用仪表进行检测。随着检测技术的发展，人们开始运用仪器设备进行一些车辆的外观检测诊断，如转向盘自由转动量，踏板行程，漆膜厚度、硬度和光泽度等。因此，汽车外观检查有人工经验法、仪器仪表测量法以及两种方法的综合运用。

《二手车鉴定评估技术规范》（GB/T 30323—2013）中规定，车身外观应按车身外观展开示意图（图 5-1）中规定的部位，逐一进行检查。检查时从前保险杠开始，按顺序绕车一周。

对于进厂车辆应进行环车检查，记录客户故障描述。环车检查的顺序及要点如图 5-2 所示。

5.1.1 保险杠的检查

（1）检查保险杠装配间隙 保险杠与周围板件间的配合间隙应均匀一致，如果出现间隙不均匀的情况（图 5-3），则有可能是维修调整不当或发生了碰撞事故，车身变形没有完全校正到位，而使保险杠无法调整到正确的位置。

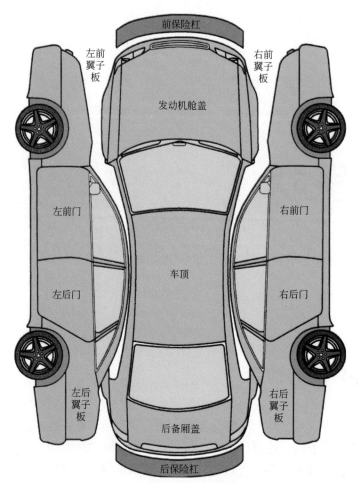

图 5-1　车身外观展开示意图

图 5-2　环车检查的顺序及要点

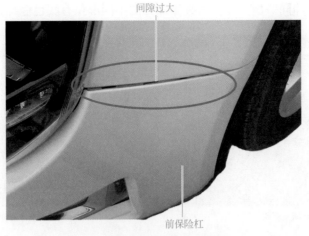

间隙过大

前保险杠

图5-3　保险杠与周围板件间隙过大

（2）检查保险杠损伤情况　目视检查保险杠是否有明显的剐蹭损伤（图5-4）、裂纹、掉块。用手推拉感觉是否松动，如果松动，则应仔细检查固定螺钉处是否已经拉坏。

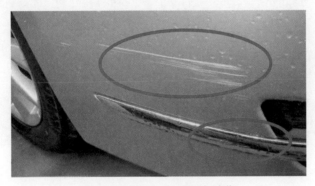

图5-4　保险杠有明显的剐蹭

（3）检查保险杠漆膜　目视检查保险杠局部漆膜颜色是否与其他部位有色差（图5-5），或与周围板件的漆膜有色差。如果有色差，可判定补过漆，该车辆可能出过碰撞事故。检查漆膜表面质量，目视检查是否有明显的颗粒、橘皮纹、流挂痕等缺陷，如果有则说明补过漆。也可用膜厚仪检查漆膜厚度判断是否补过漆。

查看是否有色差

图5-5　检查保险杠是否有色差

① 色差。色差即同一板件或同一整体部分的不同部位有颜色差异，如图 5-6 所示。

(a) 同一板件

(b) 同一整体部分

图 5-6　有色差

② 颗粒。颗粒是由于喷漆时的灰尘吸附在漆膜表面上形成的，如图 5-7 所示。

图 5-7　漆膜表面的颗粒

③ 橘皮。橘皮纹是漆膜表面呈现像橘子皮表面状态的现象，如图 5-8 所示。

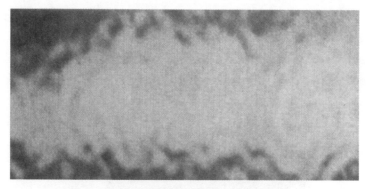

图 5-8　橘皮

④ 流挂痕。流挂痕是漆膜表面呈现油漆流淌后凝固的状态，如图 5-9 所示。

由于喷涂用材料、工具、喷涂技术水平及环境条件等的限制，汽车修补喷漆时，可能产生的缺陷有多种，二手车鉴定评估人员应该经常观察各类汽车的原厂漆膜表面状况和修补涂装后漆膜表面状况，积累经验，以便能够准确判定漆膜是否经过修补。

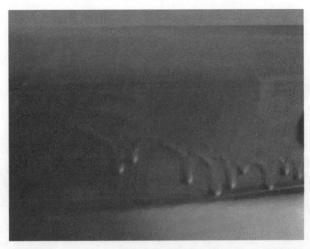

图 5-9 流挂痕

5.1.2 中网的检查

　　检查中网是否有损伤。正前方的碰撞经常会造成中网损伤（图 5-10），对于不严重的损伤，车主一般不要求更换新件，所以会留下损伤的痕迹。

图 5-10 中网损伤

5.1.3 发动机舱盖的检查

　　（1）检查装配间隙　发动机舱盖与周围板件间的配合间隙应均匀一致（图 5-11），如果出现间隙不均匀的情况，则有可能是维修调整不当或发生过碰撞事故，车身变形没有完全校正到位，而使发动机舱盖无法调整到正确的位置。

　　（2）检查表面漆膜　检查内容和方法与前保险杠漆膜检查相同。由于发动机舱盖多为钢板制作，可采用磁铁吸附法检查，即用一块包有软纸或纱布的磁铁，在初步断定有补漆的表面做吸附操作，感受吸力大小，再在该区域周围或发动机舱盖周围的钢板件表面做吸附操作，感受吸力大小。补过漆的区域，因修补施工时一般都涂有原子灰（俗称腻子），且经过多次补喷漆，所以该区域的涂层厚度增加，磁铁的吸力明显减弱。

图 5-11　检查装配间隙

（3）检查外表面损伤　借助反射光线，查看发动机舱盖外表面是否有明显的凸凹损伤（图 5-12），是否有漆面脱落、锈蚀等现象。查看过程中，也可戴棉手套触摸表面配合检查。

图 5-12　查看发动机舱盖外表面损伤

5.1.4　翼子板的检查

5.1.4.1　翼子板的特点

翼子板是遮盖车轮的车身外板，因旧式车身该部件形状及位置似鸟翼而得名。按照安装位置又分为前翼子板和后翼子板（图 5-13），前翼子板安装在前轮处，因为前轮有转向功能，所以必须要保证前轮转动时的最大极限空间。现在有些轿车翼子板已与车身本体成为一个整体，但也有轿车的翼子板是独立的，尤其是前翼子板，因为前翼子板碰撞机会比较多，独立装配容易整件更换。

图 5-13　翼子板

一般车辆前方出现事故的概率为30%，在进行车辆检测的过程中，需要对车辆前方进行重点勘察。而前翼子板，是二手车检测的一个重点。

5.1.4.2　翼子板的检查

汽车前、后翼子板被撞常常是因为汽车追尾或是撞到其他固定物，其往往因受力很大，会出现塌陷（凹坑）、不规则的褶皱或塌陷与褶皱同时产生，并出现死褶等。

检查翼子板时，主要检查是否有明显的损伤，是否有漆面脱落、锈蚀或补过漆的痕迹。

（1）检查翼子板螺钉是否有拆卸的痕迹　判断翼子板是否拆卸过的时候，可检查翼子板正面的两或三个固定螺钉（图5-14）、翼子板与A柱一侧的固定螺钉（图5-15）是否有拆卸的痕迹。

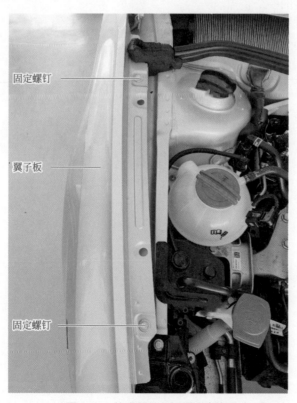

图 5-14　检查翼子板正面的螺钉

图 5-15　检查翼子板与 A 柱一侧的螺钉

（2）查看是否有隔音棉或衬板　对于一些车型，可以根据是否有隔音棉或衬板（图 5-16）来判断。很多车辆在将翼子板进行拆卸后，隔音棉或衬板都不会装回原位，这也是判断是否拆卸过的一个重点。

图 5-16　查看是否有衬板

（3）查看翼子板上褶皱数或凸筋是否一致　有的车型，原厂件翼子板上褶皱数或凸筋（图 5-17）是一致的，而副厂件翼子板上褶皱数或凸筋不一致。如果翼子板上褶皱数或凸筋不一致，说明翼子板更换过。

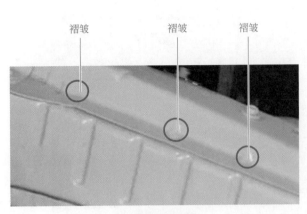

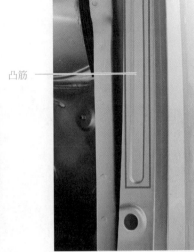

(a) 翼子板上褶皱数　　　　　　　　　　　　　　　　(b) 翼子板上凸筋

图 5-17　查看翼子板上褶皱数或凸筋是否一致

5.1.5　车门的检查

（1）检查车门缝隙是否整齐、左右缝隙是否对称　从车的侧面观察前后车门是否呈现一直线，关闭车门后的接合处是否整齐，左右缝隙是否对称，车门装饰条是否变形、老化，如图 5-18 所示。

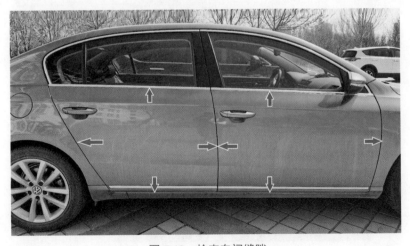

图 5-18　检查车门缝隙

（2）检查车门接缝处是否平整　再从车门查看，在未打开车门时，可先查看车门接缝处（图 5-19）是否平整，如果接合的密合度自然平整，表示此车无大问题。可以再打开车门来详细查看 A、B、C 柱，也就是查看车门框是否呈一条线，如果不平整，有类似波浪（俗称橘皮）的情形，表示此车经过钣金修理。

图 5-19　查看车门接缝处

（3）检查车门密封胶条是否平整、老化　如图 5-20 所示，将黑色的车门密封胶条揭开来查看胶条是否平整、老化。

密封胶条

图 5-20　检查车门密封胶条

（4）检查是否有喷漆、钣金痕迹　打开车门，仔细观察是否有喷漆、钣金痕迹。

（5）检查车门 A 柱前门内侧固定螺栓　打开车门，检查车门 A 柱前门内侧的固定螺栓是否牢固（图 5-21），是否有拆卸痕迹。

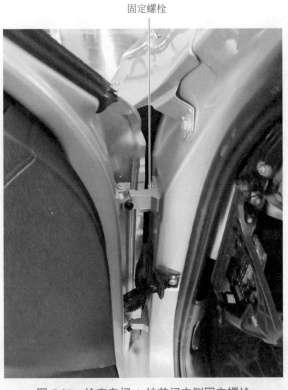

固定螺栓

图 5-21　检查车门 A 柱前门内侧固定螺栓

（6）检查车辆底边门框　检查车辆底边门框是否变形，如图 5-22 所示。

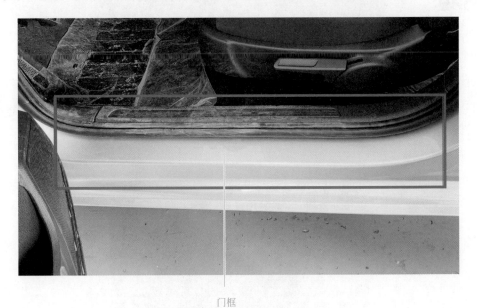

门框

图 5-22　检查车辆底边门框

（7）车门底边胶的检查　如图 5-23 所示，检查车门底边胶是否正常。底边胶主要作用是对相应的部件进行保护，原车的车门底边都会有这种底边胶。

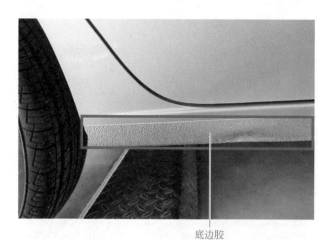

底边胶

图 5-23　车门底边胶的检查

（8）**A 柱的检查**　如图 5-24 所示，检查 A 柱，查看是否自然平顺，是否变形。

A柱

图 5-24　A 柱的检查

（9）**单个车门整体检查**　如图 5-25 所示，查看单个车门的门框是否平整、无变形，密封胶条是否老化，漆面是否有补漆痕迹。

图 5-25　单个车门整体检查

（10）检视车门开启的顺畅度 可来回开关车门检视车门开启的顺畅度（图5-26），无杂音或开启时顺畅，表示该车车门正常。

检视车门顺畅度

图5-26 检视车门开启的顺畅度

5.1.6 车窗玻璃的检查

（1）车窗玻璃品牌的检查 在检查二手车时，查看车窗的玻璃是不是都是一个品牌（图5-27）。如果发现有哪个玻璃品牌是不同的，就要考虑是不是原车主更换过玻璃了。

玻璃品牌

图5-27 车窗玻璃品牌的检查

（2）玻璃生产日期的检查 一辆车上的玻璃生产日期应统一。通过二手车车窗玻璃生产日期的检查，可以确定玻璃是否被更换过，从而确定二手车的使用情况。

如图 5-28 所示，在车窗玻璃上每一串符号的最下面都会有编号对应着生产日期。比如：图中"…0"，0 表示年份，说明在 2020 年生产，至于为什么不是 2000 年生产，这个根据整体车况就能看出来，一个是才几年的车，一个是已经二十几年的车，根据实际整体车况就能看出来是 2020 年的。黑点在"0"左，表示上半年生产，黑点在"0"右，则表示为下半年生产。

图 5-28　玻璃生产日期的检查

计算具体月份的公式：

① 上半年生产的玻璃计算公式为 7- 黑点数，以图 5-28 的玻璃为例，出厂月份为 7-3=4，这就表明，前风挡玻璃的生产日期为 2020 年 4 月。

② 下半年生产的玻璃计算公式为 13- 黑点数，比如在"0"的后边有三个黑点，那么生产月份为 13-3=10，也就说明生产日期为 2020 年 10 月。

用同样的方法查看其他的车窗玻璃生产日期，就能确定玻璃是否被换过了。

为什么要确定玻璃是否被换过呢？因为在汽车钣金修复技术高超的情况下，仅凭肉眼有时很难判断出车辆是否发生过事故，但是如果确认玻璃被换过就可以怀疑了。

🛞 小 / 提 / 示

◆有的二手车的车窗玻璃生产日期和行车证（或车辆铭牌）上的出厂日期并不一致，甚至所有的车窗玻璃生产的月份也不完全一样，但是确实也没换过玻璃，这是为什么呢？实际上，玻璃的生产日期有时候确实是会和车辆的出厂日期不一样，所有车窗玻璃的生产月份有时也不完全一致，只要相差不会很久（相差 2～3 个月），一般情况下是没有什么问题的。

◆车窗玻璃作为配套的配件，其生产日期比整车出厂日期要早，如果发现玻璃生产日期晚于整车出厂日期，可以判定玻璃已经更换过。

（3）车窗玻璃质量的检查　检查车窗玻璃是否有裂纹或孔洞类的损伤（图 5-29）。

| (a) 裂纹 | (b) 孔洞 |

图 5-29　玻璃损伤

5.1.7　轮胎的检查

通过轮胎的检查，可以判定二手车的实际行驶里程和大致使用年限。

5.1.7.1　轮胎磨损标记

（1）查看轮胎磨损标记　轮胎的胎面磨损到磨损标记以下后应及时更换轮胎。如图 5-30 所示，轮胎磨损标记位于胎面花纹沟的底部，当胎面磨损到此处时，花纹沟断开，表明轮胎要停止使用，更换新轮胎。

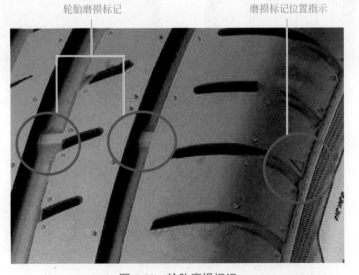

图 5-30　轮胎磨损标记

（2）轮胎磨损标记对应的符号　为便于找到轮胎的磨损标记，通常在轮胎磨损标记对应的胎肩处标出"△"符号。这种磨损标记按国家标准的规定，每只轮胎应沿圆周等距离设置，不少于 4 个。

5.1.7.2 轮胎的检查

轮胎的检查主要是检查轮胎的磨损程度。轮胎磨损程度的检查包括轮胎外观的检查和胎面花纹深度的检查。

（1）轮胎外观的检查

① 轮胎胎体的检查。仔细查看轮胎，检查轮胎胎体是否有变形、鼓包、橡胶开裂等现象，如图 5-31 所示。

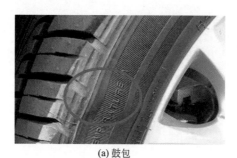

(a) 鼓包　　　　　　　　　　　　　　　(b) 橡胶开裂

图 5-31　轮胎胎体的检查

② 轮胎异常磨损的检查。检查轮胎是否有胎肩或胎面中间磨损，如图 5-32 所示。

(a) 胎肩磨损　　　　　　　　　　　　　(b) 胎面中间磨损

图 5-32　胎肩或胎面中间磨损

③ 轮胎一侧磨损的检查。检查轮胎是否有一侧（内侧或外侧）磨损，如图 5-33 所示。

图 5-33　轮胎一侧磨损的检查

④ 轮胎羽状磨损的检查。检查轮胎是否有羽状磨损，如图 5-34 所示。

图 5-34　轮胎羽状磨损的检查

⑤ 轮胎的前端和后端磨损的检查。检查轮胎是否有羽状磨损，如图 5-35 所示。轮胎的前端和后端磨损是一种局部磨损，常常出现在具有横向花纹和区间花纹的轮胎上，胎面上的区间发生斜向磨损（与鞋跟的磨损方式相同），最终变成锯齿状。

图 5-35　轮胎的前端和后端磨损的检查

（2）胎面花纹深度的检查　具体方法：擦净轮胎花纹顶面及纹槽，将深度尺垂直插入轮胎花纹槽中，保持深度尺的测量平面与两侧花纹顶面可靠接触；观察并读取深度尺外壳顶端与标尺对齐的刻度线指示的数值，该数值即为轮胎花纹深度值，如图 5-36 所示。

深度尺

图 5-36　胎面花纹深度检查

如果轮胎花纹接近轮胎磨损标记，说明轮胎没有更换过。如果经过测量，前轮轮胎比后轮轮胎花纹磨损严重，说明二手车没有进行过轮胎换位。

5.1.7.3　轮胎生产日期的检查

轮胎的使用寿命一般是 3 ～ 5 年，检查二手车时，应查看轮胎的生产日期。轮胎生产日期的检查请参见第 1 章第 1.2.3 小节"汽车轮胎的标识"内容。

5.2
车身漆面的检查

5.2.1　漆膜表面质量的检查

在二手车检测当中，检查漆面情况不单是为了筛选车漆成色的好坏，也为了检查该车是否有过严重事故而提供思路和佐证。

5.2.1.1　漆面色差的查看

后补的油漆，往往色彩不同于原车漆色，一般经电子配漆配出的漆色比原车的漆色鲜艳，而人工调出的漆色多比原漆色调暗淡。如果车龄较长，补漆往往比较多，因而整个车身各个部位颜色都有差异，甚至找不出原车的漆色。

检查漆面色差时，要在光线充足的环境下进行。如果二手车补过漆，且补漆的工艺不好的话，那么色差就会比较明显。一般来说，重新喷漆的部位一般集中于保险杠、翼子板、车门等位置，这些位置最容易出现色差。如图 5-37 所示为前后车门出现色差。

图 5-37　前后车门出现色差

⚙ 小 / 提 / 示

　　尽量不要在地下车库或者晚上查看二手车，查看二手车时，要注意看车的时间和环境。

5.2.1.2　漆面光滑度的触摸

　　二手车补过漆后，重新补漆的地方会出现不光滑、不平整，可以用手感觉出来，尽管补漆后会用砂纸进行水磨来提升平整度，但即便操作再仔细，也无法还原到车辆原厂的程度。

　　当发现漆面异常时，可以采用"摸边"的方式用手去触摸漆面异常部位，逐一触摸车门边（图 5-38）、发动机舱盖边缘（图 5-39）、后备厢盖边缘（图 5-40）、翼子板边缘（图 5-41）等漆面异常位置，检查漆面的光滑程度。

图 5-38　触摸车门边

图 5-39　触摸发动机舱盖边缘

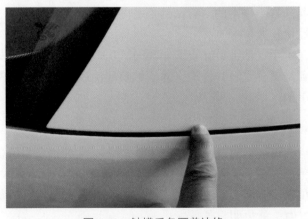

图 5-40　触摸后备厢盖边缘

图 5-41　触摸翼子板边缘

如果车辆是原车漆，则不论车辆的哪个部位、哪个边缘，手感都是很顺滑的（图 5-42）。

图 5-42　顺滑的漆面

　　只要有漆面摸起来有不平滑的，有凹凸不平的，甚至有涩涩的、粗糙的手感，就说明该位置喷漆的可能性比较大了。

　　很多有经验的二手车评估人员在查验车辆时，从一开始就用手摸发动机舱盖边缘，就是想知道发动机舱盖是否有重新补过漆。除了触摸部件边缘，漆面是否平整，是否粗糙有细颗粒感也可以摸出来。

5.2.1.3　敲击覆盖件

　　车辆发生碰撞后，车身会出现凹坑变形（图 5-43），需要通过钣金进行修复（图 5-44），然后刮上腻子（也称原子灰）（图 5-45），找平后才喷上车漆（图 5-46）。如果碰撞较为严重，刮了腻子的部位腻子有时会很厚重。重新喷过的漆跟原车漆的厚度是不同的。特别是后喷漆的质量不太好时，就更明显了。

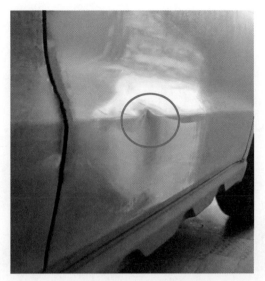

图 5-43　车身出现凹坑变形

钣金修复

图 5-44　钣金修复

图 5-45　刮上腻子

图 5-46　喷车漆

　　在查验这种喷漆情况时，可用手指敲击车身（图 5-47），此时敲出来的声音就会比原车漆面沉闷。因为声音来源的性质问题，车身不同部位的回声肯定是不同的。往往腻子部位的回声与金属或者塑料部位的回声是有很大差别的，通常情况下会非常闷，所以可以通过回声是否沉闷来判断补漆情况。

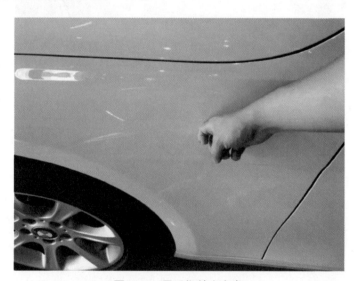

图 5-47　用手指敲击车身

　　当敲击车身时，如果声音发闷，就说明车漆比较厚，估计就是重新喷过漆了，原车的漆面很薄，发出的声音应该比较清脆。

　　可以通过对比补漆位置周边的部件或者对称的部件来进一步判断。

 小 / 提 / 示

　　敲击覆盖件检查是否补漆的方法不适合做了隔音的车辆。

5.2.1.4　车身平整度的检查

被评估车辆如有大面积撞伤的部位，补腻子的面积会比较大（图5-48）。在进行修补打磨时，填补的腻子往往磨不平，因而补过漆后，车身表面看上去如同微微的波浪一样凹凸不平。检查车身平整度时，在车辆的侧面迎光观察效果会更好。

图 5-48　补腻子的面积比较大

5.2.1.5　补漆质量的检查

补过的漆面往往有如下质量问题：
① 漆面丰满度不如原车的油漆；
② 油漆表面有流痕；
③ 油漆表面有不规则的小麻坑；
④ 油漆表面有小麻点。
车漆成色越好，上述质量问题越少。

原厂漆的质量和平整度是非常统一的，麻点是喷漆时粘上的一些颗粒物，喷漆过程中有杂物飞进去而造成的鼓包（图5-49）。这些小颗粒被包在了车漆里面，是擦不掉的，在车面形成麻点。

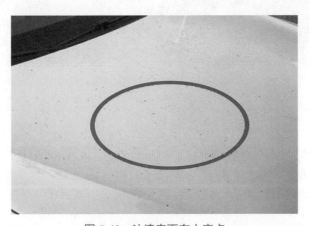

图 5-49　油漆表面有小麻点

查看漆面上的麻点时，可迎着太阳光线查看。当阳光照到漆面时，漆面上如有麻点，很容易就看得见。

5.2.1.6　砂纸打磨痕迹的检查

当看不出漆面色差时，可观察有无砂纸打磨的痕迹。车身在喷漆之前，都会先刮腻子。刮完腻子全部用水砂纸打磨（图5-50），或多或少都会留下或粗或细砂纸打磨的条纹痕迹（图5-51）。砂纸打磨的条纹痕迹需要近距离仔细观察，和原车漆能形成鲜明的对比，仔细看还是可以看到的。

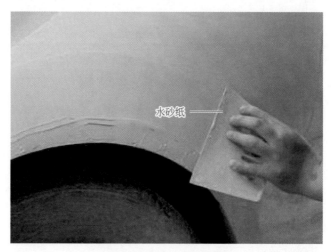

图 5-50　用水砂纸打磨

图 5-51　砂纸打磨的条纹痕迹

5.2.1.7　油箱盖上固定螺钉的检查

油箱盖附近一般不会出现刮碰事故，所以在调漆时，以油箱盖作为调漆的样板，可能会将油箱盖拆下去拿去调色，以减小喷漆之后出现的色差。在检查二手车是否补过漆时，应查看油箱盖的螺钉是否有拧过的痕迹（图5-52），如果有，可作为该车喷过漆的参考依据。

图 5-52　检查油箱盖上的固定螺钉

5.2.2　漆膜厚度检测仪的使用

　　漆膜厚度检测仪简称漆膜仪，一般也叫涂层测厚仪，顾名思义就是专业用于检测漆膜厚度的仪器。如图 5-53 所示，漆膜仪有两种款式：一种是分体式的；一种是一体式的，一体式比较常见。

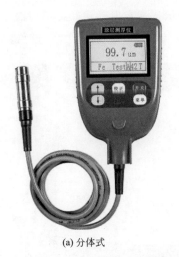

(a) 分体式　　　　　　　　　　(b) 一体式

图 5-53　漆膜厚度检测仪

　　汽车行业里有的事故车会被翻新之后再拿出来卖，虽然翻新后的事故车从外表上看不出有什么区别，但还是存在内在的安全隐患，这样的汽车非常容易引发交通事故。

　　翻新后的汽车漆膜厚度会比新车的漆膜厚度厚很多，因此可通过漆膜仪来检测汽车漆面的厚度，从而来判断是否为事故车。一般新车的漆膜厚度在 90 ～ 180μm，而翻新后的汽车漆膜厚度会大于 180μm，一般可达 200 ～ 300μm，有的钣金覆盖件漆膜厚度甚至可达 500 ～ 900μm。

　　漆膜仪的操作非常简单，使用时，只需将漆膜仪垂直压在汽车的表面上即可测出汽车漆膜厚度。

（1）车顶漆膜厚度的检测　用漆膜仪先检测出汽车的车顶漆膜厚度，因为汽车的车顶可以说是最难以受到损坏，所以只需要用漆膜仪先检测出汽车车顶漆膜的厚度，即可确定该车漆面厚度基准数值。如图 5-54 所示，用漆膜仪测量出这款汽车车顶的漆膜厚度为113μm，则说明这整台车的原车漆膜厚度在 113μm 左右。

图 5-54　车顶漆膜厚度的检测

（2）发动机舱盖的检测　如图 5-55 所示，汽车发动机舱盖可以取 7 个点来进行测试，因为汽车发动机舱盖是最容易发生碰撞的地方，所以多取几个点进行检测。

图 5-55　取 7 个点检测发动机舱盖

检测发动机舱盖（图 5-56）7 个点后，得到的数据有 110μm、118μm、115μm、106μm、115μm、108μm 和 107μm，然后再把这些数据相加除以测试次数，得出的数据 111μm 就是汽车发动机舱盖的平均漆膜厚度了。

图 5-56　发动机舱盖的检测

（3）汽车侧面的检测　汽车的侧面是很容易被刮伤的部位，如图 5-57 所示，在车门的部位取 6 个点，后翼子板取 3 个点进行检测。

图 5-57　汽车侧面检测点

然后再检测汽车侧面漆膜的厚度，汽车侧面首先是车门（图 5-58），测到的数据有 110μm、114μm、118μm、113μm、124μm，然后将数据相加除以测量的次数，我们得出了车门的平均漆膜厚度约为 116μm。

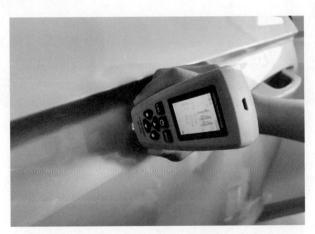

图 5-58　汽车车门的检测

如图 5-59 所示，测量汽车的后翼子板。汽车的后翼子板测到的数据有 115μm、123μm、118μm、120μm、110μm，然后再将得到的数据相加除以测量的次数，我们得出汽车后翼子板的漆膜平均厚度约为 117μm。

图 5-59　测量后翼子板

（4）汽车尾部的检测　车尾和发动机舱盖一样是发生碰撞的常见位置，可取 4 个点检测，车尾测试点示意图如图 5-60 所示。

图 5-60　车尾测试点示意图

用漆膜仪测量汽车尾部的 4 个点（图 5-61），分别是 113μm、118μm、120μm、116μm，然后再把这些数据相加并除以测量次数，得出汽车尾部的平均漆膜厚度约为 117μm。

⚙ 小 / 提 / 示

汽车尾部比较狭窄的地方，可选用分体式的漆膜仪来检测。

图 5-61　汽车尾部的测量

一台正常的汽车漆膜厚度在 90 ~ 180μm，通过检测可以判断这台汽车没有喷过漆的迹象。

在图 5-62 所示中，检测右车门漆膜厚度为 422μm，说明右边车门的漆膜较厚，可以推测该车右边有过划伤或是受到过冲撞并修补过。

图 5-62　右车门漆膜厚度为 422μm

5.2.3　车辆外观件留漆痕迹的检查

在对事故车进行局部喷漆如对车门喷漆时，按照维修工序应该把车门玻璃压条、车门拉手等拆下后再喷漆，但一些维修人员是直接用遮挡的方法把应拆卸的部件用报纸、塑料膜等遮盖（图 5-63）。因此，在喷漆施工的过程中难免会有一些油漆留下，这样可在一些部件的连接部位或接缝处等残留油漆痕迹。

图 5-63　局部喷漆的遮盖

5.2.3.1　查看发动机舱盖

检查发动机舱盖边缘处有无残留油漆或者油漆是否有色差（图 5-64）。

图 5-64　查看发动机舱盖留漆痕迹

5.2.3.2　查看车门把手

由于施工工艺达不到标准，或者是维修工责任心的问题，在对车门喷漆时没有拆下或遮盖好车门把手，会留下喷漆的痕迹（图 5-65）。拉开门把手是可以看出来油漆痕迹的，所以查看车门把手是一个绝对不能被忽视的方法。

5.2.3.3　查看部件缝隙或者边缘

查看部件缝隙或者边缘，比如翼子板与车身的缝隙，后备厢门的边缘，保险杠和前照灯接缝处（图 5-66），或者其他有缝隙的边缘地方（图 5-67），检查缝隙里面是否有留漆痕迹的情况等。

图 5-65　查看车门把手留漆痕迹

图 5-66　查看保险杠和前照灯接缝处留漆痕迹

图 5-67　有缝隙的边缘地方

5.2.3.4　查看玻璃压条

　　仔细查看所有车门玻璃压条上是否有留漆痕迹（图 5-68）。如果报纸等没遮盖好，当车门喷漆后，会在玻璃压条上留有漆雾（虚漆）。

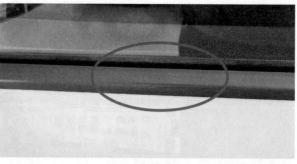

(a) 无漆雾

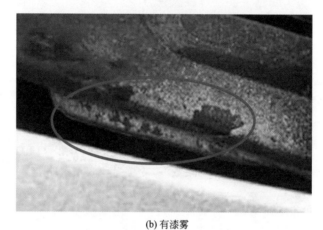

(b) 有漆雾

图 5-68　查看玻璃压条上留漆痕迹

5.2.3.5　查看有凹凸的位置

人工喷漆通常无法将油漆喷得非常均匀，尤其在这些有凹凸的位置非常容易出现漆面溜挂的痕迹。图 5-69 所示为前保险杠漆面溜挂的痕迹，说明前保险杠的前部发生过碰撞，应重点检查车辆前部是否发生过事故损伤。

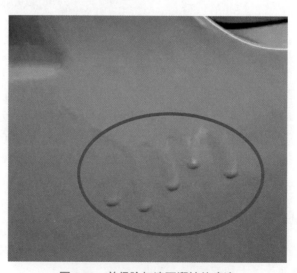

图 5-69　前保险杠漆面溜挂的痕迹

5.3 车身配合间隙的检查

5.3.1 车身配合间隙变化的特点

二手车检查时通过观察车身外观钣金件的配合间隙是否均匀、轮廓线是否平齐等情况，可以快速、准确地分析判断检验车辆是否为事故修复车，从而正确判断其价格。

车辆发生碰撞后或在修复后，车身钣金件比较容易出现的各种间隙变化如下。

（1）**发动机盖与两侧前翼子板间隙前部变大**　车辆前部受到撞击后，散热器（水箱）框架上横梁将会向后侧发生变形，弧形部位在撞击力的影响下将会向两侧伸展，整体长度增加，挡泥板前端将会向外侧发生移位变形，从而导致发动机盖与两侧前翼子板间隙前部变大，如图5-70所示。

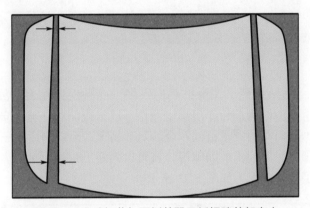

图 5-70　发动机盖与两侧前翼子板间隙前部变大

（2）**发动机盖与前翼子板一侧前小后大，另一侧前大后小**　多发生于车辆前部侧向撞击。外部表现特征为：撞击侧的发动机盖与翼子板间隙前小后大，另一侧发动机盖与翼子板的间隙则为前大后小，如图5-71所示。

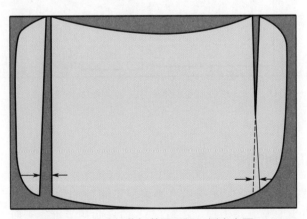

图 5-71　发动机盖与前翼子板一侧大小不一

第5章　事故车的鉴定

117

（3）前翼子板与前车门的间隙上大下小　　如果是一些老式车型，或者使用较长时间的车辆，车门铰链磨损，通常是造成这种间隙变化的主要原因。车辆处于支撑状态时，前部发动机及其他零部件的重力作用，也会导致这种间隙变化的现象出现。排除这两种因素的情况下，通常说明挡泥板前端或连同纵梁前端整体向下发生了移位变形。同理，后门与后翼子板缝隙出现上大下小时，通常是后部车身向下发生损伤变形所致，并且后门与车顶梁、下门槛的间隙也将出现不均匀的现象，如图 5-72 所示。

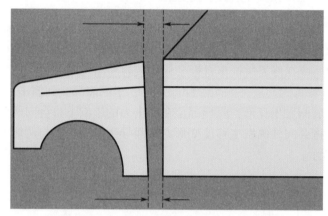

图 5-72　前翼子板与前车门的间隙上大下小

（4）前、后车门缝隙均匀，车身线高度不齐　　此种现象在大事故车辆修复过程中，出现的概率较高。主要原因为前后车门高度调整不适，或前立柱与中立柱发生上下高度错位变形。通常，根据前门与前翼子板的车身线对齐情况、后门与后翼子板的车身线对齐情况，以及车门与车顶梁、下门槛的间隙等，就可以判断出是哪个车门高度调整不适，或者哪个车身立柱发生了高度变形，如图 5-73 所示。

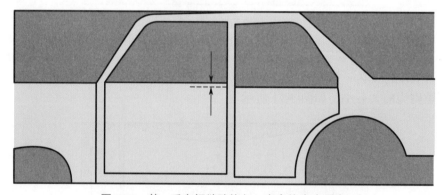

图 5-73　前、后车门缝隙均匀，车身线高度不齐

5.3.2　车身前部间隙的检查

车身前部间隙测量点如图 5-74 所示，要求上下间隙均匀、标准，不同车型标准值有所不同（图中所示值为上海大众途观汽车数据），应参照相关维修手册。

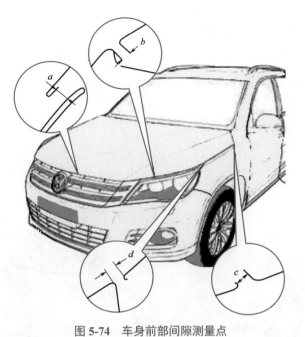

图 5-74　车身前部间隙测量点

尺寸 a=7.5mm±1mm；尺寸 b=5.5mm±1mm；尺寸 c=5.5mm±1mm；尺寸 d=5mm±1mm

5.3.3　车身中部（侧部）间隙的检查

车身中部（侧部）间隙测量点如图 5-75 所示，要求上下间隙均匀、标准，不同车型标准值有所不同（图中所示值为上海大众途观汽车数据），应参照相关车辆的维修手册。

图 5-75　车身中部（侧部）间隙测量点

尺寸 a=4mm±1mm；尺寸 b=4.5mm±1mm；尺寸 c=4mm±1mm；尺寸 d=4.5mm±1mm

5.3.4　车身后部间隙的检查

车身后部间隙测量点如图 5-76 所示，要求上下间隙均匀、标准，不同车型标准值有所不同（图中所示值为上海大众途观汽车数据）。

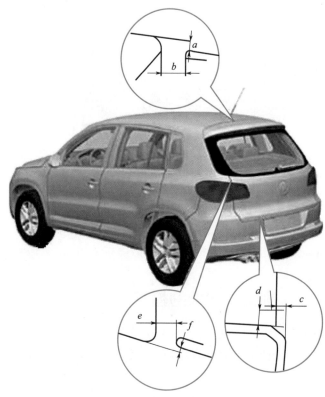

图 5-76　车身后部间隙测量点

尺寸 a=7mm±0.5mm；尺寸 b=3mm±1mm；尺寸 c=3.5mm±0.5mm；尺寸 d=6mm±1mm；
尺寸 e=1mm±1mm；尺寸 f=5mm±1mm

5.3.5　车身腰线的检查

图 5-77 所示为车身腰线的检查。可在车身 45°方向观察车身线条是否整齐，漆面是否平整。

在车身45°方向观察车身线条是否整齐，漆面是否平整

图 5-77　车身腰线的检查

5.4

车身骨架的检查

5.4.1 车身骨架简介

5.4.1.1 车身骨架组成

汽车车身是由各种各样的骨架件和板件通过焊接拼装而成的，车身骨架（图5-78）是一切车身部件的安装基础，通常是指纵、横梁和支柱等主要承力元件以及与它们相连接的钣件共同组成的刚性空间结构，是为乘客提供空间和安全防护的有效保证。

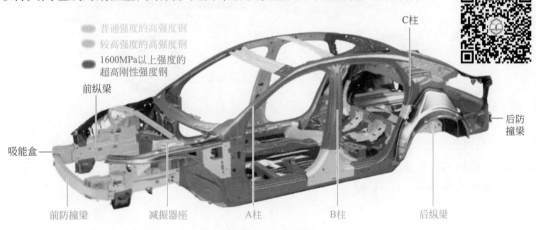

普通强度的高强度钢
较高强度的高强度钢
1600MPa以上强度的超高刚性强度钢

前纵梁　　吸能盒　　前防撞梁　　减振器座　　A柱　　B柱　　C柱　　后防撞梁　　后纵梁

图 5-78　车身骨架

5.4.1.2 A、B、C柱

A、B、C柱不仅是撑起驾驶舱车顶的金属柱，并且对驾驶舱内的乘员有重要的保护作用，在车辆发生翻滚或倾覆的时候，A、B、C柱能够有效避免驾驶舱被挤压变形（图5-79）。

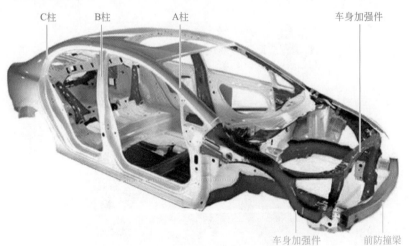

C柱　　B柱　　A柱　　车身加强件　　车身加强件　　前防撞梁

图 5-79　A、B、C 柱及车身加强件

大部分车辆的 A、B、C 柱是和车身包括车架一体化的，安全性大大提高。A、B、C 柱上有部分电器线路、安全带（B 柱）、照明音响装置，还有一些车辆安装有安全气囊。另外，两厢车长厢版都有 D 柱（图 5-80）。

图 5-80　A、B、C、D 柱位置

A、B、C 柱的强度对驾乘人员的人身安全有重要意义。A、B、C 柱一旦受损，车辆如再次碰撞时很有可能会由于刚性不足而危及驾乘人员生命安全，所以，二手车检查的过程中也应重点检查 A、B、C 柱。

5.4.2　A 柱的检查

由于 A 柱比较靠前，当车辆受到前方严重撞击或者侧方撞击时，A 柱很有可能发生变形。

① 如图 5-81 所示，查看 A 柱表面是否有凹凸不平的地方，或者是重新刮腻子和补漆的痕迹。

图 5-81　查看 A 柱表面

② 打开 A 柱密封条，观察里面的焊点是否都是清晰可见。原厂的焊点都是凹进去的圆点（图 5-82），而且每个焊点都十分光滑，每个焊点间隔都相同。

图 5-82　原厂的焊点

如果发现 A 柱金属框架与焊点有钣金修复的迹象，发现焊点比较模糊而且粗糙，焊点也不平整或者没有原厂的焊点（图 5-83），那就是修复后用腻子给填平了，可以判定这辆车的 A 柱有可能受过撞击。

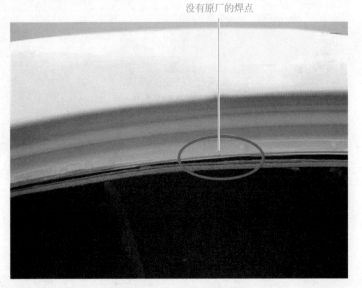

图 5-83　A 柱没有原厂的焊点

③ 扒开胶条后查看 A 柱如有切割的痕迹（图 5-84），则可判定前车门处已经发生过伤及骨架的碰撞。

有些车因为事故比较严重，所以会采取换新件和切割的方法来修复。对于这样的车，应该找准切割点来检查，切割之后都会焊接，只要是焊接一定会有痕迹。检查的技巧就是，焊点在哪里消失的，就是在哪里切割的。

切割痕迹

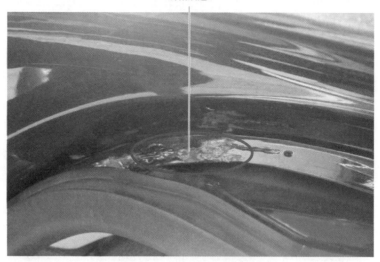

图 5-84　A 柱有切割的痕迹

④ 检查 A 柱上面的螺栓是否有拧动的痕迹（图 5-85），还可检查车门是不是拆装过。

螺栓

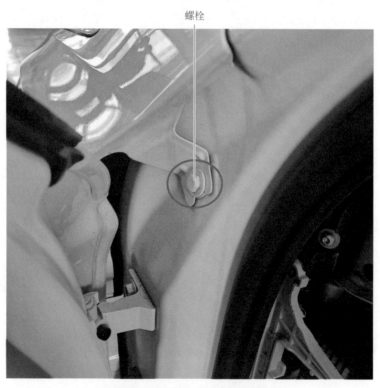

图 5-85　检查 A 柱上面的螺栓

⑤ 用漆膜仪测量 A 柱漆面厚度（图 5-86），检查漆面的厚度是否符合规定值。

⑥ 图 5-87 所示为车身 A 柱及门铰链的检查。检查车身 A 柱及门铰链是否有维修的痕迹。

图 5-86　用漆膜仪测量 A 柱漆面厚度

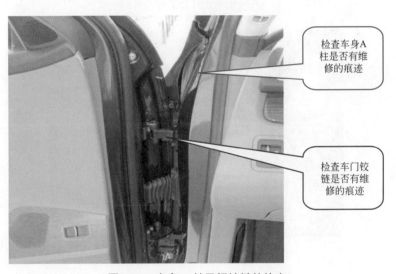

检查车身A柱是否有维修的痕迹

检查车门铰链是否有维修的痕迹

图 5-87　车身 A 柱及门铰链的检查

5.4.3　B 柱的检查

B 柱的检查和 A 柱相差不大。

① 目测检查 B 柱外观是否有维修的痕迹（图 5-88）。

② 用漆膜仪检测 B 柱漆面的厚度（图 5-89）。

③ 检查 B 柱密封条下的金属框架与激光焊点（图 5-90）。

④ 检查 B 柱铰链部分　检查 B 柱时，要特别注意检查中间位置的铰链部分（图 5-91）。当打开前门的时候就可以看到 B 柱中间位置的铰链，因为一旦车辆受到来自侧面的撞击会造成 B 柱变形，这个位置的铰链也一定会发生变形，严重的甚至要切割更换。当检查时，如果发现铰链有明显变形，或者铰链上的螺栓有被拧动过的痕迹，那么这辆车有可能 B 柱受过伤。

检查车身B柱是否有维修的痕迹

图 5-88　B 柱外观的检查

图 5-89　用漆膜仪检测 B 柱漆面的厚度

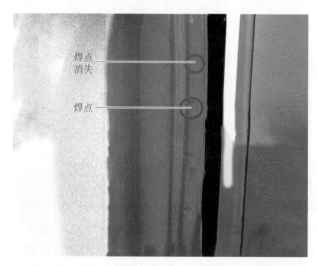

焊点消失

焊点

图 5-90　检查 B 柱密封条下的金属框架与激光焊点

图 5-91　检查 B 柱铰链部分

　　另外，由于 B 柱上的铰链在十分隐蔽的位置，车辆在长时间使用过程中，铰链内侧都会有尘土积垢等痕迹（图 5-92）。如果在检查时发现铰链十分新，漆面也十分光亮（与外观车漆几乎相同），那么这个铰链有可能是新换的。

尘土积垢

图 5-92　B 柱的铰链有尘土积垢

⑤ 查看 B 柱上是否贴有车辆铭牌或轮胎气压值标签　有的车辆出厂时，在 B 柱上贴有车辆铭牌或轮胎气压值标签（图 5-93）。由于这些标签大都是一次性的，当 B 柱修复后，大都缺失了。如果查看车辆时，B 柱上没有这些原车的标签，则说明该车的 B 柱被修复过。

图 5-93　B 柱上贴有车辆铭牌或轮胎气压值标签

⑥ 查看 B 柱上锁具部分是否有维修痕迹　如果车辆侧面受到严重碰撞，B 柱上锁具部分可能会有位移的痕迹或喷漆修补的痕迹（图 5-94）。

图 5-94　查看 B 柱上锁具部分是否有维修痕迹

5.4.4　C柱的检查

当车辆受到来自后方或者侧后方的撞击时，位于车辆后方的C柱极容易受到损伤而变形（图5-95）。

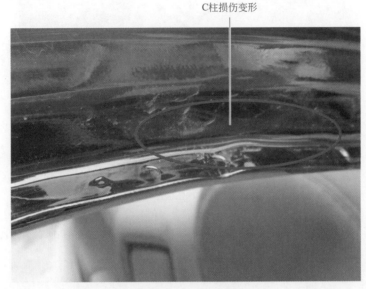

图 5-95　C柱损伤变形

（1）C柱的外观检查（图 5-96）　仔细查看C柱的外观是否变形或有修复的痕迹。

图 5-96　C柱的外观检查

（2）C柱的漆膜厚度检查（图 5-97）　用漆膜仪测量C柱的漆膜厚度是否符合规定。

图 5-97　C 柱的漆膜厚度检查

（3）C 柱内缘的检查　拨开密封胶条查看 C 柱内缘有无焊点异常或切割痕迹（图 5-98）。

查看有无焊点异常或切割痕迹

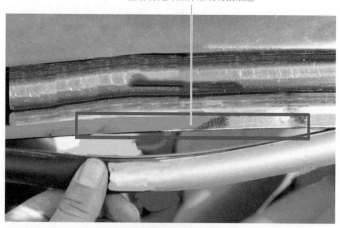

图 5-98　拨开密封胶条查看 C 柱内缘有无焊点异常或切割痕迹

（4）查看 C 柱与车顶结合处　看其有无钣金修复或切割等痕迹（图 5-99）。

图 5-99　查看 C 柱与车顶结合处有无钣金修复或切割等痕迹

（5）查看后备厢两侧上的金属框架　打开后备厢（行李厢）盖查看后备厢两侧上的金属框架是否有变形或者钣金修复的迹象（图5-100），其次查看这里的激光焊点是否规整。如果发现框架有钣金修复的迹象，焊点也不规整，那么很有可能这辆车受到过来自于后方的撞击，伤及C柱。

金属框架　　　　　　　　　　　　　　　　　　　　金属框架

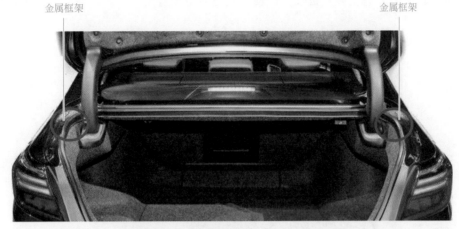

图5-100　查看后备厢两侧上的金属框架

（6）左右翼子板后端内侧的胶质的检查　在检查时，可以用手指甲掐一掐左右翼子板后端内侧的胶质（图5-101），看下胶质是否均匀完整，有没有龟裂的情况。如果发现胶质有断裂或者重新涂抹的痕迹，那么有可能就是C柱受到损伤修复之后造成的。

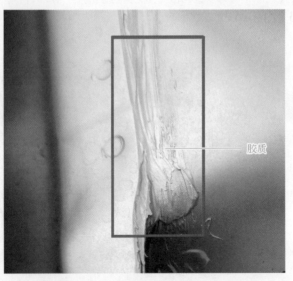

胶质

图5-101　检查左右翼子板后端内侧的胶质

5.4.5　前、后纵梁的检查

汽车的纵梁分为前纵梁和后纵梁，前纵梁位于汽车发动机前机舱下方，后纵梁位于后备厢下方。

前纵梁是两根分别位于两边的纵梁组合而成的，其主要作用是承载发动机和分散吸收事故撞击的能量。纵梁多用低合金钢板冲压成形，断面为槽形或工字形。在纵梁的前方有一个吸能盒（图 5-102），为多边形闭合筒身，前端焊接在前防撞梁上，后端焊接法兰盘，通过螺栓固定在车身前纵梁前端。吸能盒上有一个溃缩引导槽，一旦发生碰撞吸能盒就会产生溃缩，这样吸能盒就会有折痕，即使修复之后也很容易看出来，所以前纵梁是排查事故车的重要区域。

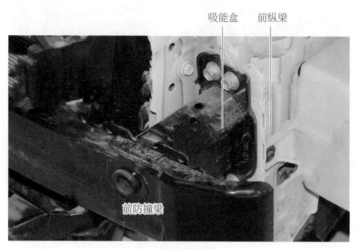

图 5-102　吸能盒

（1）检查纵梁是否变形　纵梁要是发生过碰撞挤压，那么肯定会有变形和褶皱的痕迹，甚至还会有破损（图 5-103）。

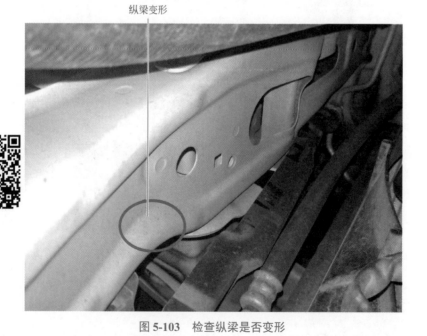

图 5-103　检查纵梁是否变形

（2）检查纵梁是否生锈　一般年份比较长的车，纵梁才会出现生锈的迹象。时间不长的车，只是局部出现生锈的情况。纵梁受伤的车会产生局部生锈现象（图 5-104）。

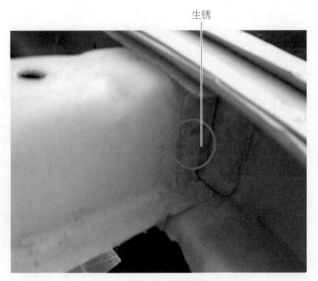

图 5-104　纵梁局部生锈

 小/提/示

不是所有纵梁生锈的车都是事故车。

（3）观察梁头是否正常　如果梁头有不正常的褶皱和凹坑，并且梁头的螺栓也拧动过（图 5-105），这说明纵梁有受损的可能。同样，梁身应该是没有褶皱而且是严丝合缝的，要是有开裂的情况，那就是不正常的了。

图 5-105　观察梁头是否正常

（4）检查吸能区域　车辆碰撞后，吸能区域将会按照厂家的设计要求，出现隆起或

凹陷变形 （图 5-106）。吸能区域是目测损伤诊断的首要检查部位，变形与否通常可以说明车辆的使用情况。

图 5-106　吸能区域的检查

（5）油漆层开裂的检查　一些严重的碰撞事故中，远离直接撞击点的形变区域、转角部位等，有可能会出现油漆层开裂现象（图 5-107）。说明损伤已经波及这些范围，应力通常集中于此。

油漆层开裂的检查

图 5-107　油漆层开裂的检查

（6）漆膜厚度的检查　当发现一侧翼子板的漆膜厚度数值很高，可打开发动机舱。重点检查每一侧的减振器座螺栓是否被拆卸过，一般拆卸过的螺栓都会有拧动、生锈的痕迹（图 5-108）。

图 5-108　检查减振器座螺栓

（7）检查减振器座上的油漆　在减振器座上，原车出厂时还会喷上油漆（图 5-109），一部分在零件上，一部分在螺栓上，如果发现油漆断裂了，那么基本也能判断悬架被拆过了，不过这也不能判断就是事故车，也有可能是改装过的，这时候就要结合维修保养记录跟保险记录来判断。

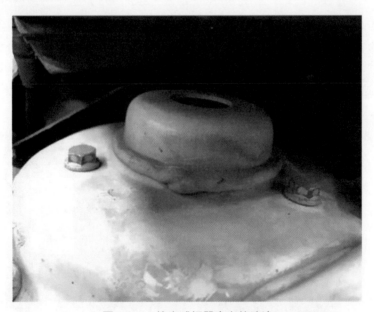

图 5-109　检查减振器座上的油漆

（8）检查减振器座跟翼子板　查看其是否有钣金修复、切割痕迹（图 5-110），如果有这种痕迹，那么基本上就可以判断这是一台遭遇过重大撞击的事故车。

（9）检查防腐胶（钣金胶）是否开裂　结构件部位钣金胶如果开裂（图 5-111），说明撞击力已传递到这些部位，车身已有一定的损伤。

图 5-110　检查减振器座跟翼子板修复痕迹

图 5-111　防腐胶（钣金胶）的检查

5.5

车辆内饰的检查

　　车辆内饰的检查部件主要包含座椅、转向盘、仪表台、车门内饰板、车顶、地毯等（图 5-112），检查的内容一般就是看这些部位的磨损情况、新旧程度，有没有破损或者拆装和换新以及各个地方的按键是不是已经失灵等。一般通过检查车辆内饰的磨损情况，可以大致判断出这台车的行驶里程，也可以判断出车主对车辆的爱惜程度，以及车辆是否及时保养的情况。

图 5-112　车辆内饰的检查部件

5.5.1 车门内饰板的检查

车门内饰板（图 5-113）的检查，主要看门板扶手（图 5-114）、电气开关按键（车窗玻璃开关按键见图 5-115、车门后视镜开关按键见图 5-116、车门开关见图 5-117）的磨损状况及有无翻新等。

图 5-113　车门内饰板的检查

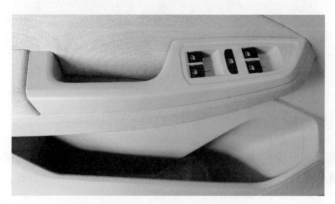

图 5-114　门板扶手的检查

图 5-115　车窗玻璃开关按键

图 5-116　车门后视镜开关按键

图 5-117　车门开关

5.5.2　转向盘磨损情况的检查

转向盘主要检查 3 点钟和 9 点钟位置的磨损情况（图 5-118），这也是判断调表车的一个依据。一般这两个地方经常用手去接触，时间长了这个部位就会发亮，由此可以判断行驶里程会很长。

图 5-118　转向盘磨损情况的检查

5.5.3 驾驶人座椅的检查

驾驶人座椅主要看是否有破损及磨损印痕（图 5-119），另外还要检查座椅的弹性（图 5-120）。座椅在使用一定年限后，座椅弹性会变差，并有塌陷感。

图 5-119　检查驾驶人座椅是否有破损及磨损印痕

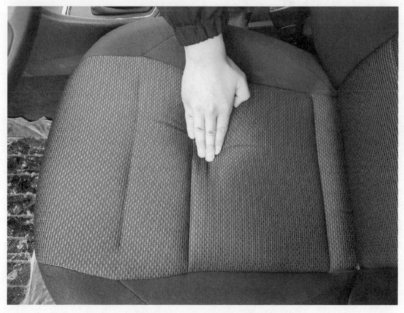

图 5-120　检查座椅的弹性

5.5.4 变速杆磨损情况的检查

变速杆特别是手动变速器的变速杆磨损程度过大（图 5-121），则说明驾驶者使用过于频繁，车辆的实际行驶里程不会太低。

图 5-121　手动变速器的变速杆磨损程度过大

5.5.5　踏板磨损情况的检查

检查离合器踏板、制动器踏板及油门踏板的磨损情况（图 5-122），如果磨损程度过大，则说明驾驶者使用过于频繁。

图 5-122　踏板磨损情况的检查

5.5.6　安全带的检查

① 观察安全带磨损程度和颜色，判断使用频率，使用年限较短的安全带光亮新鲜（图 5-123）。安全带一般很少清洗，用手经常拉拽的位置会比较旧，使用年限越长的车就越明显（图 5-124）。

图 5-123　使用年限较短的安全带

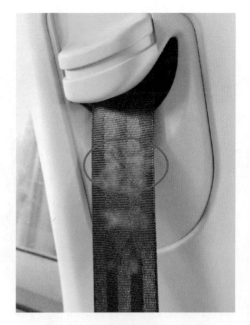

图 5-124　使用年限长的安全带

② 观察安全带卡扣使用是否正常、是否磨损严重（图 5-125）。

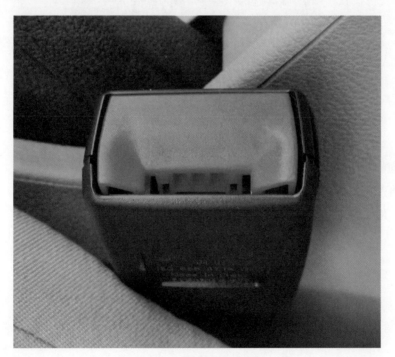

图 5-125　观察安全带卡扣

③ 把安全带抽到底，直到不能再往外抽为止，观察是否有水渍，是否干净（图 5-126），最底部是机洗洗不到的。

图 5-126　观察安全带最底部的情况

　　④ 检查安全带的标签和生产日期（图 5-127），原车安全带的生产日期应该早于整车的出厂日期，如果晚于整车的出厂日期，说明安全带更换过，判断该车可能出过严重事故。

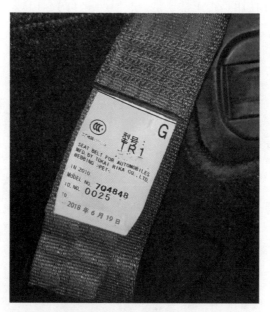

图 5-127　检查安全带的标签和生产日期

5.5.7　杂物箱的检查

　　检查杂物箱有没有破损、裂纹、泥沙等（图 5-128）。杂物箱内部属于比较隐蔽的位置，有些事故车为节约维修费用，对杂物箱隐蔽的部位做了些简单的处理，要是发现这些地方有裂纹或者焊接的痕迹，就是事故车，要是有泥沙，有可能就是一辆泡水车。

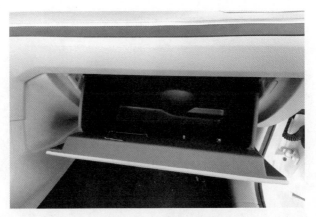

图 5-128　杂物箱的检查

5.5.8　车顶内饰的检查

检查车顶内饰（图 5-129）的新旧程度、有无损伤、是否翻新过。翻新过的车辆车顶内饰往往会留下一些痕迹。如果车辆内饰很脏，而车顶内饰很新，说明车顶内饰翻新过。

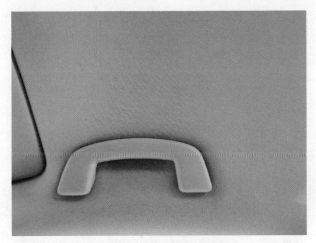

图 5-129　车顶内饰的检查

5.6

发动机舱的检查

5.6.1　发动机舱钣金件的检查

5.6.1.1　发动机舱盖的检查

（1）查看发动机舱盖边缘　查看发动机舱盖边缘是否平整、有无明显弯曲不对称的痕迹（图5-130）。一般发生正面碰撞都会伤及机舱盖，会造成机舱盖周边扭曲变形。

图5-130　查看发动机舱盖边缘

（2）检查有隔音棉车型的塑料卡扣　安装有隔音棉的车型，在对发动机舱盖钣金喷漆时，会拆卸隔音棉。检查这种车辆时，应查看隔音棉边缘有无拆除痕迹，固定隔音棉的塑料卡扣是否动过，有没有缺失（图5-131）。

塑料卡扣　隔音棉

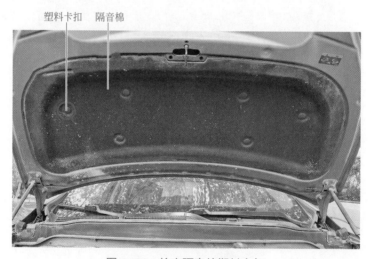

图5-131　检查隔音棉塑料卡扣

（3）查看单板孔的发动机舱盖是否有变形现象（图5-132）　发动机舱盖上有一些单板孔，一定要查看单板孔是否有变形，如果有变形，那肯定是有整形烤漆修复过。

（4）查看发动机舱盖铰链螺栓　检查发动机舱盖铰链处的螺栓是否有拧动的痕迹（图5-133），拧动后的螺栓边角会有掉漆、棱角不分明的现象（图5-134），很容易看出。有种情况就是会在拧动的螺栓上再喷一层薄漆（图5-135），掩盖拧动的痕迹，这种情况下螺栓会有两层油漆的痕迹，只要仔细看还是能看出蛛丝马迹的。

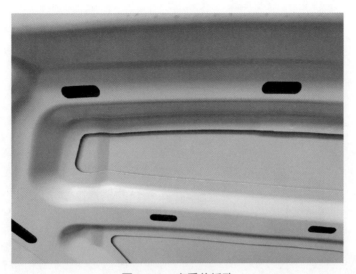

图 5-132　查看单板孔

⚙ 小/提/示

　　如果发动机舱盖铰链上的固定螺栓拧动过，发动机舱盖又没有修复过的痕迹，则发动机舱盖可能是更换过。

图 5-133　查看发动机舱盖铰链

拧动后的螺栓

图 5-134　拧动后的螺栓

　　（5）查看发动机舱盖上的胶条　正常原厂胶条宽度均匀，按压时略有弹性，在舱盖上四个边都有胶条（图5-136）。机舱盖原厂胶条，碰撞发生后通常会把胶条拆开，而原厂胶条拆开是比较难修复的，假如看到某段胶条有拆开痕迹，要检查这个部位对应的发动机舱部件是否有修复、变形的现象。

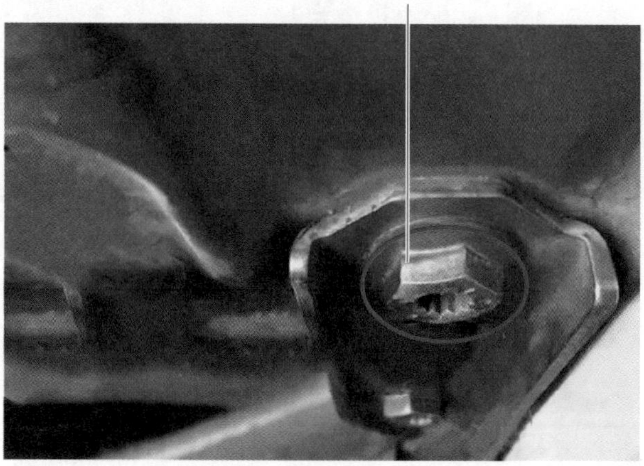

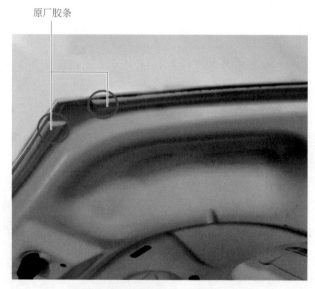

后喷薄漆

图 5-135　喷一层薄漆的拧动后的螺栓

原厂胶条

图 5-136　发动机舱盖上的原厂胶条

🛞 **小 / 提 / 示**

◆后换的发动机舱盖要么是没有胶条，要么是胶条打得不均匀，手法粗糙，没有一气呵成的美感。

◆有些修复车的胶条是用腻子做的，摸起来很硬，而且做的胶条周围会有喷漆后留下的飞漆痕迹。

5.6.1.2　散热器框架的检查

散热器框架在发动机舱的靠前位置，当车辆发生交通事故后很容易变形，所以检测时要观察散热器框架是否有修理的痕迹。

（1）**检查散热器框架**　检查散热器框架整体是否平整，有没有变形，框架上的螺栓是否有松动或者缺失（图 5-137）。如果螺栓有明显被拧动的痕迹，那么几乎可以断定这辆车发生过事故且更换过散热器框架。

图 5-137　检查散热器框架

（2）**检查散热器框架上的标签**　大多数原厂的散热器框架上会贴有一些标签（图 5-138），但是副厂件没有标签。所以当我们发现散热器框架上没有标签，或者上面的标签有些歪曲时，可能是更换了散热器框架。

图 5-138　检查散热器框架上的标签

5.6.1.3　发动机支撑（基座）螺栓的检查

发动机一般有三处支撑，是通过螺栓将发动机固定在车身纵梁上。检查时重点查看发动机支撑螺栓是否有拧动的痕迹（图 5-139）。如有拧动痕迹，基本上有以下几种情况：

①发动机维修；

②更换支撑橡胶垫（俗称机爪垫）；

③由于事故，需维修纵梁。

图 5-139　发动机支撑（基座）螺栓的检查

5.6.1.4　减振器座的检查

减振器座是一个重要的检查部件（图 5-140）。如果减振器座变形，会影响车辆的减振效果和悬架的角度，从而改变车轮的定位参数，引起行驶跑偏、转向沉重、转向不回正、吃胎等故障。

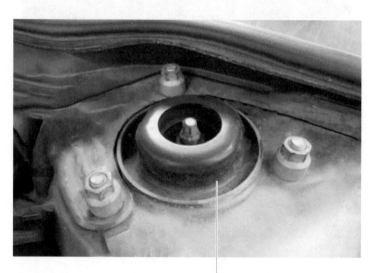

减振器座

图 5-140　减振器座

（1）检查减振器座　观察减振器座周围的胶体有没有开裂或者修复的痕迹（图 5-141）。

（2）检查减振器座螺栓是否有拧动痕迹　看减振器座是否有拧动痕迹，可以看上面的漆线（图 5-142），原车在出厂的时候会在螺栓上画一条线，假如拧动螺栓这条线会有移位。

胶体

图 5-141 观察减振器座周围的胶体

图 5-142 检查减振器座螺栓

⚙ 小/提/示

减振器座螺栓有拧动痕迹也不一定是有事故了，可能是修理或更换了悬架。可结合其他因素来进一步判断。

5.6.2 发动机使用情况的检查

5.6.2.1 发动机舱清洁度的检查

打开发动机舱检查发动机舱外部清洁情况，如发动机舱有少量灰尘和油迹属正常情况。

　　如灰尘太多（图 5-143）可能是车主用车强度大且不注意保养，这类车一般磨损很严重；如一尘不染，则可能是车主或车商故意靠清洁来掩饰车辆存在的问题。

发动机外部
灰尘和油迹
过多

图 5-143　查看发动机舱的清洁度

5.6.2.2　发动机舱内线束的检查

　　发动机舱内的线束要着重检查，很多时候汽车自燃都是线路短路造成的（图 5-144）。当检查发动机舱时，一定要看看发动机舱内的线束是否存在老化、破裂、短路、布局不规整等现象，如果碰到具有此类现象的二手车，要谨慎购买。

图 5-144　发动机舱内线束检查

5.6.2.3　发动机油迹的检查

　　检查发动机主要部位是否有油迹，如曲轴油封、凸轮轴油封（图 5-145）等处。如有油迹，说明该处的油封已老化。

凸轮轴油封

图 5-145 凸轮轴油封检查

5.6.2.4 蓄电池的检查

现在汽车用蓄电池大多数为免维护蓄电池，一般使用寿命为 3～4 年，如果维护得好，寿命可能更长一些。

（1）蓄电池工作状况的检查 免维护蓄电池盖上一般都设有观察窗（图 5-146），观察窗下面有一个电量指示器（液体密度计），可以直接通过观察窗观察电量指示器的颜色，来确认蓄电池工作状况，如图 5-147 所示。

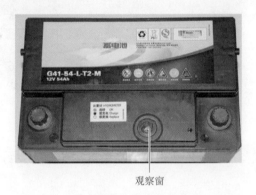

观察窗

图 5-146 蓄电池盖上观察窗的位置

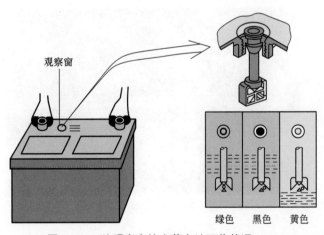

观察窗

绿色 黑色 黄色

图 5-147 从观察窗检查蓄电池工作状况

观察窗中电量指示器颜色说明：

◆ 绿色，表示蓄电池的技术状况良好；

◆ 黑色，表示电解液密度偏低，应对蓄电池进行补充充电；

◆ 黄色，表示电解液液面过低，蓄电池已不能继续使用。

 小/提/示

> 不同品牌蓄电池规定的观察窗中电量指示器颜色代表含义也不同。

（2）蓄电池电解液液面高度的检查　对于透明壳体的蓄电池，壳体均标有上、下刻度线（图 5-148），可以从外部观察到蓄电池内电解液液面与壳体上、下刻度线的关系。电解液液面高度的标准值应在壳体的上、下刻度线之间。若液面接近或低于下刻度线，说明车辆维护不当，蓄电池使用时间已较长。

图 5-148　电解液液面高度刻度线

（3）检查蓄电池在车上的固定情况　查看其固定是否良好，注意检查外壳表面是否存在磕碰伤（图 5-149）。

检查外壳

图 5-149　检查蓄电池外壳表面是否存在磕碰伤

（4）检查蓄电池正负极导线　查看其是否连接可靠（图 5-150），蓄电池极桩上是否有氧化物（图 5-151）。

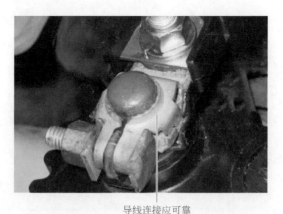

导线连接应可靠

图 5-150　检查蓄电池正负极导线是否连接可靠

极桩上的氧化物

图 5-151　蓄电池极桩上的氧化物

5.6.2.5　机油的检查

（1）机油油面高度检查　拔出发动机上的机油尺，用抹布擦拭后，重新将机油尺完全插入，再次拔出机油尺观察，读出机油油位。机油油位处于机油尺的上限与下限之间（图 5-152），说明不缺少机油。目前一些高档汽车采用电子机油标尺（图 5-153），可直观地显示机油油位。如果油位过低，应向原车主了解上次更换机油的时间和间隔里程，如果时间和间隔里程正常，说明发动机烧机油；如果机油平面过高，说明发动机严重窜气或有冷却液渗入机油内。

（2）机油颜色的检查　机油加入发动机后，车辆使用一段时间机油颜色会变黑（图 5-154），这是正常的。如果机油颜色变灰、变白或有乳化现象，说明机油中混入了冷却液，可能是发动机冷却系统和燃油系统有连通泄漏的情况。

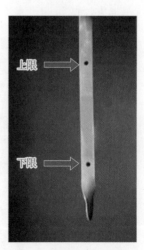

上限

下限

图 5-152　机油尺的油位标记

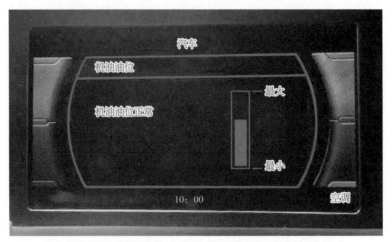

图 5-153　电子机油标尺

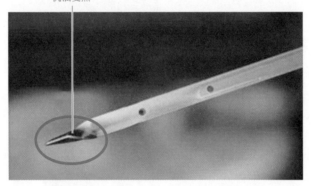

机油变黑

图 5-154　使用一段时间机油颜色会变黑

（3）机油加注口盖的检查　拧下机油加注口盖，将它翻过来观察底部，正常情况下是比较干净的（图 5-155）。如果盖底面有一层黏稠的乳白状物（图 5-156），还有与油污混合的小水滴，可能是气缸垫、气缸盖或气缸体有损坏处，导致冷却液渗入机油中造成的，就是通常说的机油进水。如有这种情况出现，发动机可能需要大修。

图 5-155　正常的机油加注口盖

乳白状物

图 5-156 盖底面上的乳白状物

（4）气门室内油泥的检查 通过机油加注口观察气门室内是否有油泥（图 5-157），如果有这种情况发生，可判断车辆的保养状况较差，机油更换不及时。当发现油泥过多时，发动机可能需要大修。

图 5-157 从机油加注口观察气门室内的油泥

（5）机油滤清器座密封垫的检查 一些行驶里程较长的车辆，机油滤清器座的密封垫会老化渗漏，油底壳垫以及发动机上一切密封垫都会存在老化渗漏的问题。所以，检查密封垫渗漏只需检查发动机底部是否干爽；如有泄漏，寻找渗漏的相关部位，如图 5-158 所示。

5.6.2.6 冷却系统的检查

（1）冷却液液面高度的检查 在发动机冷态下检查膨胀水箱（壶）中冷却液的液面高度，冷却液液面正常的高度应在膨胀水箱表面上的 max（最高）与 min（最低）标线之间（图 5-159），否则可判断车辆的保养不及时。

图 5-158　检查机油滤清器座、油底壳螺塞的渗漏情况

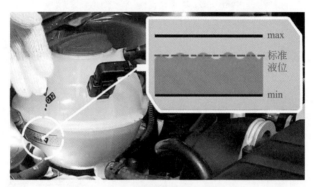

图 5-159　冷却液液面高度的检查

（2）冷却液状况的检查　打开散热器盖（一些车没有散热器盖）或膨胀水箱盖（图 5-160），注意观察冷却液表面是否有异物漂浮，如锈蚀的粉屑、油污等。如果发现浮起的异物是锈蚀的粉屑，说明散热器内的锈蚀情况已经很严重；如果发现有油污浮起，可能有机油渗入到冷却液内，一般可认为气缸垫处密封不严。一旦发现有上述情况，都表明该车的发动机状况不是很好，需特别注意。

图 5-160　冷却液状况的检查

5.6.2.7　空气滤清器的检查

打开空气滤清器盖，检查空气滤清器滤芯（图 5-161），如果灰尘很多，滤芯很脏，则表示该车使用程度较高，而且车辆的保养也较差，没有定期更换滤芯。

图 5-161　检查空气滤清器滤芯

5.6.2.8　变速器油的检查

变速器油的检查大多是通过油尺来进行（图 5-162），如果油位过低，则表示应该补充油液了，但也可能表示有漏油的情况产生。如果在自动变速器的油尺上闻到油液上有焦煳味，表示变速器磨损较严重，后续可能需要进一步的维修。

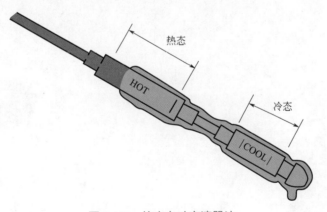

图 5-162　检查自动变速器油

5.7

底盘的检查

车辆底盘检查要用举升机举升车辆或将车辆开进地沟后再进行。

① 如图 5-163 所示，检查发动机橡胶支撑是否变形、损坏，检查发动机与传动系的连接情况；图 5-164 所示为检查燃油管路。燃油箱及燃油管路应固定可靠，不得有渗、漏油现象；燃油管路与其他部件不应有磨蹭现象；软管不得老化开裂，有磨损等异常现象。

发动机橡胶支撑

图 5-163　检查发动机橡胶支撑

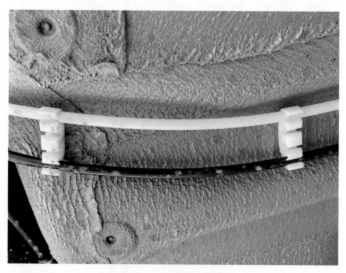

图 5-164　检查燃油管路

② 如图 5-165 所示，检查半轴各连接部位是否有松旷、变形等现象。

③ 如图 5-166 所示，检查转向横拉杆有无裂纹和损伤，有无拼焊现象。检查转向横拉杆球头销是否松旷，连接是否可靠，各运动部件在运动中有无干涉、摩擦现象。

④ 如图 5-167 所示，检查车架是否有裂纹和影响车辆正常行驶的变形，螺栓和铆钉不得缺少和松动，车架不得进行焊接加工。

图 5-165　检查半轴

图 5-166　检查转向横拉杆

图 5-167　检查车架

⑤ 如图 5-168 所示，检查下摆臂是否有变形、裂纹。

下摆臂

图 5-168　检查下摆臂

⑥ 如图 5-169 所示，检查排气管、消声器是否齐全及固定情况，有无破损和漏气现象。

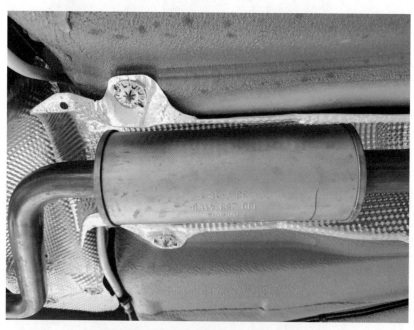

图 5-169　检查排气管、消声器

⑦ 如图 5-170 所示，检查制动总泵、分泵、管路，不得有漏气、漏油现象；软管不得有老化开裂、磨损异常等现象。

(a) 检查制动总泵

(b) 检查制动分泵

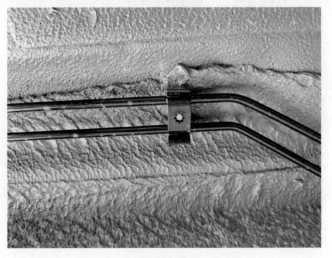

(c) 检查制动管路

图 5-170　检查制动总泵、分泵和管路

⑧ 如图 5-171 所示，检查底盘下面的电器线路，所有电器导线均应捆扎成束、布置整齐、固定卡紧、接头牢固并有绝缘套，在导线穿越孔洞时需装设绝缘套管。

图 5-171　检查底盘下面的电器线路

⑨ 如图 5-172 所示，检查减振器及悬架。可用手在汽车前后左右角分别用力下压，如放松后汽车车身能回弹，并能自由跳动 2 ～ 3 次，说明该系统正常。如出现异响或不能自由跳动，则说明该减振器或悬架系统的弹簧等部件工作不良，舒适性自然就会变差。

图 5-172　检查减振器及悬架

⑩ 如图 5-173 所示，检查手动变速器外观。检查变速器输出轴的油封，是否有渗漏情况。

图 5-173　检查手动变速器输出轴油封

⑪ 从图 5-174 中可以看到手动变速器放油螺塞密封垫有轻微渗漏。对于轻微渗漏，可先使用清洗剂清洗渗漏部位后试车，再确定是否还有渗漏。如还有渗漏，则要更换该密封垫。

轻微渗漏

图 5-174　手动变速器放油螺塞密封垫轻微渗漏

⑫ 发动机底部扭力杆的橡胶支座如果开裂会导致车辆在行驶过程中有异响，并使乘

坐舒适性下降。橡胶支座的检查方法很简单，找个一字旋具（螺丝刀），如图 5-175 所示，撬动橡胶支座看橡胶是否开裂即可。

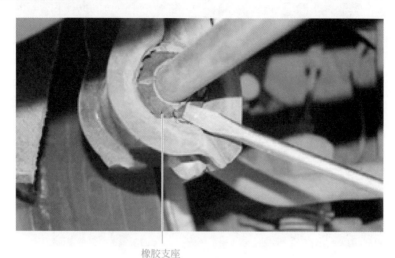

橡胶支座

图 5-175　检查扭力杆的橡胶支座

⑬ 如图 5-176 所示，检查半轴防尘套。防尘套的作用是保护充满润滑脂的万向节，如防尘套破损则会加速万向节损坏。

防尘套

图 5-176　检查半轴防尘套

⑭ 如图 5-177 所示，目测检查后悬架摆臂橡胶支座是否损坏。检查时，可撬动后悬架摆臂橡胶支座，查看是否松旷。前后轴悬架各拉杆或者摆臂两端都会有橡胶支座，每一个橡胶支座的损坏都会影响车辆的操控性以及驾乘舒适性。

橡胶支座

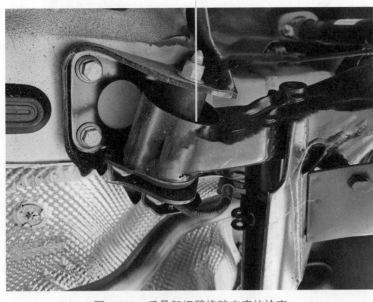

图 5-177　后悬架摆臂橡胶支座的检查

⑮ 减振器漏油的检查。一些行驶里程较长的车辆会出现减振器漏油的情况。减振器漏油时，会有油渍位于减振器下部（图 5-178）。减振器漏油会使得减振器性能下降。如漏油严重，建议更换相关减振器。

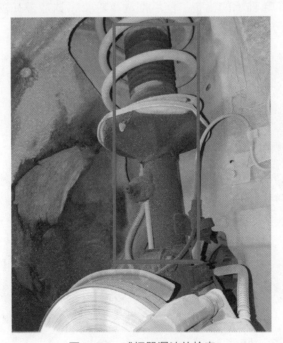

图 5-178　减振器漏油的检查

⑯ 检查减振器顶部的减振胶。如图 5-179 所示检查减振器顶部的减振胶。车辆行驶里程较长的话，此减振胶会老化开裂，导致减振器传到车身的振动变大，噪声变大。

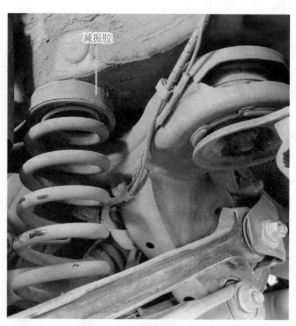

图 5-179　检查减振器顶部的减振胶

⑰ 车轮及轮胎的检查。轮胎作为车辆唯一接地的部件，其重要性不言而喻。在二手车检查中，轮胎检查是其中重要的项目之一。在检查轮胎时，一般还会同时检查车轮轴承的工作情况和制动摩擦片的厚度。

图 5-180 所示为车轮轴承的检查。前后摆动车轮，感觉是否有较大的间隙，如果间隙较大，说明车轮轴承已松动或已磨损。

图 5-180　车轮轴承的检查

图 5-181 所示是使用专用的制动摩擦片检测笔检测制动摩擦片的厚度。制动摩擦片厚

度应不超过极限值。

图 5-181　检测制动摩擦片的厚度

如图 5-182 所示，当轮胎花纹磨损接近到磨损标记后则需要更换轮胎。除了轮胎花纹磨损标记，如轮胎胎面出现异常磨损的情况，还需要确定四轮定位参数是否正确。

轮胎花纹接近磨损标记

图 5-182　轮胎的磨损标记

5.8
行李厢的检查

行李厢（图 5-183）主要检查是否有过追尾事故。检查的内容包括是否有过修复痕迹，备胎工具是否齐全，密封条是否原装等。

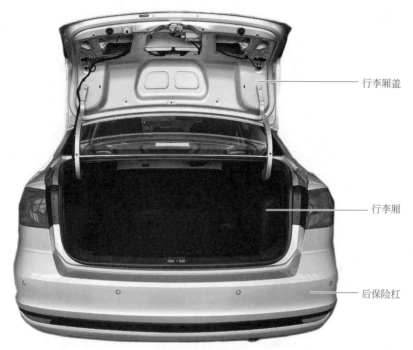

行李厢盖

行李厢

后保险杠

图 5-183　行李厢

5.8.1　行李厢盖的检查

① 打开行李厢盖，观察行李厢盖内侧有没有钣金、喷漆的痕迹（图 5-184）。

图 5-184　观察行李厢盖内侧

② 观察行李厢盖边缘打胶情况，没有修复过的车辆打胶均匀，平整光滑（图 5-185），修复后打胶粗糙不平整（图 5-186）。

打胶均匀

图 5-185　打胶均匀

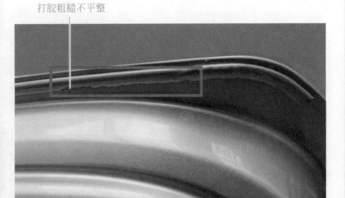

打胶粗糙不平整

图 5-186　打胶粗糙不平整

③ 观察行李厢盖铰链螺栓　观察行李厢盖铰链螺栓有没有拧动过，没拧动过的螺栓上没有痕迹（图 5-187），油漆颜色与车身车漆颜色一样；拧动过的螺栓会留下痕迹（图 5-188）。

图 5-187　没有拧动过的行李厢盖铰链螺栓

拧动过的螺栓

图 5-188　拧动过的铰链螺栓

5.8.2　行李厢备胎厢及底板的检查

① 把行李厢盖板取下，检查备胎厢有没有钣金、喷漆的痕迹（图 5-189）。

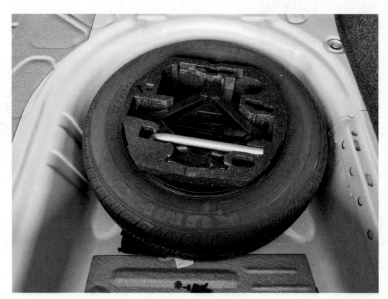

图 5-189　检查备胎厢

② 检查行李厢备胎底板。轿车行李厢的备胎底板是冲压成形的部件，棱角分明（图 5-190）。

图 5-190　行李厢备胎底板的检查

　　把备胎拿出来之后仔细查看备胎底板是否有钣金敲击过的痕迹，如果看到备胎底板有更换或者敲击复位的痕迹（图 5-191），则这辆车应该后部有过事故。

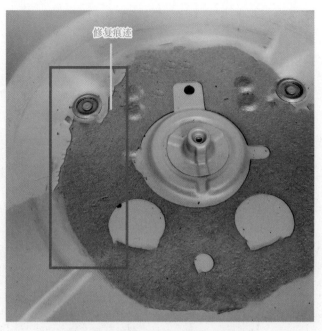

修复痕迹

图 5-191　修复过的行李厢的备胎底板

　　③ 检查行李厢备胎底板周围的打胶情况。车辆如果发生比较严重的撞击事故后，一般都会更换行李厢备胎底板，可通过仔细检查行李厢备胎底板周围的打胶情况来判断是否更换过。更换行李厢备胎底板时，一般都是将原车的行李厢备胎底板切割掉，并在切割的位置打上钣金胶。原厂打的胶平整均匀（图 5-192），和底板漆的颜色一样或接近；而切割修复后在备胎底板上打的胶粗糙不平整，颜色和底板漆也不一样（图 5-193）。

图 5-192　行李厢备胎底板原厂打的胶

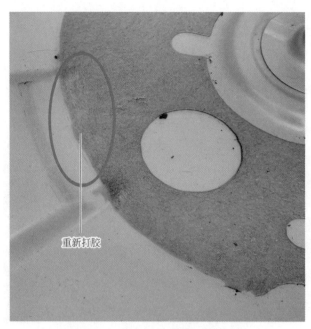

重新打胶

图 5-193　行李厢备胎底板重新打胶

5.8.3　行李厢框架的检查

行李厢框架的检查是判断是否发生过车辆追尾的重要依据。

（1）两厢车行李厢框架的检查　两厢车检查尾门框和 D 柱之间的框架（图 5-194）。没有修复过的尾门框，打胶均匀，棱角分明，左右对称（图 5-195）。

尾门框和D柱
之间的框架

图 5-194　检查尾门框和 D 柱之间的框架

图 5-195　没有修复过的尾门框

（2）三厢车行李厢框架的检查　三厢车主要检查后翼子板框架（图 5-196）。

后翼子板框架

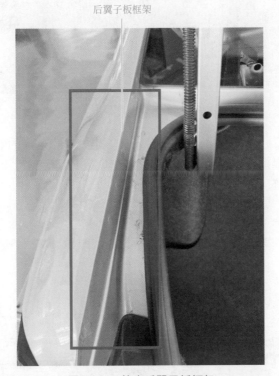

图 5-196　检查后翼子板框架

5.8.4　后保险杠、后围板的检查

（1）后保险杠卡扣的检查　观察后保险杠是否开裂或卡扣有没有撬动过。如果后保险杠开裂（图 5-197），可能是后保险杠拆装过或是卡扣松动。

后保险杠开裂

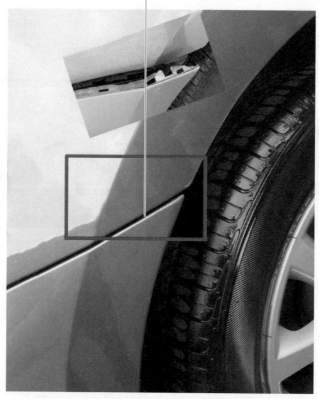

图 5-197　后保险杠开裂

（2）后围板的检查　检查后围板有没有敲打、生锈、喷过漆的痕迹（图 5-198），如果有生锈（图 5-199）、焊接过（图 5-200）的痕迹，就要重点检查行李厢底板、后翼子板内衬是否有修理过的痕迹。

后围板

图 5-198　检查后围板

后围板生锈

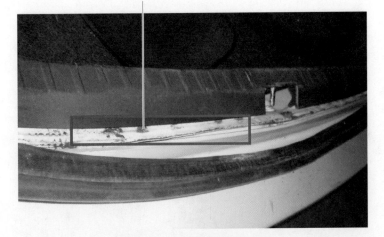

图 5-199　后围板生锈的检查

后围板焊接的痕迹

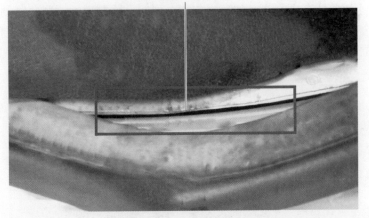

图 5-200　后围板焊接的检查

第6章

二手车动态检查

二手车动态检查是指车辆在工作状态下进行的各项检查，又称车辆路试检查。车辆路试检查（图6-1）的主要目的是，在一定条件下，通过机动车在各种工况下的工作，如发动机启动、怠速运转、车辆起步、加速、匀速、滑行、强制减速、紧急制动等，使变速器从低速挡到高速挡，再从高速挡到低速挡行驶，检查二手车的操纵性能、制动性能、滑行性能、加速性能、噪声和废气排放等情况，以鉴定二手车在动态下的技术状况。

图 6-1 车辆路试检查

6.1

发动机无负荷工况的检查

无负荷工况就是车辆停在原地不动，检查发动机的性能状况，包括发动机启动、怠速运转、声响、急加速性、曲轴箱窜气和窜油量、尾气颜色、发动机熄火等项目。

6.1.1 发动机启动性的检查

将点火开关转到启动挡（图 6-2 中 START 位置）或按下一键启动按钮（图 6-3），启动发动机，观察发动机启动是否容易，起动机是否工作良好。启动时，车辆应无异常响声。如果发动机不能正常启动，表明二手车的发动机启动性能不好。

图 6-2　点火开关转到启动挡

图 6-3　一键启动按钮

⚙ **小 / 提 / 示**

　　◆一般用起动机带动发动机启动不应超过三次；每次启动发动机时间不超过 10s。若需再次启动，应间隔 15s 以上。

影响发动机启动性的因素很多，主要有油路、电路、气路和机械四个方面。发动机启动困难时，应综合分析各种原因。引起发动机启动困难的原因不同，对二手车的价值影响也不同，甚至有的差别还很大。

6.1.2　发动机怠速运转的检查

发动机启动后，使其怠速运转，此时发动机应在规定的怠速范围内平稳地运转（图6-4），如一汽大众新宝来轿车的怠速转速为（800±50）r/min。发动机怠速时，若出现转速过高、过低、忽高忽低，发动机抖动严重等现象，均表明发动机怠速不良。

图6-4　发动机的怠速转速

引起发动机怠速不良的原因很多，如点火正时不准、气门间隙过大或过小、配气正时不准、怠速阀调整不当、真空漏气、曲轴箱通风装置中的单向阀怠速时不能关闭、废气再循环系统有故障、点火系统有故障、燃油系统有故障等均可能引起发动机怠速不良。当二手车有发动机怠速不良的现象时，应查明原因，以免后续带来不必要的麻烦。

6.1.3　发动机声响的检查

发动机在运转过程中，如果发动机发出一些不正常的声响，如类似金属敲击的声音、咔嗒声、摩擦声等，这些声音统称为异响，说明发动机的某个零部件的技术状况发生变化，导致工作异常；如果听到低频的轰隆声或爆燃声，表明发动机受损严重，需要进行大修。

（1）发动机怠速运转　启动发动机，并使其处于怠速运转，察听发动机怠速运转时的声音是否均匀平稳，有无异常响声。若发动机运转时伴有杂音，说明转动机件磨损严重。

检查发动机运转是否平稳，发动机怠速运转时车前部的声音越安静、越平稳，则说明二手车的性能越好。

（2）**发动机低转速** 轻踩油门，让发动机的转速慢慢地升高（图6-5），听这个过程中有无杂音。

图6-5 发动机转速慢慢升高

（3）**发动机高转速** 深踩油门使发动机转速至3000r/min（图6-6），尤其当发动机的转速超过了最高功率转速之后，发动机运转的声音变化一般都比较明显，这时候如果听到了金属摩擦声，说明发动机可能有异常。

图6-6 发动机转速至3000r/min

（4）**行驶之后听声音** 可在车辆路试的时候进行检查。在复杂的路况下车辆行驶5min，也就是使车辆走走停停，时而加速、时而减速，然后将车停稳再察听发动机怠速运转的声音，声音应该跟之前相同，无明显差异才算正常。

6.1.4　发动机加、减速的灵敏性的检查

使发动机运转一段时间，待发动机冷却液温度（图6-7）、润滑油温度均正常后，检查发动机加、减速的灵敏性。

图 6-7　发动机正常的冷却液温度

小 / 提 / 示

从怠速状态猛踩加速踏板，观察发动机转速从低速到高速的反应灵敏性，提速是否快速；然后使发动机从高速状态突然回落到怠速状态，方法是猛松加速踏板，观察发动机是否会出现怠速熄火现象。正常时发动机提速响应性好，减速不熄火。

6.1.5　检查发动机窜油、窜气情况

检查发动机是否窜油、窜气的方法是打开加机油口盖（图6-8），慢慢踩下加速踏板，加油，若窜气严重，用肉眼就可以看到加机油口处有烟雾出现。

图 6-8　打开加机油口盖

若窜气不十分严重，可以用一张白纸，放在距加机油口盖大约 50mm 的地方。然后踩下加速踏板，若窜油、窜气，则白纸上会有油迹（图 6-9），严重时油迹较大。

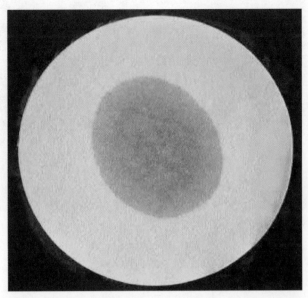

图 6-9　白纸上有油迹

6.1.6　检查排气管的排气颜色

在正常情况下，汽油机工作时，排出的气体是无色的。柴油机在正常负荷下运转时，排气颜色为淡灰色，负荷大时则为深灰色，但只允许短时间出现。

发动机排气颜色不正常，一般指排气颜色为黑色（图 6-10）、蓝色（图 6-11）。

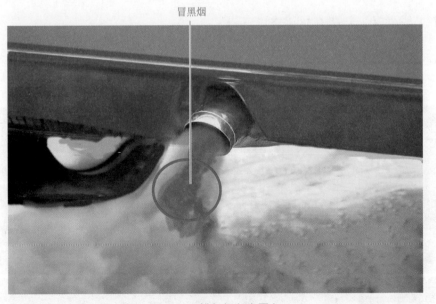

冒黑烟

图 6-10　排气颜色为黑色

冒蓝烟

图 6-11　排气颜色为蓝色

小 / 提 / 示

◆若排气颜色为黑色，说明气缸内混合气过浓，或点火时刻过迟，造成燃烧不完全，一部分未燃烧的碳元素混在废气中排出，出现黑烟现象。

◆若排气颜色为蓝色，说明有机油窜入气缸燃烧室内，气缸内有机油燃烧，形成蓝色气体随废气排出。一般来说，常因活塞、活塞环、气缸套磨损过甚，配合间隙过大，导致机油窜入气缸而出现此种现象。此外，若进气不畅，机油也可能被吸入燃烧室，从而也会出现冒蓝烟的情况。

6.1.7　检查仪表盘的报警指示灯

发动机在启动之后怠速运转时，在正常情况下，仪表盘（图 6-12）上的所有报警指示灯均应熄灭，否则，说明点亮或闪烁的报警指示灯所代表的装置可能有故障。

图 6-12　仪表盘

二手车路试检查

6.2.1 路试内容

（1）**检查离合器** 车辆起步时，踏动离合器踏板（图6-13），查看离合器是否平稳结合，分离是否彻底，工作时是否发抖、发响等。

图 6-13 踏动离合器踏板

（2）**检查手动变速器** 使车辆起步并加速，将手动变速器的挡位从低速挡升到高速挡（图6-14），再从高速挡减速到低速挡，检查手动变速器换挡是否灵活，是否有乱挡、跳挡和异响现象。

图 6-14 检查手动变速器换挡情况

（3）**检查自动变速器** 对于配置自动变速器的车辆来说，正常情况下，车辆刚起步时不需要踩加速踏板。如果必须踩加速踏板才能起步，说明变速器保养不到位，可能有故障。换挡过程中如果有"发冲"或"顿滞"的感觉，说明自动变速器需要维护。

（4）**检查主减速器** 在路试中，车速到40km/h时，突然猛松加速踏板，随后又猛然踩下加速踏板，察听主减速器是否发出特别大的声响。若出现很大的声响，说明主减速器磨损严重。

（5）**检查传动效率（滑行试验）** 在平坦的路面上，将车速提升到50km/h时，踩下离合器踏板，将变速器挂入空挡，让汽车靠滑行行驶。根据车辆滑行的距离，来评估汽车传动系传动效率的高低。滑行的距离长，说明传动系传动效率较高。否则，说明传动效率低。

（6）**检查汽车的动力性**

① 车辆原地起步后，做加速行驶。如果猛踩加速踏板后，提速快，则说明加速性能好。

② 检查汽车高速行驶时是否平稳，是否有异响。

③ 驾驶车辆作爬坡实验（图6-15），检查汽车爬坡行驶时是否有劲，动力是否足够。若车辆提速慢，达不到厂家的设计速度，或者差距较大，上坡无力，则说明汽车的动力性能较差。

图6-15 驾驶车辆作爬坡实验

（7）**检查汽车的操纵稳定性**

① 在宽敞的路段上驾驶车辆进行路试，在低速行驶时，向左、向右转动转向盘，检查转向盘是否灵敏、轻便，有无自动回正力矩。

② 在高速行驶时，车辆不应出现跑偏和转向盘有摆动等现象。

（8）**检查制动性能**

① 汽车起步行驶，加速到50km/h时，迅速将制动踏板踩到底，看汽车是否立即减速、停车，有无制动跑偏、甩尾现象。制动距离应符合有关规定的标准值。

② 将车辆加速到60km/h左右，感觉汽车有无抖动现象。若有，则可能是前悬架有故障，或传动轴有弯曲故障，应进一步对车辆进行检查。

（9）**检查驻车制动（手刹）** 检查驻车制动时，应选择一段坡路。在坡路上，拉紧驻车制动器（图 6-16）后，查看车辆能否停稳。若发现有溜车现象，说明驻车制动有故障。其原因可能是摩擦片与制动鼓（盘）间隙过大或者有油污，摩擦片磨损严重或打滑等，应对其进行及时维护调整。

图 6-16　拉紧驻车制动器

（10）检查汽车行驶平顺性　驾驶汽车通过凹凸不平的路面，或通过公、铁路口，感觉汽车通过的平顺性和乘坐舒适性。

① 当汽车转弯或通过坑洼不平的路面时（图 6-17），仔细听汽车前端是否发出"嘎吱"的声音。若有，则可能是减振器紧固装置松旷，或轴承磨损严重。

图 6-17　通过坑洼不平的路面

② 汽车转弯时，若车身侧倾过大，则可能是横向稳定杆衬套（也称胶套，图 6-18）或减振器磨损严重。

横向稳定杆　　　　横向稳定杆衬套

横向稳定杆的衬套破裂，会导致车辆在转弯时，车身侧倾过大

图 6-18　横向稳定杆衬套破裂

（11）**检查风噪声**　汽车行驶过程中，逐渐提高车速至高速行驶，倾听车外风噪声。风噪声过大，说明车门密封不严，原因为密封条变质损坏，或车门变形，特别是事故车在整形后，密封问题较难解决。

⊙ **小/提/示**

　　正常情况下，车速越快，风噪声越大。对于空气动力学性能好的汽车，其密封和隔音性能较好，噪声较小。而对于空气动力学性能较差或整形后的事故车，风噪声一般较大。

6.2.2　路试后的检查

车辆路试检查以后，还应检查以下项目。

（1）**检查各部件的温度**　路试后应检查一下车辆油、液的温度。

⊙ **小/提/示**

　　◆正常的机油温度为95℃，正常的冷却液温度为80～90℃。齿轮油的温度不应高于85℃。齿轮油的温度主要是变速器和主减速器的温度。

　　◆此外，还应用手或测温器检查其他有关运动件的过热情况，如制动鼓、制动盘、传动轴、中间支撑的轴承等，都不应有过热现象。

（2）**检查"四漏"情况**　路试后，应检查汽车的漏气、漏电、漏水、漏油情况。

小/提/示

◆对气制动的车辆，若有漏气则在制动时有反应，需仔细检查管路系统和储气筒、空气压缩机、制动阀等部件。

◆检查漏电情况。车辆漏电一般在行车中会出现明显故障，若车辆的电路出现故障，也需要仔细查找。

◆在发动机停止运转及停车以后，散热器、水泵、发动机缸体、发动机缸盖、暖风装置及所有的连接部位，均不得有明显的渗、漏水现象。

◆检查车辆漏油的情况，应在汽车连续行驶距离不少于10km后，停车5min观察地面，不得有明显的渗漏油现象（图6-19）。

漏油

图 6-19 检查车辆漏油

6.3

二手车动态检查评估表

二手车评估师对车辆发动机进行无负荷工况的检查，又进行了路试后，可根据表6-1所示的二手车动态检查评估表给出检查结果。

表 6-1 二手车动态检查评估表

检查内容		检查结果评估	结果分析
发动机无负荷工况检查	发动机启动性能	第一次启动是否成功	是（ ）否（ ）
	发动机急速稳定性	是否轻微发抖	是（ ）否（ ）
	发动机曲轴箱窜气量	无或微量	无（ ）微量（ ）
	发动机异响	无或有	无（ ）有（ ）

检查内容		检查结果评估	结果分析
发动机无负荷工况检查	发动机加、减速的灵敏性	提速是否正常	是（　　）否（　　）
	尾气排放	排气颜色正常或异常	正常（　　）异常（　　）
	仪表盘报警指示灯	报警指示灯是否亮起	是（　　）否（　　）
路试检查	加速性能	是否良好	是（　　）否（　　）
	制动性能	是否良好	是（　　）否（　　）
	操纵稳定性	是否良好	是（　　）否（　　）
	换挡性能	换挡是否困难	是（　　）否（　　）
	路试后的检查	是否有明显发热、漏油现象	是（　　）否（　　）

第7章

泡水车的鉴定

目前，二手车市场非常地火爆，但是买卖双方的信任度依然是个非常大的问题。很多消费者最担心的就是买到泡水车等事故车、问题车。不单单说是怕花钱买辆价值不对等的车，最主要的还是泡水车存在非常大的安全隐患，影响车辆的使用安全。

按照二手车市场行情来算，一辆市值10万元的二手车，车辆泡水后大概只花4万元就可以收车，然后花2万元翻新修理。车贩子往往利用信息不对称，对泡水车翻新修理后，抹去车辆大部分泡水的痕迹，最后能卖出8万到9万元的价格，车贩子可以在此赚取巨大的差价。但是，对于消费者而言，这些泡水车无疑就是二手车市场内的一大毒瘤。现如今二手车市场车况依然不透明，这些泡水车很可能因为信息不对称流入二手车购买者的手中。因此，对于二手车的消费者来说，泡水车的鉴定显得尤其重要。

7.1

泡水车的水损分析

7.1.1 泡水车定义

泡水车，顾名思义就是被水浸泡过的车辆（图7-1）。

泡水车按照损害严重程度分为三类（图7-2）：第一类是水深超过车轮，并且水涌入了车内；第二类是水深超过中控台（仪表盘、发动机罩），水线达到风窗玻璃的下沿；第三类是积水漫过车顶。在这三类情况中，第一类最为常见，危害性相对后两类要小很多，修复后对日常使用影响不大。而水深超过了中控台或者积水直接没过车顶的车辆，即使修复后也存在相当大的安全隐患。

图 7-1 泡水车

水深超过车顶

水深超过中控台

水深超过车轮

水深超过车轮的泡水车，修复后对日常使用影响不大。水深超过中控台甚至超过
车顶的泡水车，即使修复后，潜在的危害性会很大，不建议购买

图 7-2 泡水车按照损害严重程度分为三类

　　车辆进水时，如果水线超过中控台即发动机罩，水线达到风窗玻璃的下沿以上（不管浸泡的时间长短），因整个发动机舱被水淹没，特别是被雨水长时间浸泡之后（混合后的雨水腐蚀性很强），会影响电器功能，尤其影响以后的使用。由于汽车上均安装电子控制系统，如各个系统的 ECU（电子控制单元）、ABS（防抱死制动系统）、SRS（安全气囊系统）等，若遇进水情形，会造成 ECU 内部 IC 电路板短路及插头端子产生锈斑，进而慢慢使金属部件产生锈蚀现象，使控制电路产生接触不良现象，严重的话，会引起电气元件短路烧毁现象。

　　许多人会以为泡水车维修好之后对于驾驶并没有什么影响，其实，泡水车即使被维修完成后也存在许多危险。车辆泡水后，车辆的电路与电气设备受到极大损害，维修费用极高，其中，普遍的方法就是车辆电器产品拆开清洗、晒干后继续使用，安全气囊直接拆除不装等等。这样"修复"之后的泡水车，绝对就是"金玉其外，败絮其中"，使用过程中就犹如一个定时炸弹，什么时候会发生故障没人知道。空调不制冷、音响不出声，这些都算小事儿，行驶中车辆熄火，高速行驶时制动失灵也不是没有可能。最为烦恼的是，泡水车故障的发生是无法预测的，而且后期检查维修时，检查的部件繁多，检查的过程复杂，增加大量的维修成本。

尽管泡水车结构没有发生变化，但电气元件及电气线路容易生锈、腐蚀，从而造成短路、接触不良等故障，在车辆使用中存在着很大的安全隐患，所以把泡水车列为事故车。

7.1.2 泡水车的损坏类型

（1）车辆静态泡水 车辆静态泡水就是车辆在停放时被水淹（图 7-3）。车辆静态泡水是指由于暴雨或洪水等，停在地下车库及低洼地段的车辆未能及时被车主转移走，而被积水长时间浸泡。

图 7-3 车辆静态泡水

静态泡水状况危害相对较轻，一般维修时主要是清理、更换外部元件和电子元件。

正常情况下，车辆静态泡水的车辆是不会造成发动机损坏的。如果车辆泡水后强行启动发动机，则极有可能导致发动机严重损坏。

（2）车辆动态泡水 车辆动态泡水就是指车辆在行驶过程中被水淹（图 7-4）。车辆动态泡水的后果比较严重。汽车在行驶的过程中，在通过有水的地段时，由于发动机在运转，气缸内可能会因吸入了水迫使发动机熄火，或者在强行涉水未果、发动机熄火后车辆被水淹没。在这种情况下，除了静态条件下的可能对车辆造成的全部损失外，还有可能导致发动机直接损坏。

图 7-4 车辆动态泡水

车辆动态泡水后，发动机是否损坏就很难确定了，但如果是在车辆进水后发动机熄火的情况下，还强行使发动机工作（即二次点火），那么，发动机基本是会损坏的，会导致气缸壁破裂、连杆折断（图7-5），发动机整机拆装在所难免。

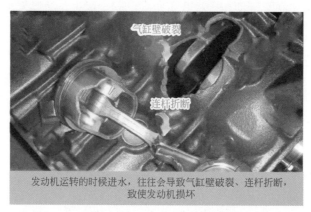

图 7-5　动态进水造成气缸壁破裂、连杆折断

车辆动态泡水的后果比较严重，如果发动机整机拆装后，在维修、更换的过程中，不足以确保发动机装配精度和维修质量，日后难免出现二次、三次的维修。车辆在动态泡水后，没顶车、齐腰车的电气火灾隐患最大，如果在维修车辆的过程中，未能将车辆的主要电气线路和电子控制单元更换，后续使用时，极有可能发生火灾。

7.1.3　泡水车的水损因素

（1）水质　分析水损车辆时，通常将水质分为淡水和海水。多数泡水车遇到的水为雨水或山洪形成的泥水，但也有由于下水道倒灌而形成的浊水。这种城市下水道溢出的浊水中含有油、酸性物质和各种异物。油、酸性物质和其他异物对汽车的损伤各不相同。

（2）水淹高度　水淹高度是确定水损程度非常重要的参数，水淹高度通常不以高度作为计量单位，而是以汽车上重要的具体位置作为参数。以轿车为例，水淹高度通常分为6级，如图7-6所示。

图 7-6　水淹高度示意图

1—制动盘和制动鼓下沿以上，车身地板以下，乘员舱未进水；2—车身地板以上，乘员舱进水，而水面在驾驶员座椅坐垫以下；3—乘员舱进水，水面在驾驶员座椅坐垫面以上，仪表工作台以下；4—乘员舱进水，水面至仪表工作台中部；5—乘员舱进水，水面至仪表工作台面以上，顶棚以下；6—水面超过车顶，汽车被淹没顶部

（3）水淹时间　水淹时间（t）的长短对汽车所造成的损伤差异很大。车辆水淹时间的长短，是评价水泡损失程度的一个重要参数。水淹时间以小时（h）为单位，通常分为6级：1级——$t \leq 1h$；2级——$1h < t \leq 4h$；3级——$4h < t \leq 12h$；4级——$12h < t \leq 24h$；5级——$24h < t \leq 48h$；6级——$t > 48h$。

7.1.4　泡水车的水损分析

泡水车的水损分析如表 7-1 所示。

表 7-1　泡水车的水损分析

水损程度等级	水淹时间 t（单位：h）	水淹高度	水损分析
1级	$t \leq 1$	制动盘和制动鼓下沿以上，车身地板以下，乘员仓未进水	可能受损的零部件主要是制动盘和制动鼓。损坏形式主要是生锈，生锈的程度主要取决于水淹时间的长短以及水质
2级	$1 < t \leq 4$	车身地板以上，乘员仓进水，而水面在驾驶员座椅坐垫以下	除1级损失外，还会造成以下损失： ①四轮轴承进水； ②全车悬架下部连接处因进水而生锈； ③ ABS 系统车轮转速传感器失准； ④地板进水后如果防腐层和油漆层本身有损伤就会造成锈蚀； ⑤部分控制模块水淹后会失效
3级	$4 < t \leq 12$	乘员仓进水，水面在驾驶员座椅坐垫面以上，仪表工作台以下	除2级损失外，还会造成以下损失： ①座椅潮湿和污染； ②部分内饰的潮湿和污染； ③真皮座椅和内饰损伤，桃木内饰板会分层开裂； ④车门电机进水； ⑤变速器、主减速器及差速器可能进水； ⑥部分控制模块被水淹； ⑦起动机被水淹
4级	$12 < t \leq 24$	乘员仓进水，水面至仪表工作台中部	除3级损失外，还可能造成以下损失： ①发动机进水； ②仪表台中部分音响控制设备、CD 机、空调控制面板受损； ③蓄电池放电、进水； ④大部分座椅及内饰被水淹； ⑤各种继电器、熔丝（保险丝）盒可能进水； ⑥大量控制模块被水淹

水损程度等级	水淹时间 t（单位：h）	水淹高度	水损分析
5 级	$24 < t \leqslant 48$	乘员仓进水，仪表工作台面以上，顶棚以下	除 4 级损失外，还可能造成以下损失： ①全部电器装置被水泡； ②发动机严重进水； ③离合器、变速器、后桥可能进水； ④绝大部分内饰被泡
6 级	$t > 48$	水面超过车顶，汽车被淹没顶部	汽车所有零部件都受到损失

7.1.5　泡水车的损失评估

（1）泡水车的损失率

① 水淹高度为 1 级时的损失评估。当汽车的水淹高度为 1 级时，通常情况下，无论制动盘和制动鼓的生锈程度如何，所采取的补救措施主要是四轮的保养。因此，当汽车的水淹高度为 1 级，水淹时间也为 1 级时，通常不计损失；水淹时间为 2 级或 2 级以上时，水淹时间对损失金额的影响也不大，损失率通常为 0.1％左右。

② 水淹高度为 2 级时的损失评估。当汽车的水淹高度为 2 级时，损失率通常为 0.5％～2.5％。

③ 水淹高度为 3 级时的损失评估。当汽车的水淹高度为 3 级时，损失率通常为 1.0％～5.0％。

④ 水淹高度为 4 级时的损失评估。当汽车的水淹高度为 4 级时，损失率通常为 3.0％～15.0％。

⑤ 水淹高度为 5 级时的损失评估。当汽车的水淹高度为 5 级时，损失率通常为 10.0％～30.0％。

⑥ 水淹高度为 6 级时的损失评估。当汽车的水淹高度为 6 级时，损失率通常为 25.0％～60.0％。

（2）泡水车损失的确定　确定水淹高度等级后，可参照等级损失率来确定车辆的损失。定损金额公式为：

$$定损金额 = 保险金额 \times 损失率$$

如：一辆保险金额为 10 万元的车辆发生了 4 级水淹损失，定损金额 =100000×（3.0％～15.0％）=3000～15000 元。

通过对车辆损失的确定，对于泡水二手车后续的维修费用能有一定的了解。

7.2 泡水车的鉴定

7.2.1 查看发动机舱鉴别泡水车

（1）查看发动机舱防火墙

① 发动机舱防火墙一般不会被动手脚（图 7-7）。因为这个位置的各个部件比较密集，而且平时也是密封的状态。但是，如果这个位置被水泡过，就有明显的水渍、泥沙或者锈蚀的痕迹。

② 由于发动机舱防火墙采用阻燃材料，所以非常容易吸附泥沙。若防火墙的阻燃材料吸附泥沙后，这时候用手去摸防火墙，能感觉出细小的摩擦感，或者拍一拍有灰尘扬起。

发动机舱防火墙

图 7-7　查看发动机舱防火墙

③ 扒开防火墙，可看到里面的隔音棉，如果出现图 7-8 中隔音棉的颜色不一致、金属部位出现锈蚀，说明该车是泡水车，水泡到过这个位置。

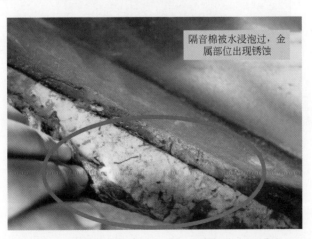

隔音棉被水浸泡过，金属部位出现锈蚀

图 7-8　隔音棉的颜色不一致、金属部位出现锈蚀

（2）**查看发动机舱内的线束**　泡水车一般采用高压清洗的办法，让它变得跟新车一样，但发动机舱内的线束（图7-9）是无法冲洗干净的。

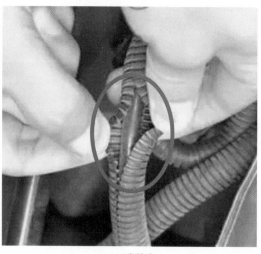
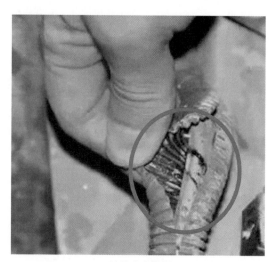

(a) 正常线束　　　　　　　　　　　　　(b) 泡水车线束

图7-9　查看发动机舱内的线束

（3）**查看熔丝盒（保险丝盒）**　查看熔丝盒内是否有水泡的痕迹（图7-10），例如有无水雾、泥沙，更严重的泡水车的熔丝盒内的继电器会普遍生锈。

观察发动机舱内的熔丝盒中是否有水渍或泥土，涉水深的车辆才会有这种情况出现，涉水浅时则不会超过此位置

熔丝盒

图7-10　查看熔丝盒内是否有水泡的痕迹

（4）**查看发动机舱内的螺栓**

① 查看发动机舱内的螺栓是否存在锈迹。发动机舱内如有带锈迹的螺栓，很有可能

是泡水车。

② 查看发动机舱内的螺栓是否被更换过。通常情况下泡水车有锈迹的螺栓都会被处理，但想要处理的话肯定是需要更换螺栓（图7-11），即便这个螺栓不是因为泡水而更换的，那大概率也是因为出现过交通事故，因此要考虑的就是这辆车是不是泡水车或者事故车。

一般情况下，泡水车发动机舱内的螺栓都会出现锈迹，如果发现发动机舱内的螺栓有被更换过，则要考虑这辆车可能是泡水车或者是事故车

图 7-11　查看发动机舱内的螺栓是否被更换过

（5）查看发动机缸体　雨水，尤其是海水多少都会对金属有腐蚀作用。泡水之后的发动机缸体部分，会有一层霉点（图7-12）。当然，不排除车辆长时间停放的地方潮湿多水，也会因铝件表面氧化产生这种现象。

泡水后，缸体表面会产生一层白蒙蒙的细密的霉点

图 7-12　检查发动机缸体

7.2.2 查看内饰鉴别泡水车

（1）闻车内的味道

① 从内饰检查，首先仔细闻一下车内的味道（图7-13），闻安全带的味道。因为泡水车的内饰就算经过全面清洗，依旧会有一股霉味，坐在车内仔细闻一下就能感受到。

② 空调出风口（图7-14）也是难以清洗干净的地方，仔细检查空调出风口边边角角的缝隙有没有泥沙残留（图7-15）。由于泡水后管线内部也很容易发霉，所以查验车辆的时候，打开空调，闻闻空调出风口有没有霉味吹出来。

③ 有些车主可能为了掩盖味道喷了大量香水，所以如果买车的时候遇到车内特别香的情况，一定要小心，可能是想拿香味掩盖掉腥味，但是仔细闻的话，还是能闻出来掺杂的土腥味。

泡水车的内饰即使经过全面清洗，仍然会有一股霉味，仔细闻就能感觉到

图7-13 闻车内的味道

打开空调，仔细闻空调出风口的味道。被水泡过的车辆，即使仔细清洗过，也是难以清洗干净的。所以在查验车辆的时候，可以闻空调出风口是否有霉味吹出来

图7-14 闻空调出风口的味道

图 7-15 空调出风口有泥沙残留

空调出风口有泥沙残留

(2) 查看座椅

① 查看座椅螺栓拆卸痕迹。车辆泡水后进行维修时，必然要拆卸座椅螺栓并对地毯清理修复，可查看座椅螺栓是否有拆卸痕迹（图 7-16），如果螺栓无缘无故有拆卸痕迹，那就要怀疑是不是泡水车。

座椅螺栓

图 7-16　查看座椅螺栓是否有拆卸痕迹

图 7-17 中的这辆泡水车，为了防止别人看出座椅螺栓有拆卸痕迹，用手喷漆把座椅螺栓喷涂后遮盖起来，仔细查看其实座椅的轨道都已经生锈了。

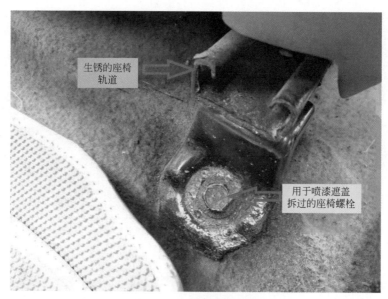

图 7-17　生锈的座椅轨道

　　② 检查座椅弹性。座椅里面一般都是海绵填充的，而海绵遇水之后，弹性会变得很差。而且整个手感也不一样。所以，只要用手大力按或者捏座椅边缘（图 7-18）就能辨别。

被水泡过的车辆，座椅的弹性会变得很差，手感也不太一样。辨别时，可以用手大力地按或者捏座椅的边缘，如果手感的弹性很差，就说明为泡水车的可能性增大

图 7-18　检查座椅边缘

　　③ 检查座椅底部。查看座椅底部的金属骨架是否有锈迹（图 7-19），主、副驾驶座椅进行前后调节，如果不能调节，说明座椅调节金属部件可能锈死。

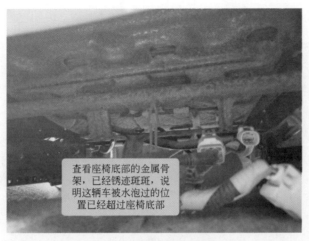

查看座椅底部的金属骨架，已经锈迹斑斑，说明这辆车被水泡过的位置已经超过座椅底部

图 7-19　生锈的座椅骨架

（3）查看地毯　　汽车在行驶时涉水，或者其他原因导致车内进水后，一定也会把车内的地毯浸泡弄湿，如果不及时地处理好，时间久了可能就会产生地毯发霉（图 7-20）、有异味的现象。

地毯发霉

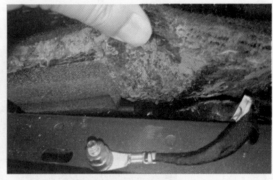

图 7-20　地毯发霉

（4）查看铁制品部件

① 车内也有很多铁制品的部件，检查一下铁制品的部件有没有生锈的情况（图 7-21）。

图 7-21　查看铁制品部件是否生锈

② 图 7-22 中的车辆转向管柱和制动踏板部位均已生锈，说明已经被水浸泡过。

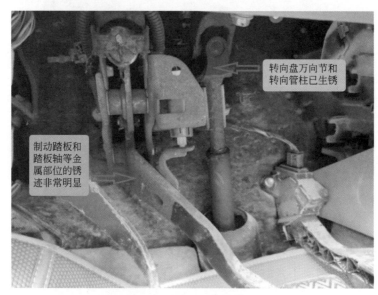

图 7-22　转向管柱和制动踏板部位均已生锈

（5）查看安全带　如果安全带泡过水，会有明显的水迹，并且会产生霉斑（图 7-23）。

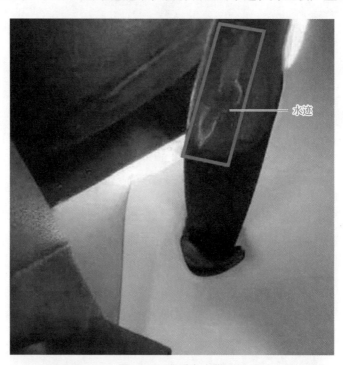

图 7-23　查看安全带

（6）查看中控台　对车内的电气设备进行试用，主要观察液晶屏的显示效果（图7-24），看是否有色斑出现，然后试一下所有按键是否有失灵的情况或者手感是否生涩和回弹无力，如果都发生，那通常就是泡水车。

图 7-24　观察液晶屏的显示效果

（7）查看安全气囊　现在车上基本都会配备安全气囊，正常情况下，打开点火开关不启动发动机时，行车电脑系统都会先行检查包括安全气囊在内的电控系统（即自检），仪表盘上的指示灯都会亮起，而安全气囊指示灯（图 7-25）会在系统自动检查完毕后自行熄灭。

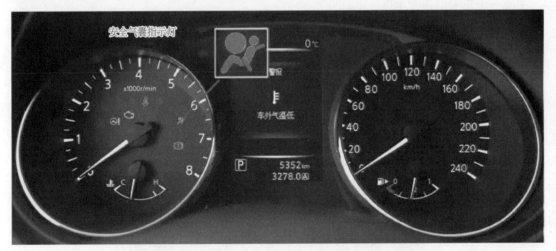

图 7-25　安全气囊指示灯

如果这时候发现安全气囊指示灯没亮（图 7-26）或是持续亮着那就表示安全气囊系统有问题，不是存在故障就是控制线路被拔掉了。安全气囊有问题一般由以下情况造成：

① 安全气囊系统自身有故障；

② 安全气囊泡水造成故障；

③ 安全气囊线路被拔掉了导致系统不工作；

④ 车辆发生过大的事故或碰撞造成安全气囊有故障。

在打开点火开关不启动发动机时，观察到仪表盘上的安全气囊指示灯不亮，就要提高警惕了

图7-26　安全气囊指示灯没亮

当检查车辆时，如果是打开点火开关不启动发动机时，安全气囊指示灯不熄灭而是在发动机启动后才跟其他的指示灯一起熄灭的话，那就代表安全气囊指示灯被人为地将之与其他指示灯串联在一起了。安全气囊指示灯出现这种情况时，对该车的车况就要提高警惕了。

一般人之所以不选择将泡水的车辆修复，主因就是要恢复原来车况所需付出的成本有时不如买台新车，所以才会将泡水车低价卖给二手车行。二手车行则为了赚钱，当然不可能更换如安全气囊等高单价的组件（除特殊情况外），因此，安全气囊指示灯就成了检查二手车一个重要的参考依据。

7.2.3　查看行李厢鉴别泡水车

检查行李厢的备胎、随车工具及行李厢底板的新旧程度。如果备胎和修车工具没有用过，应该都是很新的状态。

（1）检查行李厢的备胎　如果备胎轮毂有霉斑、生锈（图7-27）的情况，那证明该车行李厢曾有积水，很可能就是泡水车。

图7-27　备胎轮毂有生锈的情况

（2）检查行李厢的随车工具　随车工具除非紧急情况，否则很难用到，加之是购车赠送的，所以大多数车辆的随车工具都较为简陋，不做防锈处理，所以扳手、旋具等一经水泡就会生锈（图7-28），而且一般车主都懒得处理。

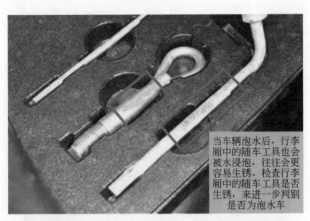

当车辆泡水后，行李厢中的随车工具也会被水浸泡，往往会更容易生锈。检查行李厢中的随车工具是否生锈，来进一步判别是否为泡水车

图7-28　检查行李厢的随车工具是否生锈

（3）检查行李厢底板　泡水车行李厢底板的接缝处一般都会残留泥污、水渍，不是不做处理，是因为真的很难处理。

7.2.4　查看底盘鉴别泡水车

用举升机将车辆举起来，直接观察底盘的锈蚀情况。

（1）查看"发霉"的情况　先仔细查看发动机油底壳、变速器油底壳等，这些铝制部件是否有类似的"发霉"的情况。如果有，就能说明该车被泡过水。

（2）查看排气管的锈蚀情况　一般车辆经过长时间使用，会经过雨水、雪水、污水等的侵蚀，排气管有轻微锈蚀或者泛红是正常的现象。若严重了，说明该车有被泡过水的可能。

（3）查看固定螺栓等的锈蚀现象　底盘一般会做防锈保护，但是如果被水泡过，那么悬挂组件、排气管等的固定螺栓以及制动挡板等零部件还是会发生严重的锈蚀现象（图7-29）。

生锈

图7-29　查看底盘

7.2.5 查看前后灯具鉴别泡水车

（1）查看车灯　车灯是检查泡水车比较好的一个判断部件。泡水之后车辆的灯罩和车灯内的银色灯碗就会泛黄（图7-30）。而一般车泡水之后，车主要卖车也不会把车灯全套换了再卖，所以用这个方式检查判断还是比较准确的。

查看前后车灯灯罩是否有被水泡过而泛黄的痕迹。观察前后灯组的新旧程度，应当与车龄相符

图7-30　车灯灯罩泛黄

查看所有的车灯有无一样的水雾凝结在灯罩处。如果只有个别的灯有水雾，不能完全判断该车就是泡水车，有可能是因为拆装过导致密封不严，有雨水渗漏。但如果所有的车灯均有水雾，那么就可以将此作为该车是泡水车的判断依据。

（2）查看雾灯　雾灯进水之后，看起来还是比较明显的，会有一层水雾出现（图7-31）。一般卖车的人觉得只要雾灯还能亮，就没什么问题。但是如果买车的时候，就要注意这点了。如果查看雾灯的时候，发现雾灯有水雾现象，该车很有可能是泡水车。

在查看雾灯时，如果看到有一层水雾出现，说明该车的雾灯进水了

图7-31　雾灯进水

 小/提/示

　　由于雾灯位置普遍较低，有些车辆过涉水路段时，雾灯也可能会进水。因此，查看雾灯是否进水，也只是一种参考手段，应对全车的整体情况综合进行分析。

第8章

火烧车与调表车的鉴定

8.1

火烧车的鉴定

8.1.1　汽车火灾的分类

8.1.1.1　汽车火灾按对车辆损坏程度分类

火灾对车辆损坏一般分为整体燃烧和局部燃烧。

（1）整体燃烧　整体燃烧（图8-1）是指发动机舱内线路、电器、发动机附件、仪表台、内装饰件、座椅烧损，机械件壳体烧熔变形，车体金属件（钣金件）脱碳（材质内部结构发生变化），表面漆层大面积烧损。该情况下的汽车损坏通常非常严重（图8-2）。

图 8-1　整体燃烧

图 8-2　火灾后的车辆

（2）局部燃烧　局部燃烧分 2 种情况。

① 发动机的机舱着火（图 8-3），造成发动机前部线路、发动机附件、部分电器、塑料件烧损（图 8-4）。

图 8-3　发动机的机舱着火

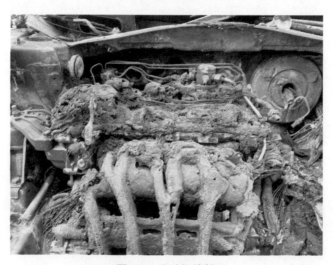

图 8-4　发动机烧损

② 轿壳或驾驶室着火，造成仪表台（图8-5）、部分电器、装饰件烧损。

图 8-5　仪表台及装饰件烧损

8.1.1.2　汽车火灾按起火的原因分类

按照起火的原因，汽车火灾可分为自燃、引燃、碰撞起火、雷击和爆炸 5 种类型。

（1）自燃　自燃是指在没有外界火源的情况下，由本车电气系统、线路、供油系统、机械系统等车辆自身故障或所载货物导致的起火燃烧。

① 供油系统。严重的汽车自燃一般都是供油系统出现问题，燃油的泄漏可以说是引发严重汽车自燃的罪魁祸首，油箱中泄漏出来的汽油是汽车上最可怕的助燃物（图8-6）。漏油点大多集中在管件接头处、油管与车身易摩擦处、油管固定部位与非固定部位的结合处等薄弱地方。

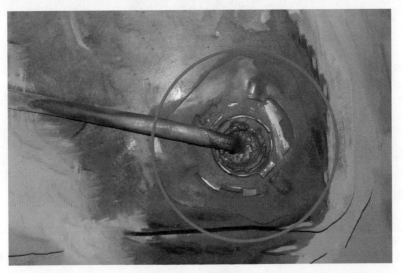

图 8-6　油箱漏油

　　无论是行进中还是停驶，汽车上都可能存在火源，如点火系产生的高压电火花、蓄电池外部短路时产生的高温电弧、排气管排出的高温废气或喷出的积炭火星等，当泄漏的燃油遇到了火花，就会造成火灾。

　　② 电气系统。电气系统引起火灾的原因有高压漏电、低压短路、接触电阻过大、点火顺序错乱、加大了熔丝（保险丝）的容量等。

　　◆ 高压漏电。发动机工作时，点火线圈自身温度很高，有可能使高压线绝缘老化、龟裂，导致高压漏电。由于高压漏电是对准某一特定部件持续进行的，必然引发漏电处的温度升高，若遭遇油泥等可燃物就会引发火灾。定期清洁发动机可有效预防此类火灾发生。

　　◆ 低压短路。低压线路老化、过载或磨损搭铁漏电是引发汽车自燃事故的另一主要原因。由于搭铁处会产生大量的热能，如果与易燃物接触，会导致起火。

　　私自改装线路导致个别线路用电负荷加大（图8-7），如加装高档音响，增加通信设备，加装电动门窗，添加空调等，如未对整车线路布置进行分析及功率复核，火灾在所难免。据统计数据显示，因随意改装汽车电路而引发的车辆自燃火灾占60%。

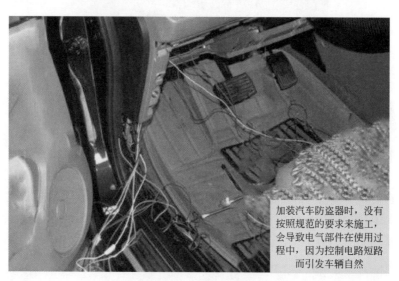

加装汽车防盗器时，没有按照规范的要求来施工，会导致电气部件在使用过程中，因为控制电路短路而引发车辆自然

图8-7　私自改装线路

　　◆ 接触电阻过大。电路接点不牢或触点式开关接触电阻过大等，会使局部电阻加大，长时间大电流通电时发热引起可燃材料起火，蓄电池火线与起动机的连接螺钉松动，极易发生发动机火灾。

　　◆ 点火顺序错乱。点火提前角过早过晚或者点火顺序错乱会造成车辆加速无力，如急剧加油则会出现回火、放炮现象，有时会造成汽车火灾。

　　◆ 加大熔丝容量。在汽车电路维修中，有随意加大熔丝容量的现象（图8-8），更有甚者用铜线代替熔丝，看似简单的问题，有时会酿成大祸。由于熔丝无法断开，电路短路引发火灾，在所难免。

　　③ 其他。

　　◆ 排气管上的三元催化转化器温度很高，且安装位置较低。如果停车时恰巧将其停在秸秆等易燃物附近，可能会引燃可燃物。

随意加大熔丝的容量，当控制电路出现短路故障时，由于熔丝不能及时熔断，会引发火灾

图 8-8　随意加大熔丝容量

◆ 夏季时，如果驾驶人将汽车长时间地停放在太阳下曝晒，习惯性放置在车内前窗玻璃下的看似普通的物品，如一次性打火机、香水、老花眼镜、水晶饰品等（图 8-9），都有可能成为火灾元凶，很容易因曝晒起火或爆炸，从而引发车辆自燃。

不能将打火机放在仪表台上

放置香水可能带来火灾隐患

不能放置老花镜

图 8-9　容易因曝晒起火的物品

（2）**引燃**　引燃是指汽车被其自身以外的火源引发的燃烧。建筑物起火引燃、周边可燃物起火引燃、其他车辆起火引燃、被人为纵火烧毁等，都属于汽车被引燃的范畴。

（3）**碰撞起火**　当汽车发生追尾或迎面撞击时，由于基本不具备起火的条件，一般情况下不会起火。只有当撞击后导致易燃物（如汽油）泄漏且与火源接触时，才会导致起火。

（4）**雷击**　在雷雨天气里，露天停放的汽车有可能遭遇雷击。由于雷击的电压非常高，完全可以将正在流着雨水的车体与地面之间构成回路，从而将汽车上的某些电气设备击穿（如车用电脑），严重者可以引起汽车起火。

（5）**爆炸**　车内违规搭载的爆炸物品（如雷管、炸药、鞭炮）极易引发爆炸及火灾。

8.1.2　火烧车的鉴定方法

在二手车市场中的火烧车是指车辆局部区域被火烧过，之后火苗被熄灭，这样的车还有维修价值，不用直接报废，经过翻新之后又流入二手车市场的车辆。在购买二手车时，需要注意鉴别火烧车，千万不能买到火烧车。

⊕ 小/提/示

其实火烧车相对而言还是很少的，流入市场的就更少了，很多二手车商收了上百台车都看不到一辆经过火烧的车。

8.1.2.1　检查外观

（1）**观察油漆**　检查车身外观，检查发动机舱盖、车门和前后翼子板的外表面是否有油漆起伏痕迹，车身油漆颜色和光泽是否均匀（图8-10），周边胶条是否粘有油漆，相关部位是否有烧黑现象。

(a) 车身油漆颜色和光泽均匀

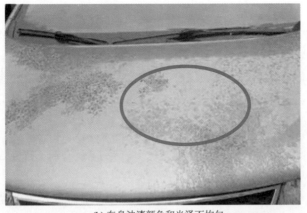

(b) 车身油漆颜色和光泽不均匀

图 8-10　观察车身油漆颜色和光泽是否均匀

（2）查看车辆车门柱　把车辆车门柱的胶条扒开，从内侧向外侧观察车门柱（图8-11），如果看到车门柱表面有大面积的熏黑痕迹，需要注意这可能是火烧的痕迹。

图 8-11　查看车门柱

8.1.2.2 闻气味

进入驾驶室内后，感觉有无刺鼻气味，是否有烧焦的味道。如果内饰有过火烧，车内的气味很难清除干净。

感觉车内是不是有浓烈香水的味道，过多的香水味可能是为了掩盖火烧事故留下的焦味。

8.1.2.3 检查发动机舱

汽车火灾发生时多数是从发动机舱内开始的，所以在鉴别火烧车时要重点检查发动机舱，对于发动机舱内部的检查可从以下几方面着手。

（1）检查熔丝盒和继电器盒 检查发动机舱内的熔丝盒和继电器盒是否有更换或火烧烟熏的痕迹（图8-12）。如果有大面积的烧蚀痕迹，就需要注意，这很可能就是着火的痕迹。

图 8-12　发动机舱内的熔丝盒和继电器盒

（2）检查线束 车辆的自燃多数是由线路老化导致的，发动机舱是车辆线路最密集的地方，发生火烧之后，这些线束和熔丝一定会过火（图8-13）。如果发现线束更换过，可能是着火损坏后重新更换的，检查线束接口部位和新线束是否一致，有没有瘤状、熏黑的痕迹。

图 8-13　检查线束

（3）检查防火墙　　防火墙位于发动机和驾驶舱之间，一般严密包裹了一层隔音/隔热棉（图 8-14）。检查发动机舱时，需要检查防火墙有无火烧或熏黑痕迹（图 8-15）。

图 8-14　隔音/隔热棉

图 8-15　防火墙有火烧、熏黑痕迹

（4）检查发动机进、排气歧管　　如果发动机进气歧管（图 8-16）、排气歧管有烧蚀的痕迹也需要注意，可能是火烧留下的。

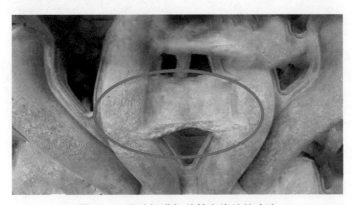

图 8-16　发动机进气歧管有烧蚀的痕迹

（5）**检查发动机舱盖** 在发动机舱盖（图 8-17）的内部如果发现有大面积的烧蚀痕迹，就需要注意，或者原车有隔音棉现在没有了，都可能是发动机舱盖内着火引发的。

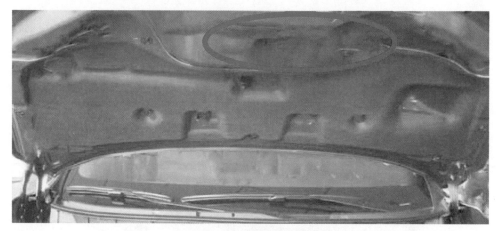

图 8-17　发动机舱盖

（6）**查看发动机舱角落** 检查发动机舱各角落处，是否有烟火熏黑或是残留灭火器粉末（图 8-18）的现象。

图 8-18　残留灭火器粉末

8.1.2.4　检查内饰

检查内饰、地毯有没有过火痕迹，漆面是否完好，座椅有无火烧痕迹（图 8-19）。

图 8-19　检查座椅有无火烧痕迹

8.2

调表车的鉴定

　　调表车，是指汽车的里程表（图 8-20）显示的里程数值被人为调低后出售的二手车。调过表的二手车（图 8-21）主要是可以卖个好价钱，而且车辆在正常使用中也不会影响各个功能。但是对于消费者来说，花了更多的钱却买了一辆实际行驶里程多的车，无疑是吃亏上当了。虽然调表车的危害程度和事故车、泡水车、火烧车相比，显得小之又小，但是同样花钱买二手车，谁愿意买辆调表车呢？而且一般情况下，随着里程数的增加，汽车的使用寿命会缩短，车况也会越来越差，故障率也会大大提高。

图 8-20　汽车的里程表

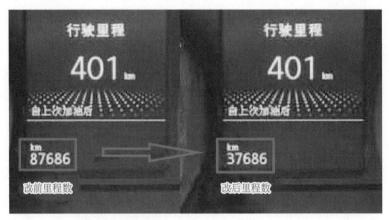

图 8-21 调过表的二手车

8.2.1 查询维修保养记录

8.2.1.1 查询 4S 店记录

辨别车辆是不是调过表，最直接的办法就是查询一下这辆车的维修保养记录（图 8-22）。举一个简单的例子：如果这辆车的维修保养记录里显示最大里程数超过了 15 万公里，而现在表显里程只有不到 6 万公里，那这辆车肯定是调表了。

No.	编号	车牌代号	维修日期	维修方式	公里数
1	201608030009		2019-09-02	异常维修	
2	201608030008		2019-05-23	正常保养	公里数101800
3	201608030001		2019-01-06	正常保养	
4	201608030011		2018-09-23	正常保养	公里数84600
5	201608030010		2018-05-23	正常保养	公里数62300
6	201608030016		2018-01-26	异常维修	
7	201608030014		2017-06-12	正常保养	公里数48260
8	201608030013		2017-03-25	异常维修	
9	201608030012		2016-08-04	异常维修	
10	201608030015		2016-01-25	正常保养	公里数35275

图 8-22 维修保养记录

查记录的方式也有很多，有许多专门的网站或者直接去 4S 店都可以查询到。现在市面上有很多可以付费查询 4S 记录的软件，每查一次也就十几二十块钱，常见的软件有查博士、车鉴定、车 300 等。而且这些软件还可以查到车辆所有的出险记录，同样也是需要付费的。

8.2.1.2 读取变速器 ECU（电脑）数据

对于自动挡的车辆，一般可以通过车载 OBD 接口读取变速器 ECU 的数据（图 8-23）

来查看车辆行驶的实际里程数。用该里程数与仪表中的里程表显示的里程数进行对比，从而来判断车辆是否调过表。

图 8-23　读取变速器 ECU 的数据

 小 / 提 / 示

　　现在也有少数手动挡车型，可以通过车载 OBD 接口读取变速器 ECU 的数据来查看车辆实际里程数了。

8.2.2　查看内饰

　　查看驾驶室内的转向盘、车窗玻璃按键、中控按键、门饰板按键、变速杆、驻车制动杆、脚踏板、座椅等，看这些部位是否磨损严重。一般正常使用的私家车，在 10 万公里内车内上述部件都不会有明显的磨损。如果这几个部位磨损严重，而里程表显示的实际里程数却不高，那么这台车十有八九应该是调过表了。

 小 / 提 / 示

　　查看这些部位的时候，要综合判断，全部情况结合在一起，不能单看一个部位。

　　一般情况下，内饰同时出现三个以上部位异常磨损，那么该车的行驶里程已经很高了。

8.2.2.1　检查转向盘

　　如果转向盘出现包浆、真皮脱落（图 8-24），行驶里程一般在 10 万公里以上。

图 8-24　查看转向盘

8.2.2.2　检查车窗玻璃按键

车窗玻璃按键（图 8-25）等日常使用频率较高，若按键或周边区域磨损严重，包括掉字、出现油光等现象，都很有可能说明这辆车已经行驶很多里程了。

小 / 提 / 示

观察时，也要参考车辆本身的材质。一般质量较好的车，行驶 5 年左右时，车内的按键是不会出现明显磨损的。

图 8-25　检查车窗玻璃按键

8.2.2.3　检查座椅

　　一般来说，使用时间较长车辆的座椅边缘处，都会出现一定程度的褶皱老化磨损（图 8-26）等，即使安装有座套，也可通过查看座椅的使用程度来判断这辆车的里程。如果坐上去感觉座椅塌陷较明显（图 8-27），则很可能这辆车的里程较长了。

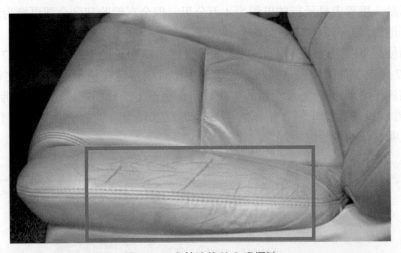

图 8-26　座椅边缘处出现褶皱

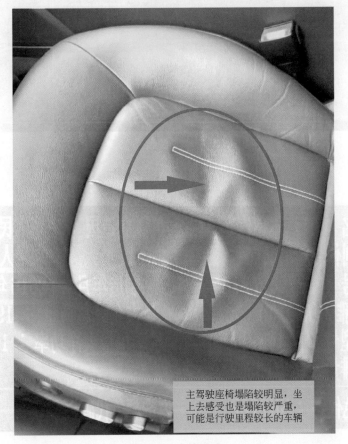

主驾驶座椅塌陷较明显，坐上去感受也是塌陷较严重，可能是行驶里程较长的车辆

图 8-27　座椅塌陷

8.2.3 查看轮胎、制动盘

8.2.3.1 查看轮胎

轮胎一般使用的行驶里程为 8 万～ 10 万公里，使用年限为 4 ～ 6 年。如果一辆车只有 2 年的车龄，里程表显示行驶里程为 4 万公里，但全车轮胎却已全部更换为新的，再结合内饰及其他因素，可以判定该车应为调表车。

轮胎的使用年限可以根据轮胎的生产日期（图 8-28 中轮胎生产日期为 2017 年第 10 周，也就是 2017 年的 3 月上旬）来判断，轮胎的生产日期肯定在整车生产日期之前，车辆出厂日期看铭牌（图 8-29）。如果轮胎的生产日期在整车生产日期之后，说明轮胎已更换过。图 8-28 和图 8-29 所示的车辆，整车的生产日期为 2016 年 3 月，轮胎的生产日期为 2017 年 3 月，说明该车的轮胎更换过。

生产日期

图 8-28　轮胎的生产日期

生产厂名：广汽本田汽车有限公司	制造国：中华人民共和国
车辆识别代号：■■■■■■■■■	乘坐人数：5
整车型号：HG7242ABC5A	制造年月：2016 年 03 月
品牌：雅阁(ACCORD)	最大允许总质量：1970kg
发动机型号：K24W5	发动机最大净功率：137 kW
发动机排量：2.356L	
外观颜色代码：NH776P	内饰颜色代码：D

图 8-29　车辆铭牌

8.2.3.2 查看制动盘和制动摩擦片

一辆车的制动盘（图 8-30）一般行驶里程 10 万公里左右无须更换。如果所查看的二手车使用了 6 年以上，制动盘却很新，说明这辆车的制动盘很可能已经更换过。可结合内饰及其他因素，判断应为调表车。

制动盘

图 8-30　查看制动盘

也可查看制动摩擦片，原厂制动摩擦片一般情况都带有品牌标识。如果看到的制动摩擦片没有原厂品牌标识，可注意查看制动摩擦片的厚度（图 8-31）。如果制动摩擦片较新且磨损较少，则可能是新更换过的制动摩擦片（新、旧制动摩擦片对比如图 8-32 所示）。可结合内饰及其他因素来综合判断。

制动摩擦片

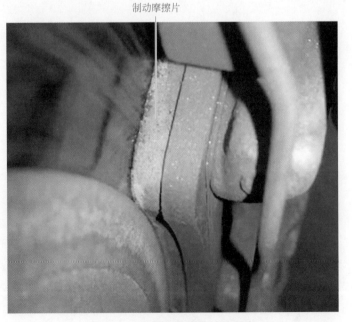

图 8-31　查看制动摩擦片的厚度

新制动摩擦片

旧制动摩擦片

图 8-32　新、旧制动摩擦片对比

第9章

豪华二手车的鉴定

9.1

豪华车简介

豪华车是英文 Luxury Cars 或 Limousine 的直译，通常指 D 级车。D 级车轴距一般在 3000mm 以上，发动机排量大于 3.0L。

比较常见的 D 级豪华车有：奔驰 S 级、宝马 7 系、奥迪 A8、雷克萨斯 LS、捷豹 XJ 等等。而超级豪华车系列，价格应该在 200 万元以上，例如奔驰 S65 AMG、宝马 760、奥迪 A8L W12、迈巴赫齐柏林、劳斯莱斯幻影。但现在豪华车的具体概念已越来越模糊，很多人认为只要是豪华品牌生产的车型就是豪华车。

豪华车属于奢侈品牌，一般符合三个标准：第一，品牌有悠久的历史；第二，有足够多的影响汽车工业历史的发明和创新；第三，有足够庞大的高端用户群体来支持销售和社会声誉。

9.1.1 豪华车基本特点

（1）有足够的车身尺寸　车辆的轴距必须在 2.5m 以上，而车辆总长至少要 4.5m，宽度至少在 1.7m。

（2）装备功率强劲的发动机　豪华轿车一般采用 6 缸发动机，但如果要使近 2t 重的庞然大物动如脱兔，还需 8 缸以上发动机才能胜任，发动机功率至少在 110kW。

（3）有完善的安全设施　豪华轿车对安全设施有更高的要求，不仅要装备制动防抱死装置、牵引力控制系统和安全气囊等被动安全设施，还要设计出适当的防撞缓冲区。车内每一个细节在设计时都要把安全放在首位，采用有夹层的安全玻璃或使用防弹玻璃；车门在碰撞时必须保证足够的强度，事故发生后，必须能轻易开启。

（4）有完善的内部装置　一般应包括电动车窗、双层隔热天窗、具有防盗功能的门锁、真皮内饰，还要配备具有自动调整和记忆功能的电动座椅、转向盘和后视镜以及电视、车载电话、导航装置、高保真数码音响。

> 🛞 小 / 提 / 示
>
> 　　判断一种车型是否为豪华车，对汽车的尺寸及发动机功率、价格并没有严格的规定。判断豪华车的依据一般是车型的总体配置。

9.1.2　豪华车的分类

（1）按车辆类型分类　分为轿车和跑车。

① 轿车。这种极其宽大、装饰豪华的轿车，贵族气十足，如劳斯莱斯、宾利等都属于这个类型。

② 跑车。英语中叫 coupe，其实不是真正在跑道上的赛车，而是具有特别大功率、特别好的机械和空气动力性能的轿车，应将其翻译为"轿跑车"。著名的跑车品牌包括阿斯顿·马丁、迈凯伦、法拉利、兰博基尼、布加迪等。

（2）按豪华程度分类　分为一线豪华品牌、二线豪华品牌、超豪华品牌。

① 一线豪华车品牌有：奔驰 S 级、宝马 7 系、奥迪 A8。

② 二线豪华车品牌有：沃尔沃、雷克萨斯、英菲尼迪、讴歌、凯迪拉克、捷豹、路虎等。

③ 超豪华汽车品牌有：劳斯莱斯、玛莎拉蒂、保时捷、宾利、迈巴赫等。

9.1.3　典型车型介绍

9.1.3.1　奔驰 S 级

奔驰 S 级轿车（图 9-1）是德国戴姆勒集团旗下品牌梅赛德斯 - 奔驰推出的豪华车。其上承梅赛德斯 - 奔驰百多年来的精湛造车艺术，下启源源不绝的科技革新，在安全性、汽车工程和环境保护方面，具备三十多种先进的增强性设备，是令人信赖的优秀座驾。

（1）动力性

① 汽油发动机。S 级轿车搭载了燃油消耗经过优化的汽油发动机，从而实现了超凡驾驶乐趣与环境保护的结合。创新的梅赛德斯 - 奔驰发动机技术在极大提升功率输出的同时，显著降低了二氧化碳排放量和燃油消耗量。奔驰 S 级轿车车型与发动机的特点如表 9-1 所示。

② 七速自动变速器。6 缸和 8 缸发动机均标准配备梅赛德斯 - 奔驰七速自动变速器。七速自动变速器可通过转向盘上的直接选挡换挡杆进行控制。借助 7 个前进挡，七速自动变速器 （7G-TRONIC）确保每次都能达到最适宜的转速，从而降低燃油消耗量。可使用转向盘换挡拨片操作手动换挡机构。

图 9-1 奔驰 S 级轿车

表 9-1 奔驰 S 级轿车车型与发动机的特点

车型	发动机型式	发动机特点
S250、S300、S350、S400	V6	发动机采用轻质材料设计而成，每缸四个气门，并配有可调凸轮轴。S350 峰值扭矩为 350N·m，最大输出功率为 200kW
S450、S500、S550	V8	发动机采用轻质材料（例如用于赛车的镁金属）、优化的气流条件和每缸四气门的结构，降低了燃油消耗和排放量。S500 的最大扭矩为 530N·m，最大输出功率达 285kW
S600	V12	V12 发动机采用 60° V 型结构，双涡轮增压器，在转速低于 2000r/min 时便可达到 830N·m 的峰值扭矩。从静止加速到 100km/h 仅需 4.6s，最大输出功率可达 380kW

③ 底盘和悬挂。借助标准配备的空气悬挂系统，以及带有横风稳定功能的主动车身控制，可以迅速调节底盘和悬挂设定，使其适合当前路况，从而大大提高了车辆的舒适性和灵活性。

④ 主动车身控制（标准配备于 S600）。该系统使用微处理器控制的悬挂支柱补偿车身的升降、颠簸和摇晃，确保了在所有状况下优异的道路行驶安全性、灵活性和运动感，从而实现了超凡的驾驶乐趣。横风稳定功能不仅能够通过分配车轮负载补偿横向风效果，而且还有助于保持车辆的行驶方向稳定性，即使是暴风雨天气也是如此。

⑤ 全时四轮驱动。全时四驱配备在 S350 及 S500 车型。全时四轮驱动以 45%～55% 的固定比率向前后轴分配发动机动力——相当于 100% 的牵引力。自动制动脉冲不仅方便了在湿滑路面上的起步，也提高了在紧急操作时的稳定性。

（2）舒适性

① 照明。S 级轿车配备了复式氙气大灯。尾灯、转向灯，甚至内饰照明等均采用 LED 光源。

② 多媒体。除标准配备的 USB、蓝牙和 SD 卡接口外，分屏显示、Harman Kardon

Logic7 环绕立体声系统和后排座椅娱乐系统组件也为驾驶者及每位乘客提供出色的娱乐功能。

③ 辅助系统。众多辅助系统如驻车引导系统等有助于增强驾乘舒适性，使 S 级轿车驾驶者的生活更加轻松愉悦。

④ 空调控制系统。S 级轿车理想的车内气候环境增强了驾乘舒适性，包括 4 个气候分区，其中后部气候分区可独立调节。借助自动空调控制系统，驾驶者和前排乘客可独立调节各自座椅位置的温度，以满足各自的需求。

⑤ 座椅。S 级轿车内的座椅在人体工程学设计、舒适性和安全性方面均符合最新要求。

(3) 安全性

① 注意力警示系统。疲劳警告系统特别有助于长途旅行。在 80 ～ 180km/h 之间的车速范围内，该系统一旦测知驾驶者疲倦或走神便会马上发出警示。

② 自适应远光灯辅助功能。自适应远光灯辅助功能在夜晚为驾驶者提供清晰的视野，使其不受对面来车发出的眩光或前方车辆的影响。

自动平稳地增强或减弱大灯光束——不用手动干预。从远光到近光的转换是无缝衔接的，驾驶者感觉不到照明有任何突变。

③ 夜视辅助系统增强版。该系统的红外摄像头将检测到的人以极其醒目的方式显示在仪表盘的屏幕中，以便驾驶者在黄昏、黎明或黑暗等特殊环境中判断道路情况，并迅速做出反应。

④ 安全系统。预防性驾驶者及乘客保护系统能够提前检测到某些紧急驾驶状况，并启用相应预防措施。

9.1.3.2 宝马 7 系

宝马 7 系（图 9-2）是宝马公司顶级的豪华轿车系列，车身形式为 4 门轿车，驱动形式为前置后驱。宝马 7 系是宝马汽车的旗舰车型，而且只有轿车形式。宝马 7 系拥有众多先进和精良的技术装备，自 1977 年第一代推出以来，每一次更新换代都是超越的进化，为设计、动力和创新建立了新标准，将纯粹的驾驶乐趣和舒适的乘坐享受融于一身。

图 9-2 宝马 7 系

2019 年 5 月 24 日，新款宝马 7 系正式上市。此次新 7 系共推出了 6 款升级车型，匹配四种动力。2022 年 4 月，全新宝马 7 系在北京全球首发。这是宝马集团在中国市场推出的第 5 款纯电动产品，也是宝马集团纯电动产品阵容旗舰。宝马 7 系历代车型如下。

（1）E23（1977—1986 年）　1977 年 5 月，宝马推出了第一代 7 系，车厂代号 E23。这是宝马生产的第一款大型豪华四门轿车，共有 728、730 和 733i 三种型号，并且 733i 采用了先进的燃油喷射系统，搭载直列六缸发动机。1980 年开始的 7 系配备电动锁、电动窗和带色玻璃，735i 更是配备了车头大灯自动清洗和擦拭功能。1981 年，五速手动变速器代替四速变速器成为标准配置。同时，提供了 ABS 选装件。

（2）E32（1987—1994 年）　730i 搭配 3.0L 发动机，735i 搭配 3.5L 直六发动机，750i 搭配新的 5.0L 300 马力 V12 发动机。

（3）E38（1995—2001 年）　采用 V8、V12 发动机，五速手动和自动变速器。V12 的排量增加到 5.4L，输出功率增加到 243kW。采用了全新的驾驶稳定系统，除了防抱死制动系统，八缸发动机版还可选装 ASC 主动稳定控制系统。750i 的 ESP 是标准配置。此外，还配有带导航系统的设备，其彩色显示器也可以显示其他功能。八个安全气囊和一个轮胎压力监测系统是标准配置。

（4）E65/E66（2002—2008 年）　该系列最大的特点就是装配了宝马第 1 代的 "iDrive" 系统，增加了位于传统轿车换挡杆位置的旋钮控制器和仪表板中部的一个 LCD 显示屏。这个旋钮可以控制显示屏上的多级菜单，对 8 个主菜单下数百个功能进行选控。新开发的具有连续可变气门正时（双 VANOS）和可变气门升程（VALVETRONIC）的八缸发动机在宝马 735i 和宝马 745i 车型中首次亮相。传动系统采用世界上第一个标准六速自动变速器。宝马 760i 的 6.0L 十二缸发动机，最大输出功率达 327kW，最大扭矩 600N·m。采用了铝制底盘、电子减振器。

（5）F01/F02（2008—2015 年）　该系的动力系统相当强大。双涡轮增压 3.0L 直六引擎是 740i 的标准配置，而柴油版的 730d 则配备的是涡轮增压 3L 直六柴油机。百公里加速时间为 7.2s，最大速度为 243km/h。动力更为强大的 750i 则配备了与 X6 xDrive50i 相同的 4.4L V8 双涡轮增压发动机。混合动力车型由八缸发动机和电动机组成。

（6）G11（2015—2022 年）　大量采用碳纤维增强复合材料（CFRP），使车身更轻。宝马 740e 车型中的插电混合动力系统、手势控制、Executive Drive Pro 主动悬架系统、带自适应模式的驾驶体验开关和激光大灯、具备按摩功能的座椅，提升了这款行政豪华轿车的舒适性。驾驶员辅助系统包括转向和车道引导助手和远程控制停车。最强车型为宝马 M760Li xDrive，搭载 6.6L V12 双涡轮增压发动机，最大输出功率为 454kW。还有三种插电混合动力车型。

9.1.3.3　奥迪 A8

奥迪 A8（图 9-3）率先使用了全铝车身，不仅坚固耐用，而且减轻了车身重量，为汽车带来更加强劲的性能表现。

奥迪 A8 有 4 个排量 14 款车型可选，分别是：装备了 2.8FSI、2.5L V6 FSI 直喷发动机的两款车型；装备 3.0L V6 TFSI 机械增压直喷发动机，配有两种不同功率可选的 7 款车型；装备 4.0L V8 TFSI 涡轮增压直喷发动机的 3 款车型和装备顶级 6.3L W12 FSI 发动机的两款车型。奥迪 A8 配置的亮点如下。

图 9-3　奥迪 A8

（1）全铝车身框架结构　在轻量化铝质结构领域中，奥迪是开拓者和技术领先者。

（2）自适应性空气悬架　带有连续可变阻尼控制的四角形空气悬架系统，彻底解决了豪华汽车卓越操控特性与悬架舒适性之间一直存在的矛盾冲突。

（3）自适应灯光及日间行车灯　首次结合了 LED 日间行车灯，不仅增添了轿车外观的独特性，而且能够有效地提高安全性。LED 日间行车灯在点火时自动开启。

（4）更安静的座舱　采用了更为隔音的发动机舱盖、前风挡玻璃和优化风噪的轮眉，在不增加车身重量的情况下，新奥迪 A8L 的发动机运转噪声、道路噪声和环境噪声水平在同级别车型中都达到了最低。

（5）个性化内饰包　配备高品质皮饰、别具风格木饰的个性化内饰包，满足用户不断增加的个性化需求。

（6）陶瓷制动盘　陶瓷制动盘能有效避免热衰退，并可连续使用 30 万公里，相当于钢制动盘的 4 倍。它比钢制动盘片轻了 50%，让车辆的操纵更为灵活。

9.1.3.4　雷克萨斯 LS

雷克萨斯 LS（图 9-4）是雷克萨斯仅有的 D 级车，将舒适性、强劲动力、出色的操控及安全性做到了完美无缺的融合。其大气而流畅的外观造型、内部的诸多人性化配备将雷克萨斯 L-finesse 先进、优雅、低调的设计理念诠释得淋漓尽致。

图 9-4　雷克萨斯 LS

雷克萨斯 LS 搭载的是 8GR-FXS 发动机，排气量 3456mL。新 LS 对底盘悬架系统的升级，同样旨在全面提升驾乘舒适性。适应式可调悬架系统 AVS 搭配全新研发的控制阀，有助于降低减振器阻尼力，且拓展了阻尼可变范围。同时亏气保用轮胎刚性调整，让驾乘舒适性进一步提升。

9.1.3.5 捷豹 XJ

捷豹 XJ（图 9-5）是捷豹旗下的豪华轿车，捷豹 XJ 系列始于 1968 年，至今已历经 11 代产品。XJ 采用了具有宽阔腰线及短捷有力的车尾，比例紧凑，倾斜的前风挡玻璃和后窗玻璃为 XJ 增添了运动气息，和谐而纯正；XJ 的内饰做工出色，突出了驾乘舒适性；后排头部和腿部有充足的活动空间。

图 9-5　捷豹 XJ

大气的中控台设计展现出了浓重的英式风格，按键虽然烦琐却有很高的实用价值。动力部分，捷豹 XJ 完全继承了其品牌的传统。车身和底盘极少受到路面不平的影响，很平稳。之所以 XJ 能有这样突出的表现，主要是由于四只车轮均采用了空气弹簧，并且拥有两种特性的减振器和重量较轻的后桥。

9.1.3.6 劳斯莱斯幻影

劳斯莱斯幻影系列（Phantom Family）是劳斯莱斯汽车的旗舰产品。第一代幻影于 1925 年推出，共历经八代产品。

第七代幻影（2003—2016 年）（图 9-6）是劳斯莱斯在宝马旗下设计的第一款车型，颇具现代化的车身风格。车型款式较多，拥有四门轿车、双门轿跑和双门轿车。铝制的车身搭配上 44000 种不同颜色的车漆，极具个性化。这一代幻影大部分采用手工制造的结构，因而买家可以获得更多的定制化选择，包括皮革的颜色和一些高科技的配置。它保留了对开式车门的设计，而且在后门隔板处增加了一个设计用来放置伞。在车头，女神的标志拥有了伸缩的功能。

第七代幻影使用的是 6.75L 的 V12 发动机，功率为 334kW，扭矩为 720N·m，与之搭配的是一款六速自动变速器。在 2012 年的时候，更换为八速自动变速器，两款变速器都来自采埃孚。在 2013 年的时候，大灯升级为 LED 大灯，散热器格栅也得到更新。

图 9-6　第七代幻影

9.2

豪华二手车的鉴定

9.2.1　豪华二手车的鉴定流程

从二手车车商的角度来说，高价位的豪华车如果不是自己开，待售的话是很怕库存的，豪华车系如奔驰 S 级、宝马 7 系、奥迪 A8 等车型在二手车交易市场并不是太多，一般车商也是根据用户需求及车况价格等因素决定是否收车，对于有客户需求的车型，车商才会收车。

二手车检测评估都是有基本流程的，豪华二手车的鉴定评估流程与其他二手车相似，也是根据以下几个步骤进行评估流程操作。

（1）**检查车辆手续**　二手车都需要检查车辆手续，尤其豪华车，这是必需的一步。

①检查车辆登记证书与车辆是否一致。

②检查行驶证与车辆是否一致。

③检查车辆的保险日期是否过期。

④检查是否被套牌或有偷盗嫌疑。

⑤检查是否有严重违章。

车辆手续齐全，可以正常办理过户的车辆，才可以进行下一步的检测与评估。

（2）**外观检查**　对于准备交易的二手车，第一眼看到的都是车辆的外观。

①绕车一周，查看车辆整体外观。

②仔细查看漆面颜色，是否有色差等，漆面颜色会与该车是否好交易紧密相关。

③对于评估师来说，主要检查该车整体外观漆面，哪里有喷漆，哪里有钣金，哪里有更换配件，是否全车喷漆等，都要详细进行查看检测。

④检查车身玻璃是否破碎，日期是否与车辆铭牌日期相符。

⑤检查车身外部灯具有无破损。

（3）内饰检测

① 检查仪表盘是否有异常，空调出风等是否正常，中控台密封胶是否有松动、开裂，查看各部位螺栓是否有松动。

② 检查转向盘、变速杆、座椅等常用部位的磨损程度。

③ 检查车顶等是否有烟熏或损坏等。

④ 排查是否是事故车、泡水车、火烧车等。

（4）发动机舱检查

① 检查发动机是否有更换痕迹。

② 检测发动机舱，看发动机舱是否有维修、更换的部位，螺栓等是否松动。

③ 检查发动机常规油液等是否正常。

一般精品二手豪华车，发动机舱都比较干净，没有明显拆卸维修痕迹。除了正常的保养外，没有渗油漏油现象。

（5）车辆轮胎磨损程度　轮胎的磨损程度在一定范围内可以体现该车使用状况。

① 查看轮胎是否更换。

② 检测制动盘厚度是否符合规定。

③ 判断车辆总里程是否属实，是否调过里程表。

④ 判断轮胎后续可使用年限、里程等。

（6）动态检测

① 启动发动机，注意检查发动机启动是否顺畅、容易。

② 使发动机在不同转速下运转，察听发动机是否有异响，急速时是否运转平稳，是否有渗油漏油痕迹。

③ 条件允许的情况下，可以试驾车辆，主要检测车辆的制动性、操控性，判断车辆的制动效果是否正常，操控是否顺畅，变速器是否正常，是否有脱挡现象，底盘是否扎实，行驶途中是否有异响，正常行驶是否有漏油或其他异常等。

（7）底盘检测　底盘检测一般是最后一项，当基础的评估检测都没有问题后，应使用举升机将车辆升起后，仔细检查底盘的使用情况，主要查看是否有漏油、渗油现象，以及渗油现象是否严重。通过查看底盘情况都可以验证之前的判断。

 小/提/示

　　豪华车辆必须要注意底盘检测，由于很多豪华车辆的底盘都非常低，车辆在行驶过程中很容易托底，若有条件最好通过举升机对底盘进行细致的检测。

9.2.2　典型车型的鉴定

9.2.2.1　车辆基本信息

车型：奔驰 S400L 3.5L V6 轿车。

出厂日期：2012 年 1 月。

上牌日期：2012 年 4 月。

发动机号：2****3657。

VIN 号：WDD********153。

车身颜色：黑色。

行驶里程：11.3 万公里。

当年新车指导价：145 万元。

燃油种类：95 号汽油。

9.2.2.2 车辆来源及违章查询

行驶证：已验证。

车辆登记证：已验证。

车主身份证：已核实。

违章查询：无违章记录。

9.2.2.3 鉴定评估过程

（1）检查前保险杠 仔细查看前保险杠，发现前保险杠的雷达附近有明显喷漆痕迹（图 9-7），并且前保险杠固定螺栓有拆卸痕迹，透过缝隙观察到前保险杠内部存在新旧色差，不符合车辆的行驶年限，基本可以判断车辆的前保险杠存在更换现象。

图 9-7 前保险杠的检查

（2）检查后保险杠 后保险杠缝隙处也发现了喷漆后残留的飞漆（图 9-8），但后保险杠固定螺栓没有发现拆卸痕迹，猜测是没有更换过后保险杠，那么残留的飞漆应该就是剐蹭划痕导致的二次喷漆。

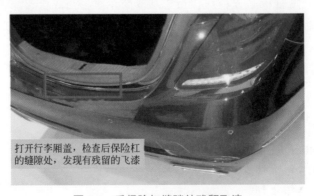

打开行李厢盖，检查后保险杠的缝隙处，发现有残留的飞漆

图 9-8 后保险杠缝隙处残留飞漆

（3）检查前风挡玻璃　检查前风挡玻璃的出厂日期，与车辆出厂日期基本相符。仔细查看，前风挡玻璃密封胶有明显的二次打胶痕迹（图9-9），做工粗糙，根本不符合奔驰原厂工艺。发生这种情况有可能是新车没多久就更换了前风挡玻璃，或者是后期更换的拆车件。一般情况下车辆的玻璃不损坏不会进行拆卸打胶。

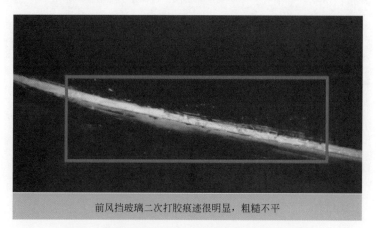

前风挡玻璃二次打胶痕迹很明显，粗糙不平

图9-9　前风挡玻璃密封胶有明显的二次打胶痕迹

（4）用漆膜仪检测车辆漆面（漆膜）的厚度

① 检测车顶漆面厚度。一般来说，车顶是最难以受到损坏的部位，车顶做漆的概率最小，所以只需要用漆膜仪先检测出汽车车顶漆面的厚度，即可确定该车漆面厚度基准数值。如图9-10所示，用漆膜仪测量出该车车顶的漆面厚度为111μm，则说明这整台车的原车漆面厚度在100～120μm（漆面数值有一定的上下浮动）。

图9-10　检测车顶漆膜厚度

② 检测发动机舱盖漆面厚度。发动机舱盖的部位是最容易发生碰撞的地方，可多取几个点进行检测。测量发动机舱盖的漆面数值得到的数据有188μm（图9-11）、176μm、183μm、180μm，说明发动机舱盖喷过漆。仔细查看发动机舱盖的表面和边缘处，有喷漆痕迹。

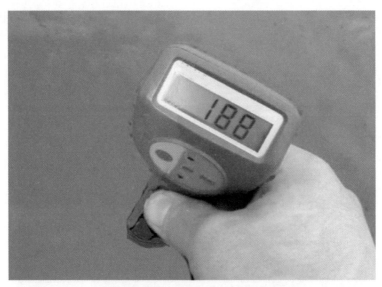

图 9-11　检测发动机舱盖漆面厚度

③ 检测车门漆面厚度。检测到这辆车的左前车门漆面数值为 120μm，虽然符合原车漆面数值，但检测中发现左前车门固定螺栓有拆卸痕迹（图 9-12），车门密封胶不符合原厂工艺，车门锁块同样存在拆卸痕迹。可以确定这辆车的左前车门更换过。

车门固定螺栓上有磨损，说明被拧动过

图 9-12　左前车门固定螺栓有拆卸痕迹

④ 检测后备厢盖漆面厚度。后备厢盖的漆面厚度为 118μm，查看后备厢盖固定螺栓，没有拆卸痕迹。

（5）发动机舱盖及铰链处螺栓的检查　发动机舱盖边缘平整、无明显弯曲不对称的痕迹。检查发动机舱盖铰链处的螺栓，没有拧动的痕迹。

（6）检查减振器支座固定螺栓　两侧减振器支座（俗称塔顶）固定螺栓没有明显的拆卸痕迹（图 9-13），减振器支座（减振包）表面未发现褶皱敲打修复痕迹，漆面平顺无喷漆痕迹，密封胶平整，进一步排除车辆两侧有碰撞事故的嫌疑。

减振器支座上的螺栓没有拆卸痕迹

图 9-13　查看减振器支座固定螺栓

（7）大灯（前照灯）生产日期的确认　打开发动机舱盖之后，可以看到两个大灯的标签，标签上显示生产日期都是 2011 年 12 月份（图 9-14），比整车的出厂日期（2012 年 1 月）要早，符合车辆出厂日期的先后顺序，而且大灯的固定螺栓无拆卸痕迹，证明都是原车大灯，没有受到过较为严重的碰撞，这辆车的大灯没有更换情况。

图 9-14　大灯标签上显示的生产日期

（8）前防撞梁的检查　从保险杠位置可以看到车辆的前防撞梁，前防撞梁表面平顺，无弯曲褶皱现象，没有明显的钣金修复和敲击痕迹，车辆的前防撞梁固定螺栓没有发现拆卸痕迹（图 9-15）。根据检测基本可以确定前防撞梁为原厂原版样式，车身前部没有发生过严重撞击事故的嫌疑。

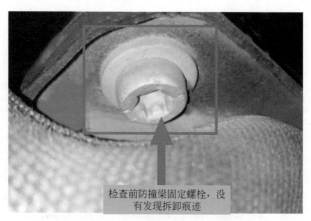

图 9-15　检查前防撞梁固定螺栓

（9）**检查行李厢**　打开这辆车的行李厢，检查车尾有没有发生过严重的追尾事故。这辆车配备了电动行李厢盖，在打开和关闭的时候，均能够正常使用（图 9-16）。

图 9-16　行李厢的检查

查看两后翼子板内侧，都比较平整，没有明显的补漆和钣金修复痕迹，行李厢密封胶条没有更换的痕迹（图 9-17），证明车尾的两侧没有发生过较为严重的碰撞事故。

图 9-17　行李厢密封胶条没有更换的痕迹

（10）检查行李厢底板和后围板　行李厢底板和后围板都比较平整（图 9-18），没有明显的钣金修复或者焊接痕迹，证明没有修复过，车辆的尾部没有发生过较为严重的追尾事故。

图 9-18　行李厢底板和后围板的检查

（11）底盘的检查　使用举升机将车辆升起后，仔细检查底盘的使用情况，主要查看是否有漏油、渗油现象，以及渗油现象是否严重。查看车尾的底部，整体比较规整，没有明显的追尾或者托底现象出现（图 9-19）。

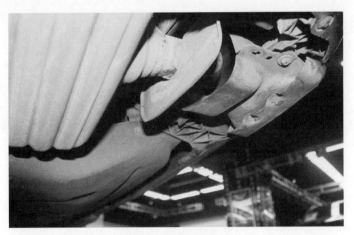

图 9-19　底盘的检查

第 10 章

二手车的拍照

二手车拍照就是评估人员根据车牌号或评估登记号，用数码相机拍摄被评估车辆的照片，并存入系统档案。

10.1 二手车拍照的要求

10.1.1　技术要求

（1）拍摄距离　拍摄距离是指拍摄立足点与被拍二手车的远近。一般要求全车影像尽量充满整个像面。

 小 / 提 / 示

> 如果拍摄距离较远，则拍摄范围较大，所拍的二手车影像就小。

（2）拍摄角度　拍摄角度是指拍摄立足点与被拍二手车的方位关系。拍摄角度方位一般分为上下关系和左右关系。

①上下关系。拍摄角度的上下关系可分为俯拍、平行拍摄（平拍）和仰拍三种。

a. 俯拍是指拍摄者站在比被拍摄车辆高的位置向下拍摄。

b. 平行拍摄是指拍摄点在物体的中间位置、镜头平置的拍摄，此种拍摄方法效果就是人两眼平视的效果。

c. 仰拍是指相机放置在较低部位，镜头由下向上仰置的拍摄，这种拍摄效果易发生变形。

② 左右关系。拍摄角度的左右关系一般根据拍摄者确定的拍摄方位，分为正面拍摄和侧面拍摄两种。

a. 正面拍摄是指面对被拍摄的车辆或某部位的正面进行拍摄。

b. 侧面拍摄是与正面拍摄相对而言，指在被拍摄车辆的正侧面所进行的拍摄。

 小 / 提 / 示

对于二手车拍照宜采用平拍且与车辆左侧呈45°方向拍摄。

（3）光照方向的选择　光照方向是指光线与相机拍摄方向的关系，一般分为正面光、侧面光和逆光三种。

 小 / 提 / 示

对二手车拍照应尽量采用正面光拍照，以使二手车的轮廓分明、牌照号码清晰、车身颜色真实。

10.1.2　一般要求

二手车拍照的一般要求有以下几点：

① 车身要擦洗干净；

② 前风挡玻璃及仪表盘上无杂物；

③ 机动车号牌无遮挡；

④ 关闭各车门；

⑤ 转向盘回正，前轮处于直线行驶状态。

10.1.3　二手车拍照的注意事项

二手车拍照的注意事项如下：

① 光照方向应采用正面光，尽量避免强烈或昏暗光照，不采用侧面光和逆光；

② 以平行拍摄的方式进行，不要采用俯拍或仰拍；

③ 所拍车辆要认真准备；

④ 所拍照片要使二手车的轮廓分明、牌照号码清晰、车身颜色真实。

10.2
二手车拍照的一般拍摄位置

二手车拍照一般包括整体外形照和局部位置照，整体外形照一般要拍摄二手车的前面、侧面和后面三个方向；局部位置照一般要拍摄二手车的发动机舱、驾驶室、座舱、后备厢等局部位置。

10.2.1 整体外形照

整体外形照分为前面照、后面照及侧面照，可采用平拍。

（1）前面照 前面照（也称为标准照）是在与车左前侧成 45°方向拍摄的照片，如图 10-1 所示。

图 10-1 二手车的前面照

（2）后面照 后面照是在与车右后侧成 45°方向拍摄的照片，如图 10-2 所示。

图 10-2 二手车的后面照

（3）侧面照 侧面照是在正侧面拍摄的照片，如图 10-3 所示。

图 10-3 二手车的侧面照

10.2.2 局部位置照

局部位置照采用俯拍，发动机舱的拍摄如图 10-4 所示，驾驶室的拍摄如图 10-5 所示，座舱的拍摄如图 10-6 所示。

图 10-4　发动机舱的拍摄

图 10-5　驾驶室的拍摄

图 10-6　座舱的拍摄

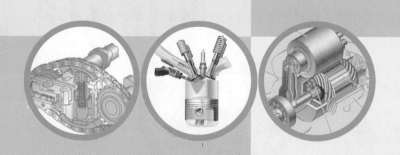

第3篇

二手车评估

第11章

二手车成新率的确定

11.1

二手车成新率的计算方法

成新率是反映二手车新旧程度的指标。二手车成新率是表示二手车的功能或使用价值占全新机动车的功能或使用价值的比率，也可以理解为二手车的现时状态与机动车全新状态的比率。它与有形损耗一起反映了同一车辆的两方面。车辆的有形损耗也称为车辆的实体性贬值，它是由于使用磨损和自然损耗形成的。成新率和有形损耗率的关系是：

成新率 =1- 有形损耗率

成新率是重置成本法的一项重要指标，如何科学、准确地确定该项指标是二手车评估中的重点和难点。

二手车成新率的确定方法主要有使用年限法、行驶里程法、部件鉴定法、整车观测法、综合分析法、综合成新率法等。在二手车交易市场，根据不同类型的二手车，在对二手车进行相关检测的基础上，确定相应二手车成新率计算方法，并确定其成新率。

11.1.1　使用年限法

11.1.1.1　计算方法

使用年限法是通过被评估二手车的尚可使用年限与规定使用年限的比值来确定二手车成新率的一种方法。其计算公式为：

$$C_{\mathrm{Y}} = \frac{Y_{\mathrm{g}} - Y}{Y_{\mathrm{g}}} \times 100\%$$

式中　C_Y——使用年限成新率；

　　　Y——二手车实际已使用年限，年或月；

　　　Y_g——车辆规定的使用年限，年或月。

使用年限法估算二手车的成新率是基于这样的假设：二手车在规定的使用寿命期间，实体性损耗与时间呈线性递增关系，二手车价值的降低与其损耗大小成正比。

 小/提/示

　　可利用被评估二手车的实际已使用年限与该车型规定使用年限的比值来判断其实体贬值率（程度），进而估算被评估二手车成新率。

11.1.1.2　已使用年限与规定使用年限

（1）已使用年限　使用年限是汽车运行量和工作量的一种计量。综合考虑已使用年限和行驶里程数更符合实际一些，即汽车的已使用年限应采用折算年限，即

折算年限 = 总的累计行驶里程 / 年平均行驶里程

已使用年限一般取该车从新车在公安交通管理机关注册登记日起至评估基准日所经历的时间。一般以月为单位计算实际已使用年限，即将已使用年限和规定使用年限换算成月数，这样计算简单，结果误差也较小，比较切合实际。

（2）规定使用年限　车辆规定使用年限是指汽车报废标准中对被评估车辆规定的使用年限。各种类型汽车规定使用年限应按国家的汽车报废标准等规定执行。

11.1.1.3　使用年限法的前提条件

使用年限法计算成新率的前提条件是车辆在正常使用条件下，按正常使用强度（年平均行驶里程）使用。我国各类汽车年平均行驶里程见表11-1。

表 11-1　我国各类汽车年平均行驶里程

汽车类别	年平均行驶里程 / 万公里
微型、轻型货车	3 ～ 5
中型、重型货车	6 ～ 10
私家车	1 ～ 3
公务、商务用车	3 ～ 6
出租车	10 ～ 15
租赁车	5 ～ 8
旅游车	6 ～ 10
中、低档长途客运车	8 ～ 12
高档长途客运车	15 ～ 25

利用使用年限法计算得到的成新率实际上反映的是车辆的时间损耗及时间折旧率，与

车辆的日常使用强度和车况无关。

如果车辆的日常使用强度较大，在运用已使用年限指标时，应适当乘以一定的系数。例如，对于某些以双班制运行的车辆，其实际使用时间为正常使用时间的两倍，因此该车辆的已使用年限，应是车辆从开始使用到评估基准日所经历时间的两倍。

在汽车报废标准中除了规定使用年限外，还规定了行驶里程，因此，也可以使用后面介绍的行驶里程法进行估算。

11.1.1.4 应用实例

（1）车辆基本信息

① 车型：安徽安凯客车，非营运。

② 购车时间：2018 年 5 月。

③ 行驶里程数：6.3 万公里。

④ 初次登记日期：2015 年 5 月。

⑤ 评估基准日期：2021 年 5 月。

（2）车辆基本配置 WP4.6NQ220E61 柴油发动机、5DS70T 法士特变速器、六气囊空气悬架、半承载式车身结构。

（3）车辆检查

① 外观目测。整体外观非常好，全车没有碰撞过，轮胎磨损正常，底盘无剐蹭。

② 内饰检测。内饰保养得不错，电子部件运作正常，功能良好，没有发现有改动过的痕迹。

③ 发动机舱检查。发动机舱干净整洁，无漏油、漏水，电器线路整齐。

④ 道路路测。在怠速情况下，发动机声音与平顺性都控制得较好，没有抖动；在加速过程中，该车加速有力；悬挂较硬，路感明显，能过滤路面的不平，但在颠簸路面时减振的跳动稍大；转向盘转向较轻；制动性能适中。

（4）成新率计算

① 根据对该车的车辆技术状况评价及实际行驶里程数可以判定，该车的使用情况与其使用年限相符，故可采用使用年限法计算其成新率。

② 按我国现行的汽车报废标准，该车报废年限为 20 年（240 个月）。

③ 该车初次登记日期为 2015 年 5 月，评估基准日期为 2018 年 5 月，已使用 36 个月。

④ 根据公式

$$C_Y = \frac{Y_g - Y}{Y_g} \times 100\%$$

该车的成新率为 $C_Y = (240-36) \div 240 \times 100\% = 85\%$。

11.1.2 行驶里程法

11.1.2.1 计算方法

行驶里程法是通过被评估二手车的尚可（剩余）行驶里程与规定行驶里程的比值来确定二手车成新率的一种方法。其计算公式为：

$$C_S = \frac{S_g - S}{S_g} \times 100\%$$

式中　C_S——行驶里程成新率；

　　　S——实际累计行驶里程，km；

　　　S_g——规定的行驶里程，km。

11.1.2.2　累计行驶里程与规定行驶里程

（1）**累计行驶里程**　二手车累计行驶里程是指被评估二手车从开始使用到评估基准时点所行驶的总里程。

（2）**规定行驶里程**　车辆规定行驶里程是指汽车报废标准中规定的该车型的行驶里程。

11.1.2.3　行驶里程法计算成新率的前提条件

行驶里程法计算成新率的前提条件是车辆里程表的记录必须是原始的，不能被人为更改。由于里程表容易被人为变更，因此，在实际应用中，较少直接采用此方法进行评估。

11.1.2.4　应用实例

（1）**车辆基本情况**

① 车型：迷你库伯 1.6 标准版（私家用车）。

② 登记日期：2016 年 9 月。

③ 行驶里程：7 万公里。

④ 评估基准日期：2020 年 5 月。

（2）**技术状况评价**　车辆整体状况良好，前后保险杠有碰撞修复的痕迹。

（3）**成新率计算**

① 说明。该车 4 年行驶 7 万公里，符合家庭用车的使用标准，所以可以使用行驶里程法计算成新率。

② 根据国家汽车报废标准，该车报废里程为 60 万公里，已使用里程为 7 万公里。

③ 由行驶里程法成新率计算公式得：

$$C_S = （60-7）\div 60 \times 100\% \approx 88\%$$

11.1.3　部件鉴定法

11.1.3.1　计算方法

部件鉴定法（也称技术鉴定法）是指评估人员在确定二手车各组成部分技术状况的基础上，按其各组成部分对整车的重要性和价值量的大小加权评分，最后确定成新率的一种方法。采用部件鉴定法估算二手车成新率的计算公式为：

$$C_B = \sum_{i=1}^{n} (c_i \beta_i)$$

式中　C_B——部件鉴定法二手车成新率；

c_i——二手车第 i 项部件的成新率；

β_i——二手车第 i 项部件的价值权重。

11.1.3.2　计算步骤

此方法的基本步骤如下。

① 先确定二手车各主要总成、部件，再根据各部分的制造成本占整车制造成本的比重，确定其权重的百分比 β_i（$i=1,2,\cdots,n$），表 11-2 为汽车各部分的价值权重参考表。

② 以全新车辆对应的各总成、部件功能为满分（100 分），功能完全丧失为零分，再根据被评估二手车各相应总成、部件的技术状态估算出其成新率 c_i（$i=1,2,\cdots,n$）。

③ 将各总成、部件估算出的成新率与价值权重相乘，得到各总成、部件的权重成新率（$c_i\beta_i$）（$i=1,2,\cdots,n$）。

④ 最后将各总成、部件的权重成新率相加，即得出被评估车辆的成新率。

在不同种类、档次的车辆上，各组成部分对整车的重要性及其价值占整车的比重各不相同，有些类型车辆之间相差还很大。因此，表 11-2 只能供评估人员参考，不可作为唯一标准。在实际评估时，应根据被评估车辆各部分价值量占整车价值的比重，调整各部分的权重。

表 11-2　汽车各部分的价值权重参考表

序号	车辆各主要总成、部件名称	价值权重 /%		
		轿车	客车	货车
1	发动机及离合器总成	26	27	25
2	变速器及万向传动装置总成	11	10	15
3	前桥、前悬架及转向系总成	10	10	15
4	后桥及后悬架总成	8	11	15
5	制动系	6	6	5
6	车架	2	6	6
7	车身	26	20	9
8	电器仪表	7	6	5
9	轮胎	4	4	5
	合计	100	100	100

11.1.3.3　特点及适用范围

从上述计算步骤可见，采用部件鉴定法计算加权成新率比较费时费力，但评估值更接近客观实际，可信度高。它既考虑了二手车实体性损耗，同时也考虑了二手车维修或换件等追加投资使车辆价值发生的变化。这种方法一般用于价值较高的二手车评估。

11.1.3.4 应用实例

（1）车辆基本情况

① 车型：大众迈腾 2.0T 轿车。

② 初次登记日期：2016 年 6 月。

③ 评估基准日期：2020 年 3 月。

④ 累计行驶里程：10 万公里。

⑤ 该车配置：排量 2.0L 多点电喷发动机、DOHC 双顶置凸轮轴、四轮独立悬架、四轮盘式制动系统配合 ABS、全电动门窗以及电子除霜、前排安全气囊、防盗点火系统。

⑥ 车辆手续：证件、税费齐全有效。

（2）车况检查　车辆的保险杠有碰撞修补的痕迹，左前侧雾灯下方有剐蹭痕迹，高速行驶略有摆振。

（3）计算成新率

① 由于该车为高档轿车，故可用部件鉴定法计算其成新率。

② 根据对该车的检查结果，其成新率的估算明细见表 11-3。

表 11-3　二手车成新率估算明细表

序号	车辆各主要总成、部件名称	价值权重 /%	成新率 /%	加权成新率 /%
1	发动机及离合器总成	23	72	16.56
2	变速器及万向传动装置总成	12	72	8.64
3	前桥、前悬架及转向系总成	9	72	6.48
4	后桥及后悬架总成	9	72	6.48
5	制动系	7	72	5.04
6	车架	2	72	1.44
7	车身	24	70	16.80
8	电器仪表	6	72	4.32
9	轮胎	8	50	4.00
合计		100		69.76

即用部件鉴定法对该车计算的成新率约为 70%。

11.1.4　整车观测法

11.1.4.1　计算方法

整车观测法是指评估人员采用人工观察的方法，辅助简单的仪器检测，判定被评估二手车的技术等级以确定成新率的一种方法。

小 / 提 / 示

整车观测法观察和检测的技术指标主要包括二手车的现时技术状态、使用时间及行驶里程、主要故障经历及大修情况、整车外观和完整性等。

二手车技术状况的分级可参考表 11-4。

表 11-4　二手车成新率评估参考表

车况等级	新旧情况	有形损耗率 /%	技术状况描述	成新率 /%
1	使用不久	0 ~ 10	刚使用不久，行驶里程一般在 3 万~5 万公里，在用状态良好，能按设计要求正常使用	100 ~ 90
2	较新车	11 ~ 35	使用 1 年以上，行驶 15 万公里左右，一般没有经过大修，在用状态良好，故障率低，可随时出车使用	89 ~ 65
3	旧车	36 ~ 60	使用 4~5 年，发动机或整车经过大修一次，大修较好地恢复原设计性能，在用状态良好，外观中度受损，恢复情况良好	64 ~ 40
4	老旧车	61 ~ 85	使用 5~8 年，发动机或整车经过二次大修，动力性能、经济性能、工作可靠性都有所下降，外观油漆脱落受损，金属件锈蚀程度明显；故障率上升，维修费用、使用费用明显上升，但车辆符合《机动车运行安全技术条件》，在用状态一般或较差	39 ~ 15
5	待报废处理车	86 ~ 100	基本到达或到达使用年限，通过《机动车运行安全技术条件》检查，但不能正常使用，动力性、经济性、可靠性下降，燃料费、维修费、大修费用增长速度快，车辆收益与支出基本持平，排放污染和噪声污染到达极限	15 以下

表 11-4 中所示数据是判定二手车成新率的经验数据，只能供评估人员参考，不能作为唯一标准。由于该法对二手车技术状况的评判是采用人工观察方法进行的，所以成新率的估值是否客观、实际，取决于评估人员的专业水准和评估经验。

11.1.4.2　特点及适用范围

整车观测法简单易行，但其判断结果没有部件鉴定法准确，一般用于初步估算中、低档二手车的价格，或作为综合分析法的辅助手段，用来确定车辆的技术状况调整系数。

11.1.4.3　应用实例

(1) 车辆基本情况

① 车型：一汽丰田威驰轿车，私人用车。

② 初次登记日期：2016 年 6 月。

③ 评估基准日期：2021 年 5 月。

④ 累计行驶里程：11 万公里。

(2) 车况检查　该车使用 5 年，发动机经过大修一次，发动机大修后较好地恢复了原设计性能，在用状态良好。

（3）计算成新率　因该车为低档车型，根据车辆使用年限及行驶的里程数，可知该车属于中等二手车，故可使用整车观测法确定其成新率。

由于该车经过了一次发动机大修，但性能恢复较好，根据二手车技术状况分级参数表（见表11-4），将其成新率确定为55%。

11.1.5　综合分析法

11.1.5.1　估算方法

综合分析法是以使用年限法为基础，综合考虑二手车的实际技术状况、维护保养情况、原车制造质量、二手车用途及使用条件等多种因素对二手车价值的影响，以调整系数形式确定成新率的一种方法。其计算公式为：

$$C_F = C_Y K \times 100\%$$

式中　C_F——综合成新率；

C_Y——使用年限成新率；

K——综合调整系数。

11.1.5.2　综合调整系数

影响二手车成新率的主要因素有二手车技术状况、二手车维护保养情况、二手车原始制造质量、二手车用途和二手车使用条件五个方面，可采用表11-5推荐的综合调整系数，用加权平均的方法进行调整。

表 11-5　二手车成新率综合调整系数参考表

序号	影响因素	因素分级	调整系数	权重 /%
1	技术状况	好	1.0	30
		较好	0.9	
		一般	0.8	
		较差	0.7	
		差	0.6	
2	维护保养	好	1.0	25
		较好	0.9	
		一般	0.8	
		差	0.7	
3	制造质量	进口车	1.0	20
		国产名牌车（走私罚没车）	0.9	
		国产非名牌车	0.8	

序号	影响因素	因素分级	调整系数	权重 /%
4	车辆用途	私用	1.0	15
		公务、商务	0.9	
		营运	0.7	
5	使用条件	好	1.0	10
		一般	0.9	
		差	0.8	

根据被评估二手车是否需要进行项目修理或换件维修，综合调整系数有两种确定方法。

① 二手车无须进行项目修理或换件时，可直接采用表 11-5 所推荐的调整系数，应用下式进行计算：

$$K = K_1 \times 30\% + K_2 \times 25\% + K_3 \times 20\% + K_4 \times 15\% + K_5 \times 10\%$$

式中　K——综合调整系数；

K_1——二手车技术状况调整系数；

K_2——二手车维护保养调整系数；

K_3——二手车原始制造质量调整系数；

K_4——二手车用途调整系数；

K_5——二手车使用条件调整系数。

② 二手车需要进行项目修理或换件，或需要进行大修时，可采用"一揽子"评估方法，综合考虑确定表 11-5 所列因素的影响。所谓"一揽子"评估方法就是综合考虑修理后对二手车成新率估算值的影响，直接确定一个合理的综合调整系数而进行价值评估的一种方法。

表 11-5 中的因素分级和调整系数只是一个参考，实际确定综合调整系数时，应根据具体情况做适当的调整，但各因素的调整系数取值不要超过 1，综合调整系数计算结果也不会超过 1。

11.1.5.3　调整系数的选取

(1) 二手车技术状况调整系数 K_1　二手车技术状况调整系数是在对车辆技术状况鉴定的基础上对车辆进行的分级，然后取调整系数来修正车辆的成新率。技术状况调整系数取值范围为 0.6～1.0，技术状况好的取上限，反之取下限。

(2) 二手车维护保养调整系数 K_2　维护保养调整系数反映了使用者对车辆使用、维护和保养的水平，不同的使用者，对车辆使用、维护和保养的实际执行情况差别较大，因而直接影响到车辆的使用寿命和成新率。维护保养调整系数取值范围为 0.7～1.0，维护保养好的取上限，反之取下限。

(3) 二手车原始制造质量调整系数 K_3　确定该系数时，应了解被评估的二手车是国产车还是进口车以及进口国别，是国产车应了解是名牌产品还是一般产品。一般来说，按国家正规手续进口的车辆质量优于国产车辆，名牌产品优于一般产品，但又有较多例外，故在确定此系数时应较慎重。对依法没收领取牌证的走私车辆，其原始制造质量调整系数建议视同国产名牌产品。原始制造质量调整系数取值范围在 0.8～1.0。

（4）二手车用途调整系数 K_4　二手车用途（或使用性质）不同，其繁忙程度不同，使用强度亦不同。二手车用途调整系数取值范围为 0.7～1.0，使用强度小的取上限，反之取下限。

（5）二手车使用条件调整系数 K_5　我国地域辽阔，各地自然条件差别很大，车辆的使用条件对其成新率影响很大。使用条件可分为道路使用条件和特殊环境使用条件。

① 道路使用条件。道路使用条件可分为好路、中等路和差路三类。

◆ 好路：指国家道路等级中的高速公路，一、二、三级道路，好路率在 50% 以上。

◆ 中等路：指符合国家道路等级四级的道路，好路率在 30%～50%。

◆ 差路：国家等级以外的路，好路率在 30% 以下。

② 特殊环境使用条件。特殊环境使用条件主要指特殊自然条件，包括寒冷地区、沿海地区、多风沙地区和山区等。

二手车使用条件调整系数取值范围为 0.8～1.0。取值时应根据二手车实际使用条件适当取值。如果二手车长期在道路条件为好路和中等路行驶时，分别取 1 和 0.9；如果二手车长期在差路或特殊环境使用条件下工作，其系数取 0.8。

从上述影响因素中可以看出，各影响因素关联性较大。一般来说，其中某一影响因素加强时，其他项影响因素也随之加强；反之则减弱。影响因素作用加强时，对其综合调整系数不要随影响作用加强而随之无限加大，一般综合调整系数取值不要超过 1。

11.1.5.4　特点及适用范围

综合分析法较为详细地考虑了影响二手车价值的各种因素，并用一个综合调整系数指标来调整二手车成新率，评估值准确度较高，因而适用于具有中等价值的二手车评估。这是目前二手车鉴定评估最常用的方法之一。

11.1.5.5　应用实例

（1）车辆基本情况

① 车辆型号：中华骏捷 1.8 舒适型。

② 车辆配置：1.8L 排量 L4 发动机、四门电动车窗、前排双气囊、可调转向盘、助力转向、倒车雷达、ABS 防抱死制动、合金轮圈、冷风空调、暖风空调、CD 机、手自动变速器、电动后视镜、遥控及防盗系统。

③ 初次登记日期为 2014 年 6 月。

④ 累计行驶里程：12 万公里。

⑤ 评估基准日期为 2018 年 5 月。

（2）车况检查　车辆前、后保险杠明显有重新喷漆的痕迹，其他均正常。

（3）成新率计算

① 根据初次登记日期和评估基准日期，该车已使用年限为 48 个月，按照 GB/T 30323—2013 规定，在二手车成新率计算时，乘用车使用年限按 15 年计算，即 180 个月。

② 综合调整系数的确定。根据表 11-5，确定各项调整系数如下：

◆ 该车技术状况较好，车辆技术状况调整系数 $K_1=0.9$，权重系数为 30%；

◆ 维护保养一般，维护保养调整系数 $K_2=0.9$，权重系数为 25%；

◆ 中华骏捷轿车是国产车，原始制造质量调整系数 $K_3=0.9$，权重系数为 20%；

◆ 该车为私人用车，车辆用途调整系数 $K_4=1.0$，权重系数为 15%；

◆ 该车主要在差路行驶，使用条件一般，使用条件调整系数 $K_5=0.8$，权重系数为 10%。

根据公式

$$K=K_1\times30\%+K_2\times25\%+K_3\times20\%+K_4\times15\%+K_5\times10\%$$

得综合调整系数为

$$K=0.9\times30\%+0.9\times25\%+0.9\times20\%+1.0\times15\%+0.8\times10\%=0.905$$

③ 计算成新率 C_F：

$$C_F=(1-Y_1/Y)\times K\times100\%=(1-48/180)\times0.905\times100\%\approx66.37\%$$

即该车的成新率为 66.37%。

11.1.6 综合成新率法

11.1.6.1 计算方法

前面介绍的用使用年限法、行驶里程法和部件鉴定法计算二手车成新率只从单一因素考虑了二手车的新旧程度，是不完全也是不完整的。为了全面地反映二手车的新旧状态，可以采用综合成新率法来计算成新率。所谓综合成新率就是采用定性和定量分析的方法，综合多种单一因素对二手车成新率的估算结果，并分别赋予不同的权重，计算加权平均成新率。这样，就可以尽量减小使用单一因素成新率计算给评估结果带来的误差，因而是一种较为科学的方法。以下介绍一种综合使用年限法、行驶里程法、技术鉴定法和整车观测法估算二手车成新率的方法。

综合成新率法的数学计算公式为

$$C_Z=C_1a_1+C_2a_2$$

式中 C_Z——综合成新率；

C_1——二手车理论成新率；

C_2——二手车现场查勘成新率；

a_1、a_2——权重系数，$a_1+a_2=1$。

权重系数的取值要求评估人员根据被评估二手车的实际情况而定。

11.1.6.2 二手车理论成新率 C_1

二手车理论成新率包括使用年限法和行驶里程法计算的成新率，是根据二手车实际使用的时间和行驶里程计算而得，是一种对二手车成新率的定量计算，其结果一般不能人为改变。实际计算中，可将使用年限成新率和行驶里程成新率加权平均得到二手车理论成新率。计算公式为

$$C_1 = C_Y \times 50\% + C_S \times 50\%$$

式中　C_Y——使用年限成新率；

　　　C_S——行驶里程成新率。

11.1.6.3　二手车现场查勘成新率 C_2

二手车现场查勘成新率是由评估人员根据现场查勘情况而确定的一个综合评价值。

 小/提/示

　　具体确定步骤是：评估人员先对二手车做技术状况现场查勘（包括静态检查和动态检查），得出鉴定评价意见，然后对整车和重要部件分别做综合评分、累加评分，其结果就是二手车现场查勘成新率。

（1）二手车技术状况现场查勘　被评估二手车技术状况现场查勘主要内容如下。

① 车身外观，包括车身颜色、光泽、有无褪色及锈蚀情况，车身是否被碰撞过，车灯是否齐全，前后保险杠是否完整和其他情况等。

② 车内装饰，包括装潢程度、颜色、清洁程度、仪表及座位是否完整和其他有关装饰情况等。

③ 发动机工作状况，包括发动机动力状况、有无更换部件（或替代部件）和修复现象、是否有漏油现象等。

④ 底盘，包括有无变形、有无异响、变速器状况是否正常、前后桥状况是否正常、传动系统工作状况是否正常、是否有漏油现象、转向系统情况是否正常和制动系统工作状况是否正常等。

⑤ 电气系统，包括电源系统是否工作正常、发动机点火器是否工作正常、空调系统是否工作正常和音响系统是否工作正常等。

以上查勘情况，一般应由评估委托方或车辆所有单位技术人员签名，以确认查勘情况是客观的、真实的，不存在与实际车况不相符的情况。确定查勘情况后，评估人员必须对被评估车辆做出查勘鉴定结论。上述资料经过整理，就可以编制成表 11-6 所示的二手车技术状况调查表。

表 11-6　二手车技术状况调查表

评估委托方：　　　　　　　　　　　　　　　　　评估基准日：　　年　月　日

车辆基本情况	明细表序号		车辆牌号		厂牌型号	
	生产厂家		已行驶里程		规定行驶里程	
	购置日期	2015 年 5 月	登记日期	2015 年 5 月	规定使用年限	
	大修情况					
	改装情况					
	耗油量		是否达到环保要求		事故次数及情况	

现场查勘情况

车辆实际技术状况	车身外观	颜色		光泽		褪色		腐蚀	
		有无被碰撞		严重程度		修复		车灯是否齐全	
		前、后保险杠是否完整		其他:					
	车内装饰部分	装潢程度		颜色		清洁		仪表是否齐全	
		座位是否完整		其他:					
	发动机总成	动力状况评分		有无更换部件		有无修补现象		有无替代部件	
		漏油现象	严重□　一般□　轻微□　无□						
	底盘各部分	有无变形		有无异响		变速器状况		后桥状况	
		前桥状况		传动状况		漏油现象	严重□ 一般□ 轻微□ 无□		
		转向系统情况				制动系统情况			
	电气系统	电源系统		点火系统		空调系统		音响系统	
		其他:							
鉴定意见									

经办人员签字：　　　　　　　　　　　　　　　　　　　评估人员签字：

（2）二手车现场查勘成新率　在上述对二手车做技术状况现场查勘的基础上，对整车和重要部件做定量分析并以评分形式给予量化，可参考表 11-7。总分就是二手车现场查勘成新率。

表 11-7　二手车现场查勘成新率评定表

序号	项目名称	达标程度	参考标准分	评分
1	整车（满分 20 分）	全新	20	
		良好	15	
		较差	5	
2	车架（满分 15 分）	全新	15	
		一般	7	
3	前后桥（满分 15 分）	全新	15	
		一般	7	

序号	项目名称	达标程度	参考标准分	评分
4	发动机（满分30分）	全新	30	
		轻度磨损	25	
		中度磨损	17	
		重度磨损	5	
5	变速器（满分10分）	全新	10	
		轻度磨损	8	
		中度磨损	6	
		重度磨损	2	
6	转向及制动系统（满分10分）	全新	lO	
		轻度磨损	8	
		中度磨损	5	
		重度磨损	2	
总分（现场查勘成新率/%）			100	

11.2

各种成新率计算方法的选择

二手车成新率可根据鉴定评估目的和评估对象的实际情况选择相应的模型计算。在这些计算成新率的方法中，由于综合分析法是以使用年限法为基础，以调整系数形式调整二手车成新率，调整系数综合考虑了二手车的实际技术状况、维护保养情况、原车制造质量、二手车用途及使用条件等多种因素对二手车价值的影响，评估值准确度较高，因此是目前二手车鉴定评估业务中最常用的方法之一。

综合成新率法也是以技术状况现场查勘为基础，因此，也是二手车鉴定评估业务中常用的方法。

第12章

二手车价格的评估

12.1 二手车价格评估的条件与标准

12.1.1 二手车价格评估的前提条件

二手车的价格评估是建立在一定的假设条件之上的。二手车价格评估的假设有继续使用假设、公开市场假设和清算（清偿）假设，下面对这3种假设进行详细介绍。

12.1.1.1 继续使用假设

继续使用假设是指二手车将按现行用途继续使用，或转换用途继续使用。对这些车辆的评估，就要从继续使用的假设出发，而不能按车辆拆零出售零部件所得收入之和进行估价。比如一辆汽车用作营运，其估价可能是4万元；而将其拆成发动机、底盘等零部件分别出售时也可能仅值3万元。可见同一车辆按不同的假设用作不同的目的进行估价，其价格是不一样的。

在确定二手车能否继续使用时，必须充分考虑以下条件。

① 车辆具有显著的剩余使用寿命，而且能以其提供的服务或用途，满足所有者经营上或工作上的期望。

② 车辆所有权明确，并保持完好。

③ 车辆从经济上和法律上允许转作他用。

④ 充分地考虑了车辆的使用功能。

12.1.1.2 公开市场假设

公开市场是指充分发育的完善的市场。公开市场假设是假定在市场上交易二手车辆时，交易双方地位平等，彼此都有获取足够的市场信息的机会和时间，以便对车辆的功能、用途及其交易价格等做出理智的判断。

公开市场假设是基于市场客观存在的现实，即二手车在市场上可以公开买卖。不同类型的二手车，其性能、用途不同，市场化程度也不一样。用途广泛的车辆一般比用途狭窄的车辆市场更活跃，但不论是车辆的买者还是卖者都希望得到车辆的最大最佳效用。所谓最大最佳效用是指车辆在可能的范围内，用于最有利又可行和法律上允许的用途。

在二手车评估时，鉴定评估人员按照公开市场假设处理或做适当的调整，才有可能使车辆获得的收益最大。最大最佳效用，由车辆所在地区具体特定条件以及市场供求规律所决定。

12.1.1.3 清算（清偿）假设

清算（清偿）假设是指二手车所有者在某种压力下被强制对二手车整体或对二手车拆零，经协商或以拍卖方式在公开市场上出售。这种情况下的二手车价格评估具有一定的特殊性，要适应强制出售中市场均衡被打破的实际情况，二手车的评估价大大低于继续使用或公开市场条件下的评估值。

上述 3 种不同假设，形成 3 种不同的评估结果。在继续使用假设前提下要求评估二手车的继续使用价格；在公开市场假设前提下要求评估二手车的市场价格；在清算假设前提下要求评估二手车的清算价格。因此，二手车鉴定评估人员在业务活动中要充分分析、判断被评估二手车最可能的效用，以便得出二手车的公平价格。

12.1.2 二手车价格评估的计价标准

我国资产评估中有 4 种价格计量标准（简称计价标准），即重置成本标准、现行市价标准、收益现值标准和清算价格标准。二手车评估属于资产评估，因此，二手车评估也遵守这 4 种价格计量标准。对同一辆二手车，采用不同的价格计量标准估价，会产生不同的价格。这些价格不仅在质上不同，在量上也存在较大差异。因此，必须根据评估的目的，选择与二手车评估业务相匹配的价格计量标准。

12.1.2.1 计价标准的含义及适用范围

（1）重置成本标准 重置成本是指在现时条件下，按功能重置车辆并使其处于在用状态所耗费的成本。重置成本的构成与历史成本一样，都是反映车辆在购置、运输、注册登记等过程中所支出的全部费用，但重置成本是按现有技术条件和价格水平计算的。

重置成本标准适用的前提是车辆处于在用状态：一方面反映车辆已经投入使用，另一方面反映车辆能够继续使用，对所有者具有使用价值。

（2）现行市价标准 现行市价是指车辆在公平市场上的销售价格。所谓公平市场，是指充分竞争的市场，买卖双方没有垄断和强制，双方的交易行为都是自愿的，都有足够的时间与能力了解市场行情。

现行市价标准适用的前提条件有以下两个：

① 需要存在一个充分发育、活跃、公平的二手车交易市场；

② 与被评估车辆相同或类似的车辆在市场上有一定的交易量，能够形成市场行情。

（3）收益现值标准　收益现值是指根据车辆未来的预期获利能力大小，以适当的折现率将未来收益折成现值。从"以利索本"的角度看，收益现值就是为获得车辆取得预期收益的权利所支付的货币总额。在折现率相同的情况下，车辆未来的效用越大，获利能力越强，其评估值就越大。投资者购买车辆时，一般要进行可行性分析，只有在预期回报率超过评估时的折现率时，才可能支付货币购买车辆。

⊗ 小 / 提 / 示

　　折现率是指将未来预期收益额折算成现值的比率。从本质上讲，折现率是一种期望投资报酬率，是投资者在投资风险一定的情况下，对投资所期望的回报率。

　　收益现值标准适用的前提条件是车辆投入使用后可连续获利。

（4）清算价格标准　清算价格是指在非正常市场上限制拍卖的价格。它与现行市价相比，两者的根本区别在于现行市价是公平市场价格，而清算价格是非正常市场上的拍卖价格，这种价格由于受到期限限制和买主限制，一般大大低于现行市价。

　　清算价格标准适用于企业破产清算，以及因抵押、典当等不能按期偿债而导致的车辆变现清偿等汽车评估业务。

12.1.2.2　各种计价标准的联系与区别

（1）重置成本价格与现行市价的联系与区别

① 重置成本价格与现行市价的联系：决定重置成本价格的因素与决定现行市价的最基本因素相同，即现有条件下，生产功能相同的车辆所花费的社会必要劳动时间。但是现行市价的确定还需考虑其他与市场相关的如下两个因素。

a. 车辆功能的市场性，即车辆的功能能否得到市场的承认。例如，一辆设计及制造质量都很好的专用汽车，尽管它在某一特定领域内具有很强的功能，但一旦退出该领域，其功能就难以完全被市场所接受。

b. 供求关系的影响。现行市价随供求关系的变化，将会出现波动。

② 现行市价与重置成本价格的区别：现行市价以市场价格为依据，车辆价格受市场因素约束，并且其评估值直接受市场检验；而重置成本价格只是在模拟条件下重置车辆的现行价格。

（2）现行市价与收益现值价格的联系与区别

① 现行市价与收益现值价格的联系：两者在价格形式上有相似之处，都是评估公平市场价格。

② 现行市价与收益现值价格的区别：两者的价格内涵不同，现行市价主要是车辆进入市场的价格计量，而收益现值主要是以车辆的获利能力进入市场的价格计量。

（3）现行市价与清算价格的联系与区别

① 现行市价与清算价格的联系：两者均是市场价格。

② 现行市价与清算价格的根本区别：现行市价是公平市场价格；而清算价格是非正常市场上的拍卖价格，一般大大低于现行市价。

12.2 二手车价格评估的基本方法

二手车价格估算方法有重置成本法、收益现值法、现行市价法、清算价格法等几种方法。二手车评估师必须根据二手车评估的目的正确选择合适的方法，才能正确估算二手车的价格。

12.2.1　重置成本法

12.2.1.1　重置成本法的基本原理

（1）重置成本法的概念　重置成本法是指在现时市场条件下重新购置一辆全新状态的被评估车辆所需的全部成本，减去该被评估车辆的各种陈旧贬值后的差额作为被评估车辆现时价格的一种评估方法。其评估思路可用数学式概括为：

$$二手车评估值 = 重置成本 - 实体损耗 - 功能性贬值 - 经济性贬值$$

 小 / 提 / 示

> 重置成本法既充分考虑了被评估二手车的重置全价，又考虑了该二手车已使用年限内的磨损以及功能性、经济性贬值，因而是一种适应性较强，并在实践中被广泛采用的基本评估方法。

（2）重置成本法的基本要素　重置成本法的概念中涉及4个基本要素，即二手车的重置成本、二手车实体有形损耗、二手车功能性贬值和二手车经济性贬值。

二手车重置成本是指在现行市场条件下重新购置一辆全新车辆所支付的全部货币总额。简单地说，二手车重置成本就是当前再取得该车的成本。

12.2.1.2　重置成本法的应用前提和适用范围

重置成本法是从能够重新取得被评估二手车的角度来反映二手车的交换价值的，即通过被评估二手车的重置成本反映二手车的交换价值。只有当被评估的二手车处于继续使用状态下，再取得被评估二手车的全部费用才能构成其交换价值的内容。

重置成本法主要适用于继续使用前提下的二手车评估，可广泛应用于价值较高的中高档车辆评估。

12.2.2　收益现值法

12.2.2.1　收益现值法的概念与基本原理

（1）收益现值法的概念　收益现值法是通过估算被评估二手车在剩余寿命期内的预

期收益，并折现为评估基准日的现值，借此来确定二手车价值的一种评估方法。也就是说，现值在这里被视为二手车的评估值，而且现值的确定依赖于未来预期收益。

（2）收益现值法的基本原理　收益现值法是基于这样的假设，即人们之所以购买某辆二手车，主要是考虑这辆车能为自己带来一定的收益。

12.2.2.2　收益现值法的应用前提和适用范围

收益现值法的应用基于以下几个前提：

① 被评估二手车必须是经营性车辆，且具有继续经营和获利的能力；

② 继续经营的预期收益可以预测而且必须能够用货币金额来表示；

③ 二手车购买者获得预期收益所承担的风险也可以预测，并可以用货币衡量；

④ 被评估二手车预期获利年限可以预测。

由以上应用的前提条件可见，运用收益现值法进行评估时，是以车辆投入使用后连续获利为基础的。在机动车的交易中，人们购买的目的往往不是在于车辆本身，而是车辆获利的能力。因此，收益现值法较适用投资营运的车辆。

12.2.3　现行市价法

12.2.3.1　现行市价法的基本原理

（1）现行市价法的概念　现行市价法又称市场法、市场价格比较法，是指通过比较被评估车辆与最近售出类似车辆的异同，并将类似车辆的市场价格进行调整，从而确定被评估车辆价值的一种评估方法。

⊛ 小／提／示

> 其基本思路是，通过市场调查，选择一个或几个与评估车辆相同或类似的车辆作参照车辆，分析参照车辆的构造、功能、性能、新旧程度、地区差别、交易条件及成交价格等，并与被评估车辆进行比较，找出两者的差别及其在价格上所反映的差额，经过适当调整，最终计算出被评估车辆的价格。

现行市价法是采用比较和类比的方法，根据替代原则，从二手车可能进行交易角度来判断二手车价值的。

（2）现行市价法的基本原理　任何一个正常的投资者在购置某项资产时，他所愿意支付的价格不会高于市场上具有相同用途的替代品的现行市价。

运用现行市价法要求充分利用类似二手车成交价格信息，并以此为基础判断和估测被评估二手车的价值。现行市价法是二手车评估中最为直接、最具说服力的评估途径之一。

12.2.3.2　现行市价法的应用前提和适用范围

（1）现行市价法的应用前提

① 要有一个市场发育成熟、交易活跃的二手车交易公开市场，经常有相同或类似二手车的交易，有充分的参照车辆可取。在二手车交易市场上二手车交易越频繁，与被评估二手车相类似的二手车价格越容易获得。

② 市场上参照的二手车与被评估二手车有可比较的指标，并且这些指标的技术参数等资料是可收集到的，并且价值影响因素明确，可以量化。

 小/提/示

　　运用现行市价法，重要的是要在交易市场上能够找到与被评估二手车相同或相类似的已成交过的参照车辆，并且参照车辆是近期的、可比较的。所谓近期，是指参照车辆交易时间与被评估二手车评估基准日相近，一般在一个季度之内；所谓可比较，是指参照车辆在规格、型号、功能、性能、配置、内部结构、新旧程度及交易条件等方面与被评估二手车不相上下。

　　(2) 现行市价法的适用范围　现行市价法是从卖者的角度来考虑被评估二手车的变现值的，二手车评估价值的大小直接受市场的制约，因此，它特别适用于产权转让的畅销车型的评估，如二手车收购（尤其是成批收购）和典当等业务。畅销车型的数据充分可靠，市场交易活跃，评估人员熟悉其市场交易情况，采用现行市价法评估二手车时间会很短。

12.2.4　清算价格法

12.2.4.1　清算价格法的基本原理

　　(1) 清算价格法的概念　清算价格法是以清算价格为依据来估算二手车价格的一种方法。所谓清算价格，指企业在停业或破产后，在一定的期限内拍卖资产（如车辆）时可得到的变现价格。

　　清算价格法的理论基础是清算价格标准。

　　(2) 清算价格法的基本原理　清算价格法在原理上基本与现行市价法相同，所不同的是迫于停业或破产，清算价格往往大大低于现行市场价格。这是由于企业被迫停业或破产，急于将车辆拍卖、出售。

12.2.4.2　清算价格法的应用前提和适用范围

　　(1) 清算价格法的应用前提　以清算价格法评估车辆价格的前提条件有以下三点。

① 以具有法律效力的破产处理文件或抵押合同及其他有效文件为依据。

② 车辆在市场上可以快速出售变现。

③ 所卖收入足以补偿出售车辆的附加支出总额。

　　(2) 清算价格法的适用范围　清算价格法适用于企业破产、资产抵押和停业清理时要出售的车辆。

12.2.5　二手车评估方法的选择

12.2.5.1　评估方法的适用特点

　　(1) 重置成本法　该方法比较充分地考虑了车辆的各方面损耗，反映了车辆市场价格的变化，评估结果更趋于公平合理，在不易估算车辆未来收益，或难于在市场上找到可类比对象的情况下可广泛应用。

（2）**现行市价法**　该方法要求评估方在当地或周边地区能找到一个发育成熟、活跃、交易量大、车型丰富的二手车交易市场，容易找到可类比的参照车辆，并且参照车辆是近期的、可比较的。因此，它特别适用于产权转让的畅销车型的评估，如二手车收购（尤其是成批收购）和典当等业务。

（3）**收益现值法**　该方法是在被评估二手车在剩余使用寿命内能够带来预期利润的前提下进行评估的，因此，比较适用于投资营运车辆的评估。

（4）**清算价格法**　该方法是从车辆资产债权人的角度出发，以车辆快速变现为目的进行评估的，因此，适用于企业破产、资产抵押、停业清理时急于出售变现的车辆评估，如法院、海关委托评估的涉案车辆。

12.2.5.2　选择评估方法时应考虑的因素

估价方法的多样性，为鉴定估价人员提供了选择评估的途径。选择估价方法时应考虑以下因素。

① 必须严格与二手车评估的计价标准相适应。

② 要受收集数据和信息资料的制约。

③ 要充分考虑二手车鉴定估价工作的效率，选择简单易行的方法。

12.3

二手车价格的计算评估

二手车评估师根据评估目的，选择相应的计价标准和评估方法，并依据现场车辆查勘的结果确定了二手车成新率之后，即可根据不同评估方法的数学模型计算被评估二手车的评估值。由于重置成本法为评估二手车常用的方法之一，所以通常在计算之前，还需要进行市场询价，以获得被评估二手车的重置成本。

12.3.1　应用重置成本法的评估

12.3.1.1　重置成本法的计算模型

重置成本法有以下两种基本计算模型。

模型一：评估值＝重置成本－实体损耗－功能性贬值－经济性贬值

模型二：评估值＝重置成本 × 成新率

模型一是重置成本法评估二手车的最基本模型。它综合考虑了二手车的现行市场价格和各种影响二手车价值量变化（贬值）的因素，最让人信服和易于接受。但造成这些贬值的影响因素较多且有一定的不确定性，所以准确地确定二手车的贬值是不容易的。

模型二以成新率综合考虑了各种贬值对二手车价值的影响，是一种定性和定量相结合的评估方法，比较符合中国人评判二手物品的思维模式，是目前市场上应用最广的一种评估方法。下面重点介绍此评估模型。

12.3.1.2　基于成新率的重置成本法评估计算

（1）评估计算公式　上述模型二即为基于成新率的重置成本法评估计算公式：

$$P=BC$$

式中　P——被评估二手车的评估值，元；

　　　B——被评估二手车的现时重置成本，元；

　　　C——被评估二手车的现时成新率。

（2）重置成本的计算　在资产评估中，重置成本的估算有多种方法，对二手车评估来说，计算重置成本一般采用重置核算法和物价指数法两种方法。

①重置核算法。重置核算法是利用成本核算原理，根据重新取得一辆与二手车车型和功能一样的新车所需的费用项目，逐项计算后累加得到二手车的重置成本。二手车的重置成本具体由二手车的现行购买价格、运杂费以及必要的税费构成。根据新车来源方式不同，二手车重置成本可分为国产车和进口车两种不同的构成。

a.国产二手车重置成本的构成。国产二手车重置成本构成的计算公式为：

$$B=B_1+B_2$$

式中　B——二手车重置成本，元；

　　　B_1——购置全新车辆的市场成交价，元；

　　　B_2——车辆购置价格以外国家和地方政府一次性收缴的各种税费总和，元。

各种税费包括车辆购置税和注册登记费（牌照费）。

重置成本构成不应包括车辆拥有阶段及使用阶段的税费，如车辆拥有阶段的年审费、车船使用税、消费税，车辆使用阶段的保险费、燃油税、路桥费等。

b.进口二手车重置成本的构成。根据海关税则和收费标准，进口轿车的重置成本（即现行价格）的税费构成为：

进口二手车重置成本＝报关价＋关税＋消费税＋增值税＋其他必要费用

报关价即到岸价，又称 CIF 价格，它与离岸价 FOB 的关系为：

CIF 价格 ＝FOB 价格＋途中保险费＋从装运港到目的港的运费

FOB 价格是指在国外装运港船上交货时的价格，因此也称为离岸价，它不包括从装运港到目的港的运费和保险费。

由于这部分费用是以外汇支付的，所以在计算时，需要将报关价格换算成人民币，外汇汇率采用评估基准日的外汇汇率。

关税的计算方法为：

关税 ＝ 报关价 × 关税税率

消费税的计算方法为：

$$消费税=\frac{报关价+关税}{1-消费税率}\times消费税率$$

增值税的计算方法为：

$$增值税 = （报关价 + 关税 + 消费税） \times 增值税率$$

各种进口车增值税税率均为17%。

除了上述费用之外，进口车价还包括通关、商检、仓储运输、银行、选装件、经销商、进口许可证等非关税措施造成的费用。

 小/提/示

> 一般而言，车辆重置成本大多是依靠市场调查搜集而来的，并不需要进行十分复杂的计算。但是对于市场上尚未出现的那些新车型（特别是进口新车型）或淘汰车型，由于其价格信息有时不容易获得，这时则需要按照其重置成本的构成进行估算。

② 物价指数法。物价指数法也叫价格指数法，是指根据已掌握的历年来的价格指数，在二手车原始成本的基础上，通过现时物价指数确定其重置成本。其计算公式为：

$$B = B_0 \frac{I}{I_0}$$

或
$$B = B_0(1-\lambda)$$

式中　B——车辆重置成本，元；

B_0——车辆原始成本，元；

I——车辆评估时物价指数；

I_0——车辆当初购买时物价指数；

λ——车辆价格变动指数。

 小/提/示

> 当被评估车辆已停产，或是进口车辆，无法找到现时市场价格时，这是一种很有用的方法，但应用时必须要注意，一定要先检查被评估车辆的账面购买原价。如果购买原价不准确，则不能用物价指数法。

车辆价格变动指数是表示车辆历年价格变动趋势和速度的指标。取值时要选用国家统计部门、物价管理部门或行业协会定期发布和提供的数据，不能选用无依据、不明来源的数据。

（3）二手车重置成本全价的确定　实际工作中，一般根据鉴定估价的经济行为确定重置成本的全价，具体有以下两种处理方法。

① 对于以所有权转让为目的的二手车交易经济行为，按评估基准日被评估车辆所在地收集的现行市场成交价格作为被评估车辆的重置成本全价，其他费用略去不计。

② 对企业产权变动的经济行为（如企业合资、合作和联营，企业分设、合并和兼并，企业清算，企业租赁等），其重置成本全价除了考虑被评估车辆的现行市场购置价格以外，还应将国家和地方政府规定对车辆加收的其他税费（如车辆购置附加费、车船使用税等）一并计入重置成本全价中。

12.3.2 应用收益现值法的评估

12.3.2.1 计算模型

应用收益现值法计算二手车评估值，实际上就是对被评估二手车未来预期收益进行折现的过程。

被评估二手车的评估值等于剩余寿命期内各收益期的收益折现值之和。其基本计算公式为：

$$P=\sum_{t=1}^{n}\frac{A_t}{(1+i)^t}=\frac{A_1}{(1+i)^1}+\frac{A_2}{(1+i)^2}+\cdots+\frac{A_n}{(1+i)^n}$$

式中　　P——评估值，元；

　　　　A_t——未来第 t 个收益期的预期收益额，元；

　　　　n——收益年期（即二手车剩余使用寿命的年限）；

　　　　i——折现率，在经济分析中如果不作其他说明，一般指年利率或收益率；

　　　　t——收益期，一般以年计；

　　　　A_n——未来 n 年收益额，元。

由于二手车的收益期是有限的，所以上式中的 A_t 还包括收益期末车辆的残值，一般估算时忽略不计。

当 $A_1=A_2=\cdots=A_n=A$ 时，即 t 在 $1\sim n$ 年未来收益都为 A 时，则有：

$$P=A\left[\frac{1}{(1+i)^1}+\frac{1}{(1+i)^2}+\cdots+\frac{1}{(1+i)^n}\right]=A\frac{(1+i)^n-1}{i(1+i)^n}$$

式中　　$\dfrac{1}{(1+i)^t}$——第 t 个收益年期的现值系数；

$\dfrac{(1+i)^n-1}{i(1+i)^n}$——年金现值系数。

上式反映了收益率为 i，二手车预期在 n 年的收益期内每年的收益为 A 元，几年累计收益额"等值于"现值 P 元，那么，现在可接受的最大投资额应为 P 元。

12.3.2.2 收益现值法各评估参数的确定

（1）**收益年期 n 的确定**　收益年期（即二手车剩余使用寿命的年限）指从评估基准日到二手车报废的年限。各类营运车辆的报废年限在国家汽车报废标准中都有具体规定。如果剩余使用寿命期估算得过长，则计算的收益期就多，车辆的评估价格就高；反之，则会低估价格。因此，必须根据二手车的实际状况对其收益年期作出正确的评定。

（2）**预期收益额 A_t 的确定**　运用收益现值法时，未来每年收益额的确定是关键。预期收益额是指被评估二手车在其剩余使用寿命期内的使用过程中，可能带来的年净收益额。确定车辆预期收益额时应注意以下两点。

① 预期收益额是通过预测分析获得的。对于买卖双方来说，判断车辆是否有价值，应判断该车辆是否能带来收益。对车辆收益能力的判断，不仅要看现在的情形，更重要的是关注未来的经营风险。

② 收益额的构成。以企业为例，目前有几种观点：第一，企业税后利润；第二，企业税后利润与提取折旧额之和扣除投资额；第三，利润总额。在二手车评估业务中建议选择第一种观点，目的是准确反映预期收益额。其计算公式为：

$$收益额 = 税前收入 - 应交所得税 = 税前收入 \times（1 - 所得税率）$$

$$税前收入 = 一年的毛收入 - 车辆使用的各种税费和人员劳务费等$$

（3）折现率 i 的确定　折现率是指将未来预期收益额折算成现值的比率。从本质上讲，折现率是一种期望投资报酬率，是投资者在投资风险一定的情况下，对投资所期望的回报率。折现率由无风险报酬率和风险报酬率两部分组成，即

$$折现率（i）= 无风险报酬率 + 风险报酬率$$

无风险报酬率一般是指同期国库券利率，它实际上是一种无风险收益率。风险报酬率是指无风险收益率以上部分的投资回报率。

12.3.3　应用现行市价法的评估

运用现行市价法评估二手车价值通常采用直接市价法和类比调整市价法。

12.3.3.1　直接市价法

直接市价法是指在市场上能找到与被评估二手车完全相同的车辆，并依其现行市价直接作为被评估二手车评估价格的一种方法。直接市价法应用有以下两种情况。

① 参照车辆与被评估二手车完全相同。所谓完全相同是指车辆型号、使用条件和技术状况相同，生产和交易时间相近。这样的参照车辆常见于市场保有量大、交易比较频繁的畅销车型，如桑塔纳、捷达等。

② 参照车辆与被评估二手车相近。这种情况是参照车辆与被评估车辆类别相同、主参数相同、结构性能相同，只是生产序号不同并只作局部改动，交易时间相近。这种情况在我国汽车市场上是非常常见的，很多汽车厂商为了追求车型的变化，给消费者一个新的感受，每年都在原车型的基础上做一些小的改动，如车身的小变化、内饰配置的变化等。

直接市价法评估公式为：

$$P = P'$$

式中　P——评估值，元；

　　　P'——参照车辆的市场成交价格，元。

12.3.3.2　类比调整市价法

（1）计算模型　类比调整市价法是指评估二手车时，在公开市场上找不到与之完全相同的车辆，但能找到与之相类似的车辆，并以此为参照车辆，并根据车辆技术状况和交易条件的差异对参照车辆的价格作出相应调整，进而确定被评估二手车价格的一种评估方法。其基本计算公式为：

$$P = P'K$$

式中　P——评估值，元；

　　　P'——参照车辆的市场成交价格，元；

K——差异调整系数。

类比调整市价法不像直接市价法对参照车辆的条件要求那么严，只要求参照车辆与被评估二手车大的方面相同即可。

（2）评估步骤　类比调整市价法评估二手车的步骤如下。

① 收集被评估二手车资料。收集被评估二手车的相关资料，内容包括车辆的类别名称、车辆型号和技术性能参数、生产厂家和出厂年月、车辆用途、目前使用情况和实际技术状况、尚可使用的年限等，为市场数据资料的搜集及参照物的选择提供依据。

② 选取参照车辆。根据了解到的被评估二手车资料，按照可比性原则，从二手车交易市场上寻找可类比的参照车辆，参照车辆的选择应在两辆以上。车辆的可比因素主要包括以下几个方面。

a. 车辆型号和生产厂家。

b. 车辆用途。是私家车还是公务车，是乘用车还是商用车等。

c. 车辆使用年限和行驶里程。

d. 车辆实际技术性能和技术状况。

e. 车辆所处地区。由于地区经济发展的不平衡，收入水平存在差别，在不同地区的二手车交易市场，同样车辆的价格会有较大的差别。

f. 市场状况。指的是二手车交易市场低迷还是复苏、繁荣，车源丰富还是匮乏，车型涵盖面如何，交易量如何，新车价格趋势如何等。

g. 交易动机和目的。指车辆出售是以清偿还是以淘汰转让为目的，买方是获利转手倒卖还是购买自用。不同情况下的交易作价往往有较大的差别。

h. 成交数量。单辆与成批车辆交易的价格会有一定差别。

i. 成交时间。应采用近期成交的车辆作类比对象。由于国家经济、金融和交通政策以及市场供求关系会随时发生一些变化，市场行情也会随之变化，引起二手车价格的波动。

③ 类比和调整。对被评估二手车和参照车辆之间的差异进行分析、比较，并进行适当的量化后调整为可比因素。主要差异及量化方法体现在以下几方面。

a. 结构性能的差异及量化。汽车型号、结构上的差别都会集中反映到汽车的功能和性能的差别上，功能和性能的差异可通过功能、性能对汽车价格的影响进行估算（量化调整值＝结构性能差异值×成新率）。例如，同类型的汽油车，电喷发动机相对于化油器发动机要贵 3000～5000 元；对营运汽车而言，主要表现为生产能力、生产效率和运营成本等方面的差异，可利用收益现值法对其进行量化调整。

b. 销售时间的差异及量化。在选择参照车辆时，应尽可能选择评估基准日的成交案例，以免去销售时间差异的量化；若参照车辆的交易时间在评估基准日之前，可采用价格指数法将销售时间差异量化并调整。

c. 新旧程度的差异及量化。被评估二手车与参照车辆在新旧程度上存在一定的差异，要求评估人员能够对二者作出基本判断，取得被评估二手车和参照车辆成新率后，以参照车辆的价格乘以被评估二手车与参照车辆成新率之差，即可得到两者新旧程度的差异量［新旧程度差异量＝参照车辆价格×（被评估二手车成新率－参照车辆成新率）］。

d. 销售数量的差异及量化。销售数量的大小、采用何种付款方式均会对二手车成交单价产生影响。销售数量的不同会造成成交价格的差异，必须对此差异进行分析，适当调整被评估二手车的价值。

e. 付款方式的差异及量化。在二手车交易中，绝大多数为现款交易，在一些地区已有二手车的银行按揭销售。银行按揭的二手车与一次性付款的二手车价格差异由两部分组成：一是银行的贷款利息，贷款利息按贷款年限确定；二是汽车按揭保险费，各保险公司的汽车按揭保险费率不完全相同，会有一些差异。

④ 计算评估值。将各可比因素差异的调整值以适当的方式加以汇总，并据此对参照车辆的成交市价进行调整，从而确定被评估二手车的评估价格。

12.3.4 应用清算价格法的评估

目前，对于清算价格的确定方法，从理论上还难以找到十分有效的依据，但在实践上仍有一些方法可以采用，主要方法有如下三种。

（1）评估价格折扣法

① 根据被评估二手车的具体情况及所获得的资料，选择重置成本法、收益现值法及现行市价法中的一种方法确定被评估二手车的价格。

② 根据市场调查和快速变现原则，确定一个合适的折扣率。用评估价格乘以折扣率，所得结果即为被评估二手车的清算价格。例如，一辆速腾轿车，经调查在二手车交易市场上成交价为 4 万元，根据销售情况调查，折价 20% 可以当即出售，则该车辆清算价格为：

$$4 \times (1-20\%) = 3.2 （万元）$$

（2）模拟拍卖法 模拟拍卖法，也称意向询价法，是根据向被评估二手车的潜在购买者询价的办法取得市场信息，最后经评估人员分析确定其清算价格的一种方法。用这种方法确定的清算价格受供需关系影响很大，要充分考虑其影响的程度。

例如，有 8t 自卸车 1 台，拟评估其拍卖清算价格，评估人员经过对两家运输公司、三个个体运输户征询意向价格，其报价分别为 7 万元、8.3 万元、7.8 万元、8 万元和 7.5 万元，平均报价为 7.72 万元。考虑目前各种因素，评估人员确定清算价格为 7.5 万元。

（3）竞价法 竞价法是由法院按照破产清算的法定程序或由卖方根据评估结果提出一个拍卖的底价，在公开市场上由买方竞争出价，谁出的价格高就卖给谁。

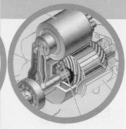

第4篇

二手车交易

第13章
二手车交易概述

13.1
二手车交易类型及相关规定

　　二手车交易是一种产权交易，实现二手车所有权从卖方到买方的转移过程。二手车必须完成所有权转移登记（即过户）才算是合法、完整的交易。

　　二手车交易必须符合《二手车交易规范》的相关规定，并按照规定的程序进行。

13.1.1　二手车交易类型及交易者类型

13.1.1.1　二手车交易类型

　　根据《二手车流通管理办法》规定，二手车交易有以下几种类型。

　　（1）直接交易　二手车直接交易是指二手车所有人不通过经销企业、拍卖企业和经纪机构，而将车辆直接出售给买方的交易行为。交易可以在二手车交易市场内进行，也可以在场外进行。

　　（2）中介经营　中介经营是指二手车买卖双方通过中介方的帮助而实现交易，中介方收取约定佣金的一种交易行为。中介经营包括二手车经纪、二手车拍卖等。

　　① 二手车经纪。二手车经纪是指二手车经纪机构以收取佣金为目的，为促成他人交易二手车而从事居间、行纪或者代理等经营活动。

　　② 二手车拍卖。二手车拍卖是指二手车拍卖企业以公开竞价的形式将二手车转让给最高应价者的经营活动。

　　（3）二手车销售　二手车销售是指二手车销售企业收购、销售二手车的经营活动。

① 二手车置换。二手车置换也是一种二手车经销行为。

② 二手车典当。二手车典当不赎回的情况也可以算作一种二手车销售。二手车典当是指二手车所有人将其拥有的、具有合法手续的车辆质押给典当公司，典当公司支付典当当金，封存质押车辆，双方约定在一定期限内由出典人（二手车所有人）结清典当本息、赎回车辆的一种贷款行为。典当时二手车所有人须持合法有效的手续到典当行办理典当手续，由典当行工作人员和车主当面查验，填写机动车抵押/注销抵押登记申请表（此申请表必须交到车辆管理所备案），然后将二手车封入典当公司的专业车辆库房。如果到约定的赎回期限二手车所有人不赎回车辆，则典当行就可以依据协议自行处置该车，如出售。

13.1.1.2　二手车交易者类型

二手车可以在任何身份的人群中交易。根据二手车买卖双方身份不同，二手车交易者有以下四种类型。

（1）**个人对个人交易**　这种交易类型是：二手车所有权人为个人，二手车买受人也是个人。

（2）**个人对单位交易**　这种交易类型是：二手车所有权人为个人，二手车买受人是单位。

（3）**单位对个人交易**　这种交易类型是：二手车所有权人为单位，二手车买受人是个人。

（4）**单位对单位交易**　这种交易类型是：二手车所有权人为单位，二手车买受人也是单位。

13.1.2　二手车交易的相关规定

13.1.2.1　二手车交易地点

二手车应在车辆注册登记所在地交易，也就是说，二手车不允许在异地交易。

13.1.2.2　二手车办理转移登记手续地点

二手车转移登记手续应按照公安部门有关规定在原车辆注册登记所在地公安机关交通管理部门办理。需要进行异地转移登记的，由车辆原属地公安机关交通管理部门办理车辆转出手续，在接收地公安机关交通管理部门办理车辆转入手续。

13.1.2.3　建立二手车交易档案

交易后，二手车交易市场经营者、经销企业、拍卖公司应建立交易档案。交易档案主要包括以下内容。

① 法定证明、凭证复印件（主要包括车辆号牌、机动车登记证书、机动车行驶证和机动车安全技术检验合格标志）。

② 购车原始发票或者最近一次交易发票复印件。

③ 买卖双方身份证明或者机构代码证书复印件。

④ 委托人及授权代理人身份证或者机构代码证书，以及授权委托书复印件。

⑤ 交易合同原件。

⑥ 二手车经销企业的车辆信息表、二手车拍卖公司的拍卖车辆信息和二手车拍卖成交确认书。

⑦ 其他需要存档的有关资料。

交易档案保留期限不少于3年。

13.1.2.4 车辆交易规定

根据《二手车流通管理办法》的规定，下列车辆禁止经销、买卖、拍卖和经纪。

① 已报废或者达到国家强制报废标准的车辆。

② 在抵押期间或者未经海关批准交易的海关监管车辆。

③ 在人民法院、人民检察院、行政执法部门依法查封、扣押期间的车辆。

④ 通过盗窃、抢劫、诈骗等违法犯罪手段获得的车辆。

⑤ 发动机号码、VIN或者车架号码与登记号码不相符，或者有凿改迹象的车辆。

⑥ 走私、非法拼（组）装的车辆。

⑦ 不具有《二手车流通管理办法》第二十二条所列证明、凭证的车辆。

⑧ 在本行政辖区以外的公安机关交通管理部门注册登记的车辆。

⑨ 国家法律、行政法规禁止经营的车辆。

二手车交易市场经营者和二手车经营主体发现车辆具有④、⑤、⑥情形之一时，应当及时报告公安机关、工商行政管理部门等执法机关。

⊚ 小 / 提 / 示

《二手车流通管理办法》第二十二条规定，车辆法定证明、凭证主要包括机动车登记证书、机动车行驶证、有效的机动车安全技术检验合格标志、车辆购置税完税证明、车船税缴付凭证、车辆保险单（交强险）及其投保标志。

交易违法车辆的，二手车交易市场经营者和二手车经营主体应当承担连带赔偿责任和其他相应的法律责任。

此外，车辆上市交易前，必须先到公安机关交通管理部门申请临时检验，经检验合格，在其行驶证上签注检验合格记录后，方可进行交易。

13.2
▲ 二手车交易流程

13.2.1 二手车交易程序的种类

二手车交易不像一般商品交易那么简单，需要遵守相关的政策规定，按照一定的交易程序进行，这样才能保障买卖双方的利益。不论是哪一种交易类型，都必须办理过户相关手续，实现车辆所有权变更。目前，我国没有统一的二手车交易程序标准，各地二手车交易市场在二手车交易过程中程序可能有差异，但主要程序是基本相同的。下面以北京市二手车交易为例，介绍二手车交易的基本程序。

 小/提/示

根据二手车交易类型和开具销售发票的权限，二手车交易程序有二手车直接交易程序、二手车销售交易程序、二手车拍卖交易程序等3种。

13.2.1.1 二手车直接交易程序

二手车个人直接交易和通过二手车经纪机构进行的二手车交易，卖方不能直接给买方开具二手车销售统一发票。根据《二手车流通管理办法》规定，买卖双方达成交易意向后应当到二手车交易市场办理过户业务，由二手车交易市场经营者按规定向买方开具税务机关监制的统一发票——二手车销售统一发票（发票上必须盖有工商验证章才有效），以便办理车辆相关证件及手续的变更。这种交易的程序（流程）如图 13-1 所示。

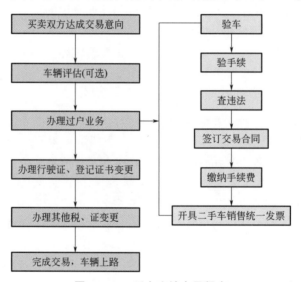

图 13-1　二手车直接交易程序

（1）**买卖双方达成交易意向**　买卖双方达成交易意向是指买卖双方已就二手车交易谈妥了相关条件（如成交价格），达成了成交愿望。交易意向的达成是买卖双方的一个谈判过程，一旦谈妥就可以办理交易过户的相关手续，完成交易。

（2）**车辆评估**　二手车鉴定评估是买卖双方达成交易意向后自愿选择的项目。《二手车流通管理办法》规定：交易二手车时，除属国有资产的二手车外，二手车鉴定评估应本着买卖双方自愿的原则，不得强制执行，更不能以此为依据强制收取评估费。

 小/提/示

消费者要求鉴定评估的目的主要有二：一是想通过鉴定评估了解二手车的技术状况，尤其是发现车辆存在的故障和安全隐患；二是了解二手车的真实价值。

对于不熟悉汽车性能的普通消费者来说，在购买二手车时，委托二手车鉴定评估机构做鉴定评估还是十分必要的。但一定要委托正规的、有资质的第三方评估机构（如二手车鉴定评估中心、资产评估事务所、价格认证中心），并签订鉴定评估委托书，以使自己的权益得到保证。消费者得到的鉴定评估结果是二手车鉴定评估报告书，由评估机构签章后生效，作为车辆交易的参考。

（3）**二手车交易中注意的问题**　下面通过一个评估案例介绍二手车交易中值得注意的一些问题。

在现实的二手车交易业务中，除了参考当前新车的售价以外，有时也要考虑二手车的原始价格，以平衡买卖双方的利益。

例如，某车是在半年前购买的，发票上注明的价格是 11.58 万元，而该车当时的厂家指导价为 11.98 万元，由此可见是优惠了 0.4 万元后购买的。而在半年后，厂家和 4S 店加大了对该车型的优惠幅度，达到 1.5 万元，提车时，发票上所注价格为 10.48 万元。那么，根据重置成本法中有关重置成本方面的要求，需要按 10.48 万元作为重置成本评估标准。假如按第一年折旧率 15%～20% 来计算，该车的收购行情价约在 8.4 万元至 8.9 万元。那么就与该车主原购买价有近 3.2 万元的差距。试想一下，11 万多元购买的新车，使用仅半年，且车况良好，卖车时损失近 3.2 万元，车主显然是无法接受的。

在二手车交易具体环节中，买卖双方都会追求自身利益的最大化，只有交易双方在达成一致、认可价格的基础上，才能进行交易。对于上述这辆车，如果二手车经营者想达成交易，就要保证车主的损失不应过大，至少应该在其可以接受的范围之内。所以，比较现实的做法就是依据购车发票上的原始价格，即 11.58 万元来进行价值评估，评估价范围在 9.2 万元至 9.8 万元之间。当然，如果收购价格达到 9.8 万元，与当前新车优惠后的购买价，即 10.48 万元过于接近，对二手车经营者来说，必然造成经营风险，所以现实中是采取"折中"的办法，一般会选择 9.2 万元的价格，或适当再高一些的价格。因为选择"9 万出头"这样的收购价，二手车商家再转手时，例如增加 0.7 万元至 0.9 万元的利润，销售价也不会超过 10 万元，这让消费者在心理上也可以接受。例如收购价超过 9.5 万元，那么想不超过 10 万元转手，利润最多不会超过 0.5 万元。这样对于二手车经营者而言，利润显然太薄了。但如果转手价超过 10 万元，就与新车售价（即 10.48 万元）非常接近，消费者是很难接受的。

从上面的例子可见原购车发票价格的重要性。所以在车辆收购环节中，不应过分依赖评估方法和各种公式，应权衡利弊，斟酌损益。二手车经营的最终目的是顺利地达成交易，实现经济利益。

⚙ **小 / 提 / 示**

> 一些使用年限短，通常为一年，或一年以内的车辆适用于上述办法。对于使用时间超过一年的，采用"重置成本法"较为有效。

13.2.1.2　二手车销售交易程序

由于二手车销售企业能够直接给购车者开具二手车销售统一发票，所以只要购车者和二手车销售企业达成交易意向，双方即可签订二手车交易合同。购车者付清车款后，企业按规定给购车者开具二手车销售统一发票，那么购车者就可以携带发票和要求的证件去相关部门办理车辆相关证件及手续的变更。这种交易的程序（流程）如图 13-2 所示。有关车辆的合法性手续，二手车经销企业在收购车时已经查验过，可以通过二手车交易合同加以保证。

13.2.1.3　二手车拍卖交易程序

根据《二手车流通管理办法》规定，二手车拍卖企业也能够直接给买受人开具二手车销售统一发票，所以在拍卖会结束后，买受人和拍卖企业签订成交确认书（相当于二手车交易合同），交款得到二手车销售统一发票，凭成交确认书到指定地点提车，然后携带发票和要求的证件去相关部门办理车辆相关证件及手续的变更。拍卖交易程序（流程）如图 13-3 所示。

小／提／示

> 有些拍卖企业虽然有二手车拍卖业务，但没有开具二手车销售统一发票的资格，此时，在交款后需要到指定的二手车交易市场办理相关过户手续，由市场按规定开具二手车销售统一发票。

有关车辆的合法性手续，二手车拍卖企业在接受拍卖委托时已经查验过，可以通过二手车拍卖成交确认书加以保证。

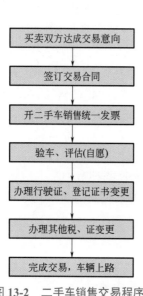

图 13-2　二手车销售交易程序

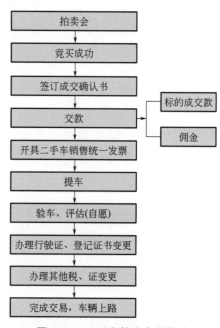

图 13-3　二手车拍卖交易程序

13.2.2　二手车交易过户业务的办理

二手车过户过程实际上是分为两个步骤——车辆交易过户和转移登记过户，两个步骤缺一不可。交易过户业务在二手车交易市场办理，获取二手车销售统一发票；转移登记过户业务在车管所办理，主要完成机动车登记证书的变更登记、核发机动车行驶证及机动车号牌。办理二手车交易时，如果原车主不来，可以授权委托其他人来办理交易及过户手续，但必须签署授权委托书（图13-4）。此委托书只在办理交易过户业务时使用，而办理转移登记过户业务不用。

授权办理旧机动车交易、过户委托书

本委托书现有旧机动车一辆，车辆号牌为_____
车辆型号为_____需出售。现委托_____
以委托人的名义办理上述旧机动车的交易、过户事宜。

委托人(签章)_____
_____年_____月_____日

注：1.此原件(或复印件)应由委托人主动向购买旧车的当事人提供。
2.以下手续由本委托人提供：(1)车辆登记证书原件；(2)本人身份证或单位法人代码证书；(3)车辆行驶证原件；(4)购车发票。

图 13-4 二手车交易、过户委托书

办理交易过户业务程序参见图 13-1。

13.2.2.1 验车

验车是买卖双方到二手车交易市场办理过户业务的第一道程序，由市场主办方委派负责过户的业务人员办理。验车的目的主要是检查车辆和行驶证上的内容是否一致，对车辆的合法性进行验证。检查的内容包括车主姓名、车辆品牌名称、车辆的号牌号码、车辆类型、车辆识别代号、发动机号、排气量、注册登记日期等，经检查无误后，填写车辆检验单（可参考图13-5），进入查验手续阶段。

××市××旧机动车交易市场车辆检验单

卖方：_____ 联系电话：_____
买方：_____ 联系电话：_____
车牌号码：_____ 车辆类型：_____
车辆品牌名称：_____ 车牌识别代号：_____
车辆使用性质：_____ 发动机号：_____

排气量：_____车辆出厂年份：_____车辆颜色：_____
注册登记日期：_____ 登记证号：_____
原购车价：_____ 交易管理费：_____ 有效期：_____
验车员：_____   年 月 日
备注：

号牌号码：_____ 登记日期：_____ 年份：_____
厂牌名称：_____ 颜色：_____ 排气量：_____
车辆类型：_____ 使用性质：_____ 原购车价：_____
经办人：_____
年 月 日

图 13-5 车辆检验单

13.2.2.2 验手续

 小/提/示

> 验手续主要是查验车辆手续和机动车所有人身份证明。目的是检验买卖双方所提供的所有手续是否具备办理过户的条件，检查有无缺失以及不符合规定的手续。

(1) 车辆手续检查

① 查验证件。查验证件的目的是查验交易车辆的合法性。每辆合法注册登记的机动车都有车辆管理所核发的机动车登记证书和机动车行驶证、机动车号牌，号牌必须悬挂在车体指定位置。二手车交易时主要查验以下证件：机动车来历证明、机动车登记证书和机动车行驶证。

② 查验税费证明。根据《二手车流通管理办法》规定，二手车交易必须提供车辆购置税、车船使用税和车辆保险单等税费缴付凭证。

(2) 机动车所有人身份证明 机动车所有人身份证明是车主身份的证明，目的是查验机动车所有人是否合法拥有该车的处置权。车主的身份证明有以下几种情况。

① 如果车主为我国自然人，则身份证件为个人身份证。个人身份又有本地和外地之分：本地个人，只需身份证原件；外地个人，需身份证原件和暂住证原件。

② 如果车主为企业，则身份证件为企业的法人代码证书。

③ 如果车主为外籍公民，则身份证件为其护照及工作（居留）证。

根据《二手车交易规范》规定，二手车交易市场经营者和二手车经营主体应按下列项目确认卖方的身份及车辆的合法性。

① 卖方身份证明或者机构代码证书原件合法有效。

② 车辆号牌、机动车登记证书、机动车行驶证、机动车安全技术检验合格标志真实、合法、有效。

③ 交易车辆不属于《二手车流通管理办法》第二十条规定禁止交易的车辆。

同时，二手车交易市场经营者和二手车经营主体应核实卖方的所有权或处置权证明。车辆所有权或处置权证明应符合下列条件。

① 机动车登记证书、行驶证与卖方身份证明一致；国家机关、国有企事业单位出售的车辆，应附有资产处理证明。

② 委托出售的车辆，卖方应提供车主授权委托书和身份证明。

③ 二手车经销企业销售的车辆，应具有车辆收购合同等能够证明经销企业拥有该车所有权或处置权的相关材料，以及原车主身份证明复印件。原车主姓名（名称）应与机动车登记证书、行驶证上的姓名（名称）一致。

13.2.2.3 查违法

查违法就是查询交易的二手车是否有违法行为记录。具体方法是登录车辆管理部门的信息数据库或查询网站进行查询。

13.2.2.4 签订交易合同

根据《二手车流通管理办法》规定，二手车交易双方应该签订交易合同，要在合同当中对二手车的状况、来源的合法性、费用负担以及出现问题的解决方法等各方面进行约定，以便分清各自的责任和义务。

二手车经过查验和评估后，其车辆的真实性和基本价格已基本确定。如果车主不同意评估价格，可以和二手车销售企业协商达成最终交易的价格，同时，需要原车主对其车辆的一些其他事宜（使用年限、行驶里程数、安全隐患、有无违章记录等）作出一个书面承诺。这些都是以签订交易合同的形式来确定。交易合同是确立买卖双方交易关系和履行责任的法律合约，是办理交易手续和过户手续的必要凭证之一。

13.2.2.5 缴纳手续费

手续费俗称过户费，是指在二手车交易市场中办理交易过户业务相关手续的服务费用。

目前，很多二手车交易市场的服务费是按照汽车的排量来进行定额收取的，小排量少收，大排量多收。如北京市旧机动车交易市场收取标准按排量、年份、价格来划分，并设有起始价和最低价。车辆初次登记日期在一年以内的车型按起始价收取费用，然后按使用年份逐年递减，直至最低价。微型轿车的过户费用 200 元起，1.0L 排量的轿车 300 元起，两者的过户费用最高均为 600 元。然后随着排量的增大，过户费用也随着增加，3.0L 排量的轿车最高的过户费用为 4000 元，最低为 500 元。相应的相同排量的客车与货车的过户费用低于轿车，最低的微型货车和农用车的过户费用只需 100 元。

13.2.2.6 开具二手车销售统一发票

二手车销售统一发票是二手车的来历证明，是办理转移登记过户手续的重要文件，因此，它又被称为"过户发票"。过户发票的有效期为一个月，买卖双方应在此期间内，到车辆管理部门办理机动车行驶证、机动车登记证书的相关变更手续。

二手车销售统一发票由从事二手车交易的市场、有开票资格的二手车经销企业或拍卖企业开具；二手车经纪公司和消费者个人之间二手车交易发票由二手车交易市场统一开具。二手车销售统一发票是采用压感纸印制的计算机票，一式 5 联，其中存根联、记账联、入库联由开票方留存；发票联交购车方、转移登记联交公安车辆管理部门办理过户手续。二手车销售统一发票的价款中不包括过户手续费和评估费。

开具的发票必须经驻场工商部门审验合格后，在已经开具的二手车销售统一发票上加盖工商行政管理局旧机动车市场管理专用章才能生效，这一步骤称为"工商验证"。

13.2.2.7 二手车交易完成后卖方应向买方交付的手续

二手车交易完成后，卖方应当及时向买方交付车辆、号牌及车辆法定证明、凭证。车辆法定证明、凭证主要包括机动车登记证书、机动车行驶证、有效的机动车安全技术检验合格标志、车辆购置税完税证明、车船使用税缴付凭证、车辆保险单。

13.2.3 二手车交易合同的订立

13.2.3.1 订立二手车交易合同的基本准则

二手车交易合同是指二手车经营公司、经纪公司与法人、其他组织和自然人相互之间为实现二手车交易的目的，明确相互权利义务关系，所订立的协议。

订立交易合同时须遵守以下基本原则。

（1）合法原则　订立二手车交易合同，必须遵守法律和行政法规。法律法规集中体现了人民的利益和要求。合同的内容及订立合同的程序、形式只有与法律法规相符合，才会具有法律效力，当事人的合法权益才可得到保护。任何单位和个人都不得利用经济合同进行违法活动，扰乱市场秩序，损害国家和社会利益，牟取非法收入。

（2）平等互利、协商一致原则　订立合同的当事人法律地位一律平等，任何一方不得以大欺小、以强凌弱，把自己的意愿强加给对方，双方都必须在完全平等的地位上签订二手车交易合同。

 小/提/示

> 　　二手车交易合同应当在当事人之间充分协商、意见一致的基础上订立，胁迫、乘人之危、违背当事人真实意志而订立的合同都是无效的，也不允许任何单位和个人进行非法干预。

13.2.3.2　交易合同的主体

二手车交易合同主体是指为了实现二手车交易目的，以自己名义签订交易合同，享有合同权利、承担合同义务的组织和个人。根据《中华人民共和国合同法》的规定，我国合同当事人从其法律地位来划分，可分为以下几种。

（1）法人　法人是指具有民事权利能力和民事行为能力，依法独立享有民事权利和承担民事义务的组织。

法人必须具备以下条件。

① 依法成立。

② 有必要的财产或经费。

③ 有自己的名称、场所和组织机构。

④ 能够独立承担民事责任的企业法人、机关法人、事业单位法人和社会团体法人。

（2）其他组织　其他组织是指合法成立、有一定的组织机构和财产，但又不具备法人资格的组织，如私营独资企业、合伙组织和个体工商户。

（3）自然人　自然人是指具有完全民事行为能力，可以独立进行民事活动的人。

13.2.3.3　交易合同的内容

（1）主要条款

① 标的。指合同当事人双方权利义务共同指向的对象，可以是物也可以是行为。二手车交易合同的标的是被交易的二手车。

② 数量。

③ 质量。是标的内在因素和外观形态优劣的标志，是标的满足人们一定需要的具体特征。

④ 履行期限、地点和方式。

⑤违约责任。

⑥根据法律规定的或按合同性质必须具备的条款及当事人一方要求必须规定的条款。

(2) 其他条款　它包括合同的包装要求、某种特定的行业规则和当事人之间交易的惯有规则。

13.2.3.4　交易合同的变更和解除

(1) 交易合同的变更　交易合同的变更，通常是指依法成立的交易合同尚未履行或未完全履行之前，当事人就其内容进行修改和补充而达成的协议。

交易合同的变更必须以有效成立的合同为对象，凡未成立或无效的合同，不存在变更问题。交易合同的变更是在原合同的基础上，达成一个或几个新的合同作为修正，以新协议代替原协议。所以，变更作为一种法律行为，使原合同的权利义务关系消灭，新权利义务关系产生。

(2) 交易合同的解除　交易合同的解除，是指交易合同订立后，没有履行或没有完全履行以前，当事人依法提前终止合同。

(3) 交易合同变更和解除的条件　合同法规定，凡发生下列情况之一，允许变更或解除合同。

①当事人双方经协商同意，并且不因此损害国家利益和社会公共利益。

②由于不可抗力致使合同的全部义务不能履行。

③由于另一方在合同约定的期限内没有履行合同。

13.2.3.5　违约责任

违约责任，是指交易合同一方或双方当事人由于自己的过错造成合同不能履行或不能完全履行，依照法律或合同约定必须承受的法律制裁。

(1) 违约责任的性质

①等价补偿。凡是已给对方当事人造成财产损失的，就应当承担补偿责任。

②违约惩罚。合同当事人违反合同的，无论这种违约是否已经给对方当事人造成财产损失，都要依照法律规定或合同约定，承担相应的违约责任。

(2) 承担违约责任的条件

①要有违约行为。要追究违约责任，必须有合同当事人不履行或不完全履行的违约行为。它可分为作为违约和不作为违约。

②行为人要有过错。过错是指当事人违约行为主观上出于故意或过失。故意，是指当事人应当预见自己的行为会产生一定的不良后果，但仍用积极的不作为或者消极的不作为希望或放任这种后果的发生；过失是指当事人对自己行为的不良后果应当预见或能够预见到，而由于疏忽大意没有预见到或虽已预见到但轻信可以避免，以致产生不良后果。

(3) 承担违约责任的方式

①违约金。指合同当事人因过错不履行或不适当履行合同，依据法律规定或合同约

定，支付给对方一定数额的货币。

根据合同法及有关条例或实施细则的规定，违约金分为法定违约金和约定违约金。

② 赔偿金。指合同当事人一方过错违约给另一方当事人造成的损失超过违约金数额时，由违约方当事人支付给对方当事人的一定数额的补偿货币。

③ 继续履行。指合同违约方支付违约金、赔偿金后，应对方的要求，在对方指定或双方约定的期限内，继续完成没有履行的那部分合同义务。

⊛ 小/提/示

> 违约方在支付了违约金、赔偿金后，合同关系尚未终止，违约方有义务继续按约履行，最终实现合同目的。

13.2.3.6　合同纠纷处理方式

合同纠纷，指合同当事人之间因对合同的履行状况不满意及不履行所发生的争议。根据合同法及有关条例的规定，我国合同纠纷的解决方式一般有协商解决、调解解决、仲裁和诉讼四种方式。

（1）协商解决　协商解决是指合同当事人之间直接磋商，自行解决彼此间发生的合同纠纷。这是合同当事人在自愿、互谅互让基础上，按照法律、法规的规定和合同的约定，解决合同纠纷的一种方式。

（2）调解解决　调解解决是指由合同当事人以外的第三人（交易市场管理部门或二手车交易管理协会）出面调解，使争议双方在互谅互让基础上自愿达成解决纠纷的协议。

（3）仲裁　仲裁是指合同当事人将合同纠纷提交国家规定的仲裁机关，由仲裁机关对合同纠纷作出裁决的一种活动。

（4）诉讼　诉讼是指合同当事人之间发生争议而合同中未规定仲裁条款或发生争议后也未达成仲裁协议的情况下，由当事人一方将争议提交有管辖权的法院按诉讼程序审理作出判决的活动。

13.2.3.7　二手车交易合同的种类

二手车交易合同按当事人在合同中处于出让、受让或居间中介的不同情况，可分为二手车买卖合同和二手车居间合同两种。

（1）二手车买卖合同

① 出让人（售车方）：有意向出让二手车合法产权的法人或其他组织、自然人。

② 受让人（购车方）：有意向受让二手车合法产权的法人或其他组织、自然人。

（2）二手车居间合同（一般有三方当事人）

① 出让人（售车方）：有意向出让二手车合法产权的法人或其他组织、自然人。

② 受让人（购车方）：有意向受让二手车合法产权的法人或其他组织、自然人。

③ 中介人（居间方）：合法拥有二手车中介交易资质的二手车经纪公司。

13.3

二手车办理车辆转移登记与过户

13.3.1 二手车办理车辆转移登记

13.3.1.1 办理车辆转移登记程序

二手车交易像买房子一样属于产权交易范畴，涉及相关的证明文件和必要手续。二手车交易后必须办理这些证明文件的转移登记手续，以完成手续完备的、合法的成交。机动车产权证明是机动车登记证书、机动车行驶证和机动车号牌。根据买卖双方的住所是否在同一车辆管理所管辖区内，机动车产权转移登记手续可分为同一车辆管理所管辖区内的所有权转移登记（即同城转移登记）和不同车辆管理所管辖区的所有权转移登记（即异地转移登记）两种登记方式。

> **小 / 提 / 示**
>
> 二手车同城转移登记手续应当在原车辆注册登记所在地公安交通管理部门办理。需要进行异地转移登记的，由车辆原属地公安交通管理部门办理车辆迁出手续，在接收地公安交通管理部门办理车辆迁入手续。

办理二手车转移登记手续的程序如图 13-6 所示。

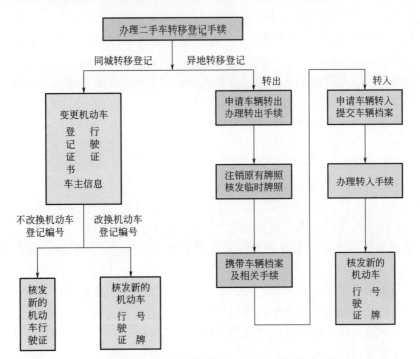

图 13-6 办理二手车转移登记手续的程序

13.3.1.2　二手车办理转移登记所需的手续及证件

二手车在同城交易和所有权转移登记时，根据买卖双方身份不同，二手车交易类型不同，办理转移登记时所需的手续和证件也相应不同。

(1) 二手车所有权由个人转移给个人

① 卖方个人身份证原件及复印件。

② 买方个人身份证原件及复印件。

③ 车辆原始购置发票或上次交易过户发票原件及复印件。

④ 过户车辆的机动车登记证书原件及复印件。

⑤ 过户车辆的机动车行驶证原件及复印件。

⑥ 二手车买卖合同。

⑦ 外地户口需持暂住证。

⑧ 过户车辆到场。

(2) 二手车所有权由个人转移给单位

① 卖方个人身份证原件及复印件。

② 买方单位法人代码证原件及复印件（须在年检有效期之内）。

③ 车辆原始购置发票或上次交易过户发票原件及复印件。

④ 过户车辆的机动车登记证书原件及复印件。

⑤ 过户车辆的机动车行驶证原件及复印件。

⑥ 二手车买卖合同。

⑦ 过户车辆到场。

(3) 二手车所有权由单位转移给个人

① 卖方单位法人代码证原件及复印件（须在年检有效期之内）。

② 买方个人身份证原件及复印件。

③ 车辆原始购置发票或上次交易过户发票原件及复印件（发票丢失需本单位财务证明信）。

④ 卖方单位须按实际成交价格给买方个人开具成交发票（需复印）。

⑤ 过户车辆的机动车登记证书原件及复印件。

⑥ 过户车辆的机动车行驶证原件及复印件。

⑦ 二手车买卖合同。

⑧ 过户车辆到场。

(4) 二手车所有权由单位转移给单位

① 卖方单位法人代码证原件及复印件（须在年检有效期之内）。

② 买方单位法人代码证原件及复印件（须在年检有效期之内）。

③ 车辆原始购置发票或上次交易过户发票原件及复印件（发票丢失需本单位财务证明信）。

④ 卖方单位须按实际成交价格给买方单位开具成交发票（需复印）。

⑤ 过户车辆的机动车登记证书原件及复印件。

⑥ 过户车辆的机动车行驶证原件及复印件。

⑦ 二手车买卖合同。

⑧ 过户车辆到场。

13.3.1.3 同城车辆所有权转移登记

已注册登记的机动车在同城（同一车辆管理所管辖区内）发生所有权转移时，只需要更改车主姓名（单位名称）和住所等资料，机动车及机动车号牌可以不变更。这种变更情形习惯上称为办理过户手续，即把机动车原车主的登记信息变更为新车主的登记信息。

(1) 过户登记的程序　现车主提出申请，填写机动车转移登记申请表（有的地区规定填写机动车变更过户及改装报废审批申请表）→机动车检测站查验车辆（同时对超过检验周期的机动车进行安全检测）→车辆管理所受理审核资料→在机动车登记证书上记载过户登记事项（对需要改变机动车登记编号的，确定机动车登记编号）→收回原机动车号牌和机动车行驶证→重新核发机动车号牌和机动车行驶证（对不需要改变机动车登记编号的，只需重新核发机动车行驶证）。

① 提出申请。现车主向车辆管理所提出机动车产权转移申请，填写机动车转移登记申请表。

② 交验车辆。现车主将机动车送到机动车检测站检测，查验车辆识别代码/车架号码是否有凿改，和车辆识别代码/车架号码的拓印膜是否一致。如果是已经超过检验周期的机动车，还要进行安全检测。

③ 受理审核资料。受理转移登记申请，查验并收存相关资料，向现车主出具受理凭证。审批相关手续，符合规定的在计算机登记系统中确认；不符合规定的说明理由开具退办单，将资料退回车主。

④ 办理新旧车主信息资料的转移登记手续。如果需要改变机动车登记编号的，则进行机动车号牌选号、照相，重新确定机动车登记编号，最后，在机动车登记证书上记载转移登记事项。

⑤ 收回原机动车行驶证，核发新的机动车行驶证。

⑥ 需要改变机动车登记编号的，收回原机动车号牌、机动车行驶证，确定新的机动车登记编号，重新核发机动车号牌、机动车行驶证和检验合格标志。

(2) 过户登记需要的材料

① 机动车转移登记申请表。

② 现车主的身份证明。

a. 机关、学校、工厂、公司等行政、事业、企业单位和社会团体的身份证明，是组织机构代码证书。上述单位已注销、撤销或者破产，其机动车需要办理变更登记、转移登记、注销登记和补领机动车登记证书、号牌、行驶证的，已注销的企业单位的身份证明，是工商行政管理部门出具的注销证明；已撤销的机关、事业单位的身份证明，是其上级主管机关出具的有关证明；已破产的企业单位的身份证明，是依法成立的财产清算机构出具的有关证明。

b. 外国驻华使馆、领馆和外国驻华办事机构、国际组织驻华代表机构的身份证明，是该使馆、领馆或者该办事机构、代表机构出具的证明。

c. 居民的身份证明，是居民身份证或者居民户口簿；在暂住地居住的内地居民，其身份证明是居民身份证和公安机关核发的居住、暂住证明。

d. 军人（含武警）的身份证明，是居民身份证。

e. 外国人的身份证明，是其入境的身份证明和居留证明。

f. 外国驻华使馆、领馆人员，国际组织驻华代表机构人员的身份证明，是外交部核发的有效身份证件。

③ 机动车登记证书（原件）。

④ 机动车行驶证（原件）。

⑤ 解除海关监管的机动车，应当提交监管海关出具的中华人民共和国海关监管车辆解除监管证明书。

⑥ 机动车来历凭证（二手车交易的机动车来历凭证就是二手车销售统一发票）。

⑦ 车辆购置税完税证明。

⑧ 所购买的二手车。

（3）过户登记的事项

① 现车主的姓名或者单位名称、身份证明名称、身份证明号码、住所地址、邮政编码和联系电话。住所地址是指：

a. 单位住所的地址为其组织机构代码证书记载的地址。

b. 居民住所的地址为其居民户口簿或者居民身份证或者暂住证记载的地址。

c. 军人住所的地址为其团以上单位出具的本人住所地址证明记载的地址。

② 机动车获得方式。机动车获得方式是指，人民法院调解、裁定、判决，仲裁机构仲裁裁决，购买、继承、赠予、中奖、协议抵偿债务、资产重组、资产整体买卖和调拨等。

③ 机动车来历凭证的名称、编号。

④ 转移登记的日期。

⑤ 海关解除监管的机动车，登记海关出具的中华人民共和国海关监管车辆解除监管证明书的名称、编号。

⑥ 改变机动车登记编号的，登记机动车登记编号。

（4）不能办理过户登记的情形

① 车主提交的证明、凭证无效的。

② 机动车来历凭证涂改的，或者机动车来历凭证记载的车主与身份证明不符的。

③ 车主提交的证明、凭证与机动车不符的。

④ 机动车未经国家机动车产品主管部门许可生产、销售或者未经国家进口机动车主管部门许可进口的。

⑤ 机动车的有关技术数据与国家机动车产品主管部门公告的数据不符的。

⑥ 机动车达到国家规定的强制报废标准的。

⑦ 机动车属于被盗抢的。

⑧ 机动车与该车的档案记载的内容不一致的。

⑨ 机动车未被海关解除监管的。

⑩ 机动车在抵押期间的。

⑪ 机动车或者机动车档案被人民法院、人民检察院、行政执法部门依法查封、扣押的。

⑫ 机动车涉及未处理完毕的道路交通安全违法行为或者交通事故的。

13.3.1.4　异地车辆所有权转移登记

二手车交易后，如果新车主和原车主的住所不在同一城市里，不能直接办理机动车登记证书和机动车行驶证的变更，需要到新车主住所所属的车辆管理所管辖区内办理。这就牵涉到二手车转出和转入登记问题。

（1）转出登记　车辆转出登记是指在现车辆管理所管辖区内已注册登记的车辆，办理车辆档案转出的手续。

一般是由于现车主的住所或工作地址变动等需要将车辆转出本地。

① 转出登记程序。现车主提出申请（填写机动车转移登记申请表）→车辆管理所受理审核资料→确认车辆→在机动车登记证书上记载转出登记事项→收回机动车号牌和机动车行驶证→核发临时行驶车号牌，密封机动车档案→交机动车所有人。

② 转出登记的规定。根据《机动车登记规定》，二手车交易后且现车主的住所不在原车辆管理所管辖区的，现车主应当于机动车交付之日（以二手车销售统一发票上登记日期为准）起 30 日内，向原二手车管辖地车辆管理所提出转移登记申请，填写机动车转移登记申请表，有些地方还要求车主签订外迁保证书。图 13-7 是北京市东方二手车交易市场的"客户须知及保证"的格式。

客户须知及保证

本人居住_____省_____购买
京_____车辆类型_____一辆。在北京市
东方旧机动车交易市场有限公司办理过户事宜。本人特
作出以下保证：

　1.在过户前已了解核实清楚此车的所有情况，对车辆状况认可，对交易过程无异议。

　2.在过户前已了解清楚此车可以在本人当地车管部门落籍。

　3.如该车不能办理转籍或不能在本人居住地的车管部门落籍，一切责任后果均由本人自行承担。

买方签字：

转入地：

年　　月　　日

图 13-7　二手车外迁时车主签订的保证书示例

③ 转出登记需要的资料。现车主在规定的时间内，持下列资料，向原二手车管辖地车辆管理所申请转出登记，并交验车辆。

a. 机动车转移登记申请表（有的地区规定需填写机动车定期检验表及机动车档案异动卡）。机动车定期检验表及机动车档案异动卡样例见表 13-1 和表 13-2。

表 13-1　机动车定期检验表样例

号牌号码　鄂 A					
车主				公、私	车主签章
住址			电话		
车辆类型	厂牌型号	车身颜色	驱动	燃料	
			×	油	
发动机号码			车架号码		
与行车执照记录有何变动					
安全检查组初检意见		检验部门结果	现有效期		监管机关审核意见
			年　　月止		
			检验员		
			登记员		

表 13-2　机动车档案异动卡样例

原车主		原号牌号码	
车辆类型		车型	
发动机号码		车架号码	
车辆报废			年　　月　　日
转籍去向			年　　月　　日
新车主		新号牌号码	
其他			
备注		经办人	
		档案员	

b. 现车主的身份证明。

c. 机动车登记证书（原件）。

d. 机动车来历凭证（二手车销售统一发票注册登记联原件）。

e. 如果属于解除海关监管的机动车，应当提交监管海关出具的中华人民共和国海关监管车辆解除监管证明书。

f. 交回机动车号牌和机动车行驶证。

④ 转出登记事项。车辆管理所办理转出登记时，要在机动车登记证书上记载下列转

出登记事项。

a. 现车主的姓名或者单位名称、身份证明名称、身份证明号码、住所地址、邮政编码和联系电话。

b. 机动车获得方式。机动车获得方式是指，人民法院调解、裁定、判决，仲裁机构仲裁裁决，购买、继承、赠予、中奖、协议抵偿债务、资产重组、资产整体买卖和调拨等。

c. 机动车来历凭证的名称、编号。

d. 转移登记的日期。

e. 海关解除监管的机动车，登记海关出具的中华人民共和国海关监管车辆解除监管证明书的名称、编号。

f. 改变机动车登记编号的，登记机动车登记编号。

g. 登记转入地车辆管理所的名称。

完成转出登记的办理后，收回机动车号牌和机动车行驶证，核发临时行驶车号牌，密封机动车档案，交给车主到转入地办理转入登记手续。

（2）转入登记

① 机动车转入登记的条件。

a. 现车主的住所属于本地车管所登记规定范围的。

b. 转入机动车符合国家机动车登记规定的。

② 转入登记规定。根据《机动车登记规定》，机动车档案转出原车辆管理所后，机动车所有人必须在90日内携带车辆及档案资料到住所地车辆管理所申请机动车转入登记。

③ 转入登记程序。车主提出申请→交验车辆→车辆管理所受理申请→审核资料→在机动车登记证书上记载转入登记事项→核发机动车号牌、机动车行驶证和检验合格标志。

a. 提出申请。车主向转入地车辆管理所提出转入申请，填写机动车注册登记/转入申请表（见表13-3）。

表13-3　机动车注册登记/转入申请表

申请事项		□注册登记　　　　　　□转入					
现机动车所有人	姓名/名称					联系电话	
	住所地址					邮政编码	
	身份证明名称	号码				□常住人口　□暂住人口	
	居住/暂住证明名称			号码			
机动车	机动车使用性质	□公路客运　□公交客运　□出租客运　□旅游客运　□租赁　□货运 □非营运　□警用　□消防　□救护　□工程抢险　□营转非　□出租营转非					
	机动车获得方式	□购买　□仲裁裁决　□继承　□赠予　□协议抵偿债务　□中奖 □资产重组　□资产整体买卖　□调拨　□境外自带　□法院调解、裁定、判决					
	机动车品牌型号						
	车辆识别代号/车架号						
	发动机号码						

相关资料	来历凭证	□销售/交易发票　□调解书　□裁定书　□判决书 □相关文书　□批准文件　□调拨证明　□仲裁裁决书	机动车所有人：
	进口凭证	□货物进口证明 □没收走私汽车、摩托车证明书 □中华人民共和国海关监管车辆进（出）境领（销）牌照通知书	
	其他	□国产机动车的整车出厂合格证 □机动车档案　　　□身份证明 □协助执行通知书　□公证书	
申请方式		□由现机动车所有人申请 □机动车所有人委托_____代理申请	（个人签字/单位盖章） 　年　月　日

代理人		姓名/名称			联系电话	
		住所地址			代理人：	
		身份证明名称	号码			
	经办人	姓名				
		身份证明名称	号码			
		住所地址			（个人签字/单位盖章）	
		签字		年　月　日	年　月　日	

填表说明：

① 填写时使用黑色、蓝色墨水笔，字体工整。

② 标注有"□"符号的为选择项目，选择后在"□"中画"√"。

③ 机动车所有人的住所地址栏，属于个人的，填写实际居住的地址；属于单位的，填写组织机构代码证书上签注的地址。

④ 机动车栏的"机动车品牌型号""车辆识别代号/车架号""发动机号码"项目，按照车辆的技术说明书、合格证等资料标注的内容与车辆核对后填写。

⑤ 申请方式栏，属于由机动车所有人委托代理单位或者代理人代为申请的，除在"□"内画"√"外，还应当在下划线处填写代理单位或者代理人的全称（姓名）。

⑥ 机动车所有人的签字/盖章栏，属于个人的，由机动车所有人签字；属于单位的，盖单位公章。

⑦ 代理人栏，属于个人代理的，填写代理人的姓名、住所地址、身份证明名称、号码，在代理人栏内签名，不必填写经办人姓名等项目；属于单位代理的，应填写代理栏的所有内容，代理单位应盖单位公章，经办人应签字。

b. 交验车辆。车主将机动车送到机动车检测站检测，车管所民警确认机动车的唯一性，查验车辆识别代号（车架号码）有无凿改嫌疑。

c. 车辆管理所受理申请。受理转入登记申请，查验并收存机动车档案，向车主出具受理凭证。

d. 审核资料。审批相关手续，符合规定的在计算机登记系统中确认，不符合规定的说明理由开具退办单，将资料退回车主。

e. 办理转入登记手续。审验合格后，进行机动车号牌选号、照相、确定机动车登记编号，并在机动车登记证书上记载转入登记事项。

f. 核发新的机动车号牌和机动车行驶证。

④ 转入登记需要的资料。

a. 机动车注册登记／转入申请表。

b. 车主的身份证明。

c. 机动车登记证书。

d. 机动车密封档案（原封条无断裂、破损）。

e. 申请办理转入登记的机动车的标准照片。

f. 海关监管的机动车，还应当提交监管海关出具的中华人民共和国海关监管车辆进（出）境领（销）牌照通知书。

由于各地区对车辆环保要求执行不同的标准，满足标准条件的，方允许机动车注册登记，以及接受转入登记的申请。所以，车主在将车辆转入"转入地"前，应向转入地的车辆管理部门征询该车辆是否符合转入条件。

⑤ 转入登记事项。车辆管理所办理转入登记时，要在机动车登记证书上记载下列登记事项。

a. 车主的姓名或者单位名称、身份证明号码或者单位代码、住所的地址、邮政编码和联系电话。

b. 机动车的使用性质。

c. 转入登记的日期。

属于机动车所有权发生转移的，还应当登记下列事项。

a. 机动车获得方式。

b. 机动车来历凭证的名称、编号和进口机动车的进口凭证的名称、编号。

c. 机动车办理保险的种类、保险的日期和保险公司的名称。

d. 机动车销售单位或者交易市场的名称和机动车销售价格。

⑥ 不能办理转入登记的情形。有下列情形之一的，不予办理转入登记。

a. 机动车所有人擅自改动、更换机动车或者机动车档案的。

b. 本节中"不能办理过户登记的情形"的。

13.3.2 相关税、证变更业务

二手车交易中，买方在变更车辆产权之后还需要进行车辆购置税、保险合同等文件的变更。各地在变更时对文件的要求不同，可以先到负责办理的单位窗口咨询一下。

13.3.2.1 车辆购置税的变更

车辆购置税的征收部门是车辆登记注册地的主管税务机关，办理变更时，需填写车辆变动情况登记表，并携带以下资料办理。

（1）车辆购置税同城过户业务办理

① 办理车辆购置税同城过户业务提供的资料：

a. 新车主的身份证明；

b. 二手车交易发票；

c. 机动车行驶证；

d. 车辆购置税完税证明（正本）。

上述资料均需提供原件及复印件。

② 办理车辆购置税同城过户业务流程：填写车辆变动情况登记表→报送资料→办理过户→换领车辆购置税完税证明。

（2）车辆购置税转籍（转出）业务办理

① 办理转籍（转出）业务提供的资料：

a. 车主身份证明；

b. 车辆交易有效凭证原件（二手车交易发票）；

c. 车辆购置税完税证明（正本）；

d. 公安车管部门出具的车辆转出证明材料。

上述资料均需提供原件及复印件。

② 办理转籍（转出）业务流程。填写车辆变动情况登记表→报送资料→领取档案资料袋。

（3）车辆购置税转籍（转入）业务办理

① 办理转籍（转入）业务提供的资料：

a. 车主身份证明；

b. 本地公安车管部门核发的机动车行驶证；

c. 车辆交易有效凭证原件（二手车交易发票）；

d. 车辆购置税完税证明；

e. 档案转移通知书；

f. 转出地车辆购置税办封签的档案袋。

② 办理转籍（转入）业务流程。填写车辆变动情况登记表→报送资料→换领车辆购置税完税证明（正本）。

13.3.2.2 车辆保险合同的变更

（1）办理车辆保险过户的方式　办理车辆保险过户有两种方式。

第一种是对保单要素进行更改，如更换被保险人与车主。

第二种就是申请退保，即把原来那份车险退掉，终止以前的合同。这时保险公司会退还剩余的保费。之后，新车主就可以到任何一家保险公司去重新办理一份车险。

（2）车辆保险合同变更的程序

① 填写一份汽车保险过户申请书，向原投保的保险公司申请办理批改被保险人称谓的手续。申请书上注明保险单号码、车牌号、新旧车主的姓名（名称）及过户原因，并签字或盖章，以便保险公司重新核保。

② 携带保险单和已过户的机动车行驶证，到保险公司的业务部门办理。

一般情况下，保险公司都会受理并出具一张变更被保险人的批单，批单上面写明了被保险人的变化情况。

第14章

二手车的收购与销售

14.1

二手车的收购

14.1.1　二手车收购定价影响因素

14.1.1.1　车辆的总体价值

二手车收购要充分考虑车辆的总体价值，它包括车辆实体的产品价值和各项手续的价值。

（1）车辆实体的产品价值　除了用鉴定估价的方法评估车辆实体的产品价值外，还应根据经验结合目前市场行情综合评定。主要评定的项目包括：车身外观整齐程度、漆面质量如何等静态检查项目和发动机怠速声音、尾气排放情况等动态检查项目。另外，配置、装饰、改装等项目也很重要，包括有无真皮座椅、电动门窗、中控防盗锁、音响等；有效的改装包括动力改装、悬架系统改装、音响改装、座椅及车内装饰改装等。

（2）各项手续的价值　主要包括：登记证书、原始购车发票或交易过户发票、行驶证、购置税本、车船使用税证明、车辆保险合同等。如果收购车辆的证件和税费凭证不全，就会影响收购价格，因为代办手续不但要耗费人工成本，而且可能造成转籍过户中意想不到的麻烦和带来许多难以解决的后续问题。

14.1.1.2　二手车收购后应支出的费用

二手车收购除了支付车辆产品的货币以外，从收购到售出时限内，还要支出的费用有：保险费、日常维护费、停车费、收购支出的货币利息和其他管理费等。

14.1.1.3　市场宏观环境的变化

二手车收购要注意国家宏观政策、国家和地方法规的变化因素以及这些影响导致的车辆经济性贬值。

14.1.1.4　市场微观环境的变化

这里所说的市场微观环境，主要指新车价格的变动以及新车型的上市对收购价格的影响。例如，一种新车降价后，旧车的保值率就降低了，贬值后收购价格自然也会降低。另外，新款车型问世挤压旧车型，"老面孔"们身价自然受影响。

14.1.1.5　经营的需要

二手车经营者应根据库存车辆的多少提高或降低收购价格。例如，本期库存车辆减少、货源紧张时，应适当提高车辆收购价格，以补充货源保证库存的稳定。反之，库存车辆多时，则应降低收购价格。另外一种情况是，某一车型出现断档情况，该车型的收购价格会提高。如某公司本期二手速腾轿车销售一空，该公司会马上提高速腾车型的收购价格。反之，如果某公司本期二手速腾轿车销路不畅，库存积压显著，那么应降低速腾轿车的收购价格，同时库存速腾轿车的销售价格也会降低。

14.1.1.6　品牌知名度和维修服务条件

对不同品牌的二手车，由于其品牌知名度和售后服务的质量不同，也会影响到收购价格的制定。像一汽、上汽、东风、广本等，都是国内颇具实力的企业，其产品具有很高的品牌知名度，技术相对成熟，维修服务体系也很健全，二手车收购定价可以适当提高。

14.1.2　二手车收购定价方法与收购价格的计算

14.1.2.1　二手车收购定价的方法

二手车收购价格的确定是根据其特定的目的，在二手车鉴定估价的基础上，充分考虑市场的供求关系，对评估的价格做快速变现的特殊处理。按不同的原则，一般有以下几种定价方法。

（1）以现行市价法、重置成本法的思想方法确定收购价格　由现行市价法、重置成本法对二手车进行鉴定估算产生的客观价格，再根据快速变现原则，估定一个折扣率并以此确定二手车收购价格。如运用重置成本法估算某机动车辆价值为10万元，据市场销售情况调查，估定折扣率为20%可出售，则该车辆收购价格为8万元。

（2）以清算价格的思想方法确定收购价格　清算价格的特点是企业（或个人）由于破产或其他原因，要求在一定的期限内将车辆变现，在企业清算之日预期出卖车辆可收回的快速变现资金，具体来说主要根据二手车技术状况，运用现行市价法估算其正常价值，再根据处置情况和变现要求，乘以一个折扣率，最后确定评估价格。

以清算价格的思想方法确定收购价格，由于顾客要求快速转卖变现，因此其收购估价大大低于二手车市场成交的同类型车辆的公平市价，一般来说也低于车辆现时状态客观存在的价格。

（3）**以快速折旧的思想方法确定收购价格**　根据机动车辆的价值，计算折旧额来确定收购价格。年折旧额的计算方法建议采用以下两种：年份数求和法和双倍余额递减折旧法。

14.1.2.2　二手车收购价格的计算

二手车收购价格的确定是指在被收购车辆手续齐全的前提下对车辆实体价格的确定。如果所缺失的手续能以货币支出补办，则收购价格应扣除补办手续的货币支出、时间和精力的成本支出，具体采用以下几种方法。

（1）**运用重置成本法**　运用重置成本法对二手车进行鉴定估价，然后根据快速变现的原则，估定一个折扣率，将被收购车辆的估算价格乘以折扣率，即得二手车的收购价格，用数学公式表示为：

$$收购价格 = 评估价格 \times 折扣率$$

（2）**运用现行市价法**　运用现行市价法对二手车确定评估价格，再根据上述办法计算收购价格，表达式同上式。

折扣率是指车辆能够当即出售的清算价格与现行市场价格之比值。它的确定是经营者在对市场销售情况充分调查和了解的基础上凭经验而估的。如某机动车辆运用重置成本法估算价值为 3 万元，根据市场销售情况调查，估定折扣率为 20％可当即出售，则该车辆收购价格为 2.4 万元。

（3）**运用快速折旧法**　首先计算出二手车已使用年数累计折旧额，然后，将重置成本全价减去累计折旧额，再减去车辆需要维修换件的总费用，即得二手车收购价格，用数学式表达为：

$$收购价格 = 重置成本全价 - 累计折旧额 - 维修费用$$

重置成本全价一律采用国内现行市场价格。

累计折旧额的计算方法是：先用年份数求和法或余额递减折旧法计算出年折旧额后，再将已使用年限内各年的折旧额汇总累加，即得累计折旧额。

维修费用是指车辆现时状态下，某功能完全丧失，需要维修和换件的费用总支出。

 小 / 提 / 示

注意：在快速折旧计算时，一般 K_0 值取机动车的重置成本全价，而不取机动车原值。

二手车的销售

二手车的销售价格是决定二手车流通企业收入和利润的唯一因素。因此，企业必须根据成本、需求、竞争及国家方针、政策、法规并运用一定的定价方法和技巧来对其产品制定切实可行的价格政策。

14.2.1　二手车销售定价影响因素

（1）**成本因素**　二手车流通企业销售定价应分析价格、需求量、成本、销量、利润之间的关系，正确地估算成本，以作为定价的依据。二手车销售定价时应考虑收购车辆的总成本费用，总成本费用由固定成本费用和变动成本费用之和构成。

（2）**供求关系**　供求关系表明价格只能围绕价值上下波动，而价值仍然是确定价格水平及其变动的决定性因素，企业在定价决策时，除以产品价值为基础外，还可以自觉运用供求关系来分析和制定产品的价格。

对于二手车来说，其需求弹性较强，即二手车价格的上升（或下降）会引起需求量较大幅度地减少（增加）。因此，我们在二手车的销售定价时，应该把价格定得低一些，应该以薄利多销达到增加赢利、服务顾客的目的。

（3）**竞争状况**　为了稳定维持自己的市场份额，二手车的销售定价要考虑本地区同行业竞争对手的价格状况，根据自己的市场地位和定价的目标，选择与竞争对手相同的价格，甚至低于竞争对手的价格进行定价。

（4）**国家政策法令**　任何国家对物价都有适度的管理，国家可以通过物价部门直接对企业定价进行干预，也可以用一些财政、税收手段对企业定价实行间接影响。

14.2.2　二手车销售定价的目标分析

二手车销售定价的目标是指二手车流通企业通过制定价格水平，凭借价格产生的效用来达到预期目的要求。企业在定价以前，必须根据企业的内部和外部环境，制定出既不违背国家的方针政策，又能协调企业的其他经营目标的价格。企业定价目标类型较多，二手车流通企业要根据自己树立的市场观念和市场微观、宏观环境，确立自己的销售定价目标。

 小 / 提 / 示

> 企业定价目标主要有两大类，即获取利润目标和占领市场目标。

（1）**获取利润目标**　利润是考核和分析二手车流通企业营销工作好坏的一项综合性指标，是二手车流通企业最主要的资金来源。以利润为定价目标有3种具体形式：预期收益、最大利润和合理利润。

（2）**占领市场目标**　以市场占有率为定价目标是一种志存高远的选择方式。市场占有率是指一定时期内某二手车流通企业的销售量占当地细分市场销售总量的份额。市场占有率高意味着企业的竞争能力较强，说明企业对消费信息把握得较准确、充分，资料表明，企业利润与市场占有率正向相关。提高市场占有率是增加企业利润的有效途径。

14.2.3　二手车销售定价的方法分析

定价方法是二手车流通企业为了在目标市场实现定价目标，给产品制定基本价格和浮动范围的技术思路。由于成本、需求和竞争是影响企业定价的最基本因素，产品成本决定了价格的最低限，产品本身的特点，决定了需求状况，从而确定了价格的最高限，竞争者产品与价格又为定价提供了参考的基点，也因此形成了以成本、需求、竞争为导向的三大基本定价思路。

14.2.4　二手车销售定价的策略分析

二手车销售定价策略是指二手车流通企业根据市场中不同变化因素对二手车价格的影响程度采用不同的定价方法，制定出适合市场变化的二手车销售价格，进而实现定价目标的企业营销战术。

（1）阶段定价策略　阶段定价策略就是根据产品寿命周期各阶段不同的市场特征而采用不同的定价目标和对策。

（2）心理定价策略　心理定价策略就是在补偿成本的基础上，按不同的需求心理确定价格水平和变价幅度。

（3）折扣定价策略　灵活运用价格折扣策略，可以鼓励需求、刺激购买，有利于企业搞活经营，提高经济效益。

14.2.5　二手车销售最终价格的确定

二手车流通企业通过以上程序制定的价格只是基本价格，只确定了价格的范围和变化的途径。为了实现定价目标，二手车流通企业还需要考虑国家的价格政策、用户的要求、产品的性价比、品牌价值及服务水平，应用各种灵活的定价战术对基本价格进行调整，同时将价格策略和其他营销策略结合起来，如针对不同消费心理的心理定价和让利促销的各种折扣定价等，以确定具体的最终价格。

14.3
二手车置换

随着我国汽车产业的快速发展，汽车保有量越来越多，同时人们对汽车的需求也越来越多样化，二手车置换作为汽车交易的一种方式逐渐显示出满足人们需要的优越性和调节汽车流通的重要作用。

14.3.1　二手车置换的定义

从国内正在操作的二手车置换业务来看，对二手车置换的定义有狭义和广义的区别。从狭义上来说，二手车置换就是以旧换新业务。经销商通过二手商品的收购与新商品的对等销售获取利益。目前，狭义的置换业务在世界各国都已成为流行的销售方式。而广义的二手车置换概念则是指在以旧换新业务基础上，还同时兼容二手商品整新、跟踪服务及二手商品在销售乃至折抵分期付款等项目的一系列业务组合，从而使之成为一种独立的营销方式。二手车作为替代产品，已经对新车销售构成威胁。国内各地的二手车市场虽然起步较晚，但目前的交易规模已经相当可观，狭义置换业务也得到长足的发展；广义的置换业务在国内尚处于萌芽状态，亟待各方面的关心和扶持。

14.3.2　国内主要二手车置换运作模式

14.3.2.1　我国二手车置换模式

从国内的交易情况来看，目前在我国进行二手车置换有 3 种模式。

① 用本厂旧车置换新车（即以旧换新）。如厂家为"一汽大众"，车主可将旧高尔夫车折价卖给一汽大众的零售店，再买一辆新迈腾。

② 用本品牌旧车置换新车。如品牌为"大众"，假设拥有一辆旧速腾的车主看上了帕萨特，那么他可以在任何一家"大众"的零售店里置换到一辆他喜欢的帕萨特。

③ 只要购买某厂家的新车，置换的旧车不限品牌。国外基本上采用的是这种二手车置换方式。上海通用汽车"诚新二手车"开展的就是这种二手车置换模式，消费者可以用各种品牌的二手车置换别克品牌的新车。

如果考虑买车人的选择余地和便利程度，当然是第 3 种方式最佳。不过，这种方式对厂商和经销商而言非常具有挑战性。这是因为，中国的车主一般既不从一而终地在指定维修点维护修理，也不保留车辆的维修档案，车况极不透明；再者，不同品牌、不同型号的车在技术和零部件上千差万别；而且，对于个别已经停产车型更换零部件将越来越麻烦。

此外，也有委托寄卖等置换模式。委托寄卖主要分为：一是自行定价型，即是由消费者自行定价，委托商家代卖，等到成交后再支付佣金；二是二次付款型，它是由商家先行支付部分费用，等到成交后再付余款，佣金以利润比例来定；三是周期寄卖型，其方式是由商家向车主承诺交易周期，车价由双方共同确定，而佣金则以成交时间和成交金额双重标准来定。

车辆更新对于车主来说，是一个烦琐的过程，首先要到二手车市场把车卖掉，这其中要经历了解市场行情、咨询二手车价格、与二手车经纪公司讨价还价直至成交、办理各种手续和等待回款，至少要好几天，等拿到钱后再到新车市场买新车，又是一番周折。对于车主来说更新一部车比买新车麻烦得多。在生活节奏日益加快的今天，人们期盼有一种便捷的以旧换新业务，使他们在自由选择新车的同时，很方便地处理要更新的旧车。因此，具有二手车置换资质的经销商作为中介的重要作用就显现出来。

14.3.2.2 二手车置换授权经销商

二手车置换授权经销商是我国二手车置换运作的中介主体。二手车置换授权经销商的车辆置换服务将消费者淘汰旧车和购买新车的过程结合在一起，一次完成甚至一站完成，为用户解决了先要卖掉旧车再去购买新车的麻烦。我国二手车置换授权经销商的二手车置换服务一般具有以下特点。

① 打破车型限制。与以往的一些开展二手车置换的厂家或品牌专卖店不同，二手车置换授权经销商对所要置换的旧车以及选择购买的新车，都没有品牌及车型的限制，可以任意置换。二手车置换授权经销商采用汽车连锁超市的模式经营新车的销售，连锁超市中经营的汽车品牌众多，可以满足消费者的不同需求，也可根据顾客的要求，到指定的经销商处，为顾客购进指定的车辆，真正做到了无品牌限制的置换。

② 让利置换，旧车增值。二手车置换授权经销商将车辆置换作为顾客购买新车的一项增值服务，与顾客将旧车出售给二手车经纪公司不同，二手车置换授权经销商通常是以二手车交易市场二手车收购的最高价格甚至高出的价格，确定二手车价格，经双方认可后，置换二手车的钱款直接冲抵新车的价格。

二手车置换授权经销商有自己的二手车经纪公司，同时与二手车交易市场中的众多经纪公司保持联系，保证市场信息渠道的畅通，以及所置换的旧车能够有快速的通路。车况较好的旧车，二手车置换授权经销商经过整修后，补充到租赁车队中投放低端租车市场，用租赁收入弥补旧车的增值部分后，再送到二手车市场出售；或者发挥二手车置换授权经销商租车网络优势，在中小城市租赁运营。

③ "全程一对一"的置换服务。二手车置换授权经销商汽车连锁销售提供的车辆置换服务，是一种"全程一对一"的服务模式。由于二手车置换授权经销商的业务涉及汽车租赁、销售、金融以及二手车经纪，因此顾客在二手车置换授权经销商选择置换的购车方式后，从旧车定价、过户手续，到新车的贷款、购买、保险、牌照等过程都由二手车置换授权经销商公司内部的专业部门完成，保证了效率和服务水准。

④ 完善的售后服务。在二手车置换授权经销商处通过置换购买的新车，二手车置换授权经销商将提供包括保险、救援、替换车、异地租车等在内的完善的售后服务。对于符合条件的顾客，二手车置换授权经销商还提供更加个性化的车辆保值回购计划，使顾客无须考虑再次更新时的车辆残值，可以安心使用车辆。

14.3.3 二手车置换质量认证

二手车置换中一个最重要、最容易引起争议的问题就是置换旧车的质量问题。和新车交易相比，二手车市场存在很多不透明的地方，二手车评估本身就比较复杂，加上二手机动车交易又是"一旦售出，后果自理"，所以在购买二手车的时候，大部分的消费者并不信任卖家。为了保障交易双方权益、减少纠纷，我国的汽车厂商开始了对汽车进行质量认证的业务。汽车厂家利用自己的技术、设备、人员以及信誉优势，对回购的二手车进行检测、修复，给当前庞大的二手车消费群体提供"放心车""明白车"，即使价格高于其他市场上的二手车，消费者也认为值得。同时汽车厂家介入二手车市场也为规范二手车市场、降低交通安全隐患带来积极影响。

14.3.3.1 认证的基本概念

经汽车厂商授权的汽车经销商将收上来的该品牌二手车进行一系列检测、维修之后，使该车成为经品牌认证的车辆，销售出去之后可以给予一定的质量担保和品质保证，这一过程通称为认证。

二手车认证方案的开展是市场对二手车刮目相看的首要原因，现在已经得到广泛的支持，很多汽车生产厂家还针对二手车推出一些令人鼓舞的消费措施。目前，认证方案项目一般包括合格的质量要求、严格的检测标准、质量改进保证、过户保证以及比照新车销售推出的送货方案，一些大公司开展的认证还包括提供与新车一样利率的购车贷款。通过认证，顾客和经销商双方都从中得到了实惠。首先顾客对自己购买二手车的心态更加趋于平和，相应地，经销商也实现了认证车辆的溢价销售。而且，顾客再不会有车刚到手就发生故障的经历，经销商也不必再面对恼怒顾客的争吵。

14.3.3.2 我国的二手车认证

我国的二手车认证主要是在一些合资企业中开展，这其中以上汽通用公司和一汽大众公司为代表，我国一般的二手车认证流程如图 14-1 所示。

（1）**上汽通用公司的二手车认证** 上汽通用认证的二手车要经过多道程序的严格筛选。认证的二手车有自己统一的品牌，是和诚信谐音的"诚新"。能通过认证，并打上这个牌子的二手车要达到以下条件：首先是无法律纠纷，非事故车，无泡水经历；其次使用不超过 5 年，行驶 10 万公里以内；原来用途不是营运和租赁。

上汽通用的二手车认证有 106 项检验项目，这 106 项检验要进行两次，进场第一次，整修后还要进行一次。106 项检验主要包括车身、电气、底盘、制动等 6 大类，基本囊括了整个汽车的零配件。通过筛选的二手车，经过整修，再进行 106 项检测，全部合格后才能获得上汽通用公司的认证书。

经认证过的二手车出售后能获得使用半年或行驶 1 万公里的质量保证，在质保期间，如果车辆出现质量问题，客户可以在全国联网的品牌专业维修店获得免费修理和零配件更换。

（2）**一汽大众公司的二手车认证** 一汽大众的二手车认证有 141 项检测标准，包括：
① 发动机（检查压缩比、排放、点火正时等 11 项）。
② 离合器（离合器线束调整、噪声检测等 5 项）。
③ 变速器（变速器各挡位操控性、变速器油位等 8 项）。
④ 悬架（减振器泄漏等 5 项）。
⑤ 传动系统（差速器泄漏和噪声等 4 项）。
⑥ 转向系统（转向齿条等 7 项）。
⑦ 制动（制动蹄片磨损情况等 8 项）。
⑧ 制冷系统（管道泄漏等 4 项）。
⑨ 轮胎轮辋（前轮定位等 5 项）。
⑩ 仪表（仪表灯亮度等 15 项）。
⑪ 灯光系统（车内外灯光光线、报警灯等 10 项）。

⑫ 电子电器（蓄电池、各种熔断器等 8 项）。

⑬ 车辆外部（刮水器胶皮磨损等 7 项）。

⑭ 车辆内部（座椅、杯架、后视镜等 9 项）。

⑮ 空调（气流、风向等 6 项）。

⑯ 收音机及 CD（播放器、扬声器等 3 项）。

⑰ 内饰外观（各种塑料件、装饰件等 3 项）。

⑱ 车身及漆面（破裂、剐蹭等 5 项）。

⑲ 完备性（备胎、说明书等 7 项）。

⑳ 最终路试（操控性、循迹性等 11 项）。

14.3.4 二手车置换的服务程序

二手车置换包括旧车出售和新车购买两个环节。不同的二手车置换授权经销商对二手车置换流程的规定不完全一样，一汽大众二手车置换流程如图 14-2 所示。

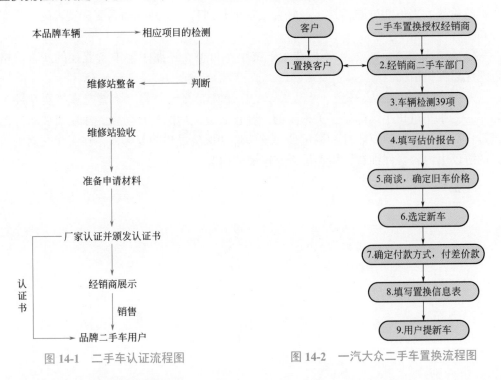

图 14-1　二手车认证流程图　　　　图 14-2　一汽大众二手车置换流程图

国内一般二手车置换程序如下。

① 顾客通过电话或直接到二手车置换授权经销商处进行咨询，也可以登录二手车置换授权经销商的网站进行置换登记。

② 汽车评估定价。

③ 二手车置换授权经销商销售顾问陪同选订新车。

④ 签订旧车购销协议以及置换协议。

⑤ 置换旧车的钱款直接冲抵新车的车款，顾客补足新车差价后，办理提车手续，或

由二手车置换授权经销商的销售顾问协助在指定的经销商处提取所订车辆，二手车置换授权经销商提供一条龙服务。

⑥ 顾客如需贷款购新车，则置换旧车的钱款作为新车的首付款，二手车置换授权经销商为顾客办理购车贷款手续，提供因汽车消费信贷所产生的资信管理服务，并建立个人资信数据库。

⑦ 二手车置换授权经销商办理旧车过户手续，顾客提供必要的协助和材料。

⑧ 二手车置换授权经销商为顾客提供全程后续服务。

在二手车置换中，新车可选择仍使用原车牌照，或上新牌照，购买新车需交钱款为新车价格－旧车评估价格。如果旧车贷款尚未还清，可由经销商垫付还清贷款，款项计入新车需交钱款。

14.3.5　二手车置换注意事项

（1）充分了解二手车价格　在置换前不妨多参考一些评估价格，既不能过低估计自己车辆的价格，更不能过高估计，最好直接将车开到有一定品牌知名度和实力的二手车经纪公司实际评估一下。

（2）掌握新车优惠情况　不但要了解二手车价格，还要了解准备置换的新车价格以及近期优惠促销情况。

（3）注意过户手续要齐全，所签协议的条款内容要仔细看　不管是直接卖车还是置换新车，二手车过户手续都是至关重要的。在正式成交后的过户阶段，车主可要求经销商提供过户后的交易发票复印件、登记证书复印件和保险过户的复印件。在买卖交易的时候签订的协议书内容要仔细看，检查是否有遗漏的内容。

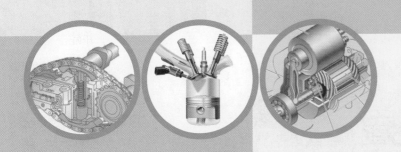

第5篇

二手车的清洗、维修与整备

第15章

二手车的清洗

二手车商收到二手车之后第一件事就是对车辆的里里外外进行彻底的清洗，一般小的车商平时在店里面没有事情的时候会自己清洗，而一些大车商由于手上的二手车非常地多，所以并不会自己清洗，市场里面有专门清洗二手车的商家，可将二手车交给专门人员进行清洗。

15.1 外观的清洗

15.1.1 第一遍冲洗（车身预冲洗）

（1）注意如下数据

① 调整洗车机压力至 4MPa 左右（车身预冲洗时一定要把水压适当调高，通过改变水枪与车身的距离来调整水压）。

② 水枪方向与车身保持 45°夹角。

③ 水枪与车身之间距离在 25 ～ 60cm。

④ 水流扇面形状在 15°～ 20°为宜，缝隙和拐角等处用柱状水流冲洗。

 小 / 提 / 示

> 因为脏污的车身上会有大量的尘土和砂粒，通过各种方式牢固地黏附在车身上，水压小的话很难把它们冲洗掉，会为下一道工序埋下隐患。但是水压也不要调得太高，否则会损伤漆面和其他零件。

（2）**冲洗的顺序**　车身冲洗的顺序如下：前风挡玻璃→引擎盖→车顶前至后→后风挡玻璃→后备厢→后保险杠→后翼子板→后轮胎→后门→前门→前翼子板→前轮→前保险杠→前翼子板→前轮→前门→后门→后翼子板→后轮（注意减少重复冲洗）。如图 15-1 所示为冲洗车顶。

图 15-1　冲洗车顶

 小/提/示

◆冲洗的顺序一定要遵循由上到下、从前到后的原则，从车顶到底盘、从发动机罩到行李厢盖仔细冲洗，不要放过任何一个缝隙和拐角等容易积存砂土的地方。

◆车身通体均用高压水枪打湿，涂面无大颗粒泥沙或污物后，才能确保下一步骤的顺利进行。

车轮上方的车身圆弧里，由于车轮滚动甩上来大量的泥沙和污物，一定要清洗干净，如图 15-2 所示。

图 15-2　冲洗车轮上方的车身圆弧

（3）**冲洗完操作顺序**　冲洗完毕之后，应先关闭洗车机开关，然后关闭高压水枪，否则较高的水压会导致水管爆开。

（4）要点与质量标准

① 要点：用水枪由上而下冲洗车身污物的整个过程中始终向另一边的斜下方冲洗，尽量避免正向或反向冲洗。

② 质量标准：车身通体用高压水枪冲洗，直至车身表面无泥沙为止。

15.1.2 喷洒泡沫（洗车液）并擦匀

（1）喷洒泡沫和擦洗　如图15-3所示，喷洒的泡沫要均匀、适量，喷洒泡沫也是按从上到下的顺序来进行。

图15-3　喷洒的泡沫

（2）擦拭车身　喷完车身清洗剂以后，如图15-4所示，带上浸泡过的干净毛手套，轻轻将车身擦拭一遍，以便彻底去除顽固的油渍。

擦洗顺序：前风挡玻璃→发动机盖→前保险杠→车顶→后风挡玻璃→后备厢→左右侧面→保险杠以下部分（车裙、车轮、挡泥板）。用毛手套擦拭的部位是车身上有油漆的表面和汽车玻璃表面。

图15-4　用毛手套擦拭

对于轮胎和门槛下缘等车体下部部位，一定要用专用的海绵或刷子单独清理。防止工具混用对车漆和玻璃造成意外损伤。如图 15-5 所示。

图 15-5　清理轮胎和轮辋

如图 15-6 所示，将所有的脚垫用高压水枪冲洗，然后用专用的海绵或刷子单独清理。

图 15-6　用高压水枪冲洗脚垫

（3）要点与质量标准

① 要点：洗车液要均匀擦拭，全车无遗漏；擦洗车身的海绵一定要干净无泥沙而且要很湿润，擦洗完每台车辆后，海绵一定要冲洗干净并放在干净的水里泡洗；在擦洗过程中要注意边角、轮框、车牌、挡泥板、倒车镜、天线等经常遗漏的部位；保险杠以下部分和以上部分施工海绵应分两块，不得混用。

② 质量标准：均匀、无遗漏地擦拭车身表面，直至车身表面遍布泡沫。

15.1.3　第二遍冲洗

（1）冲洗方法　如图 15-7 所示，二次冲洗的目的是把清洗剂泡沫和污水完全冲掉。所以这时冲洗的水压不用过高，水流扇面在 30°～45° 为宜，水枪距离仍然保持在半米左右。依然按从上到下、从前到后的顺序进行。当车身上的水自然流下时，呈现帘幕状，没有油珠的感觉，说明车身已经清洗干净了。

图 15-7　二次冲洗

（2）冲洗顺序　第二遍冲洗的顺序是：前风挡玻璃→发动机盖→车顶前至后→后风挡玻璃→后备厢→后保险杠→后翼子板→后轮胎→后门→前门→前翼子板→前轮→前保险杠→前翼子板→前轮→前门→后门→后翼子板→后轮（注意减少重复冲洗）。

（3）要点与质量标准

① 要点：从上到下擦洗之后，开始用水枪冲洗车身污物，由上而下，整个过程始终向另一边的斜下方冲洗。尽量避免反向冲洗，尽量在洗车液干燥前冲水。

② 质量标准：无泡沫和泥沙残留物。

15.1.4　刮水与精细擦拭

（1）刮水　如图 15-8 所示，车身清洗用的刮水板是经过专业设计的，它就像风挡玻璃刮水器一样，能适应车身的不同流线，并且与车身表面的接触非常严密。刮水操作快捷彻底，省时省力。

图 15-8　刮水

（2）鹿皮精细擦拭　鹿皮精细擦拭如图 15-9 所示，鹿皮一定要浸泡透、拧干后再使用，这样它的吸水性会更好。精细擦拭一定要仔细、彻底，不要忽略了车门、行李厢盖内边缘和门框等部位。

图 15-9　鹿皮精细擦拭

15.1.5　车身的擦干

（1）车身擦干的顺序　车身擦干的顺序是：前风挡玻璃→发动机盖→前保险杠→车顶→侧面（玻璃、门）→后备厢盖（从上到下擦拭，应尽量减少重复）。

（2）要点与质量标准

① 要点：先以大毛巾把全车水珠擦一遍，再将大毛巾对折擦去前面所留下的水痕。

② 质量标准：漆面无水渍、无残留物。

15.1.6　四门边的清洁与吹干

（1）四门边清洁　擦门边应把各门打开来擦，要求各门槛、门边不得有水滴，特别是门柱。

质量标准：门槛无水迹，门边储物箱里无垃圾。

（2）吹干　如图 15-10 所示，锁孔、门缝、车窗密封条、倒视镜壳、油箱盖等部位用压缩空气辅助吹干，尤其是钥匙孔里的水分更要吹干净。在北方的冬季，经常会发生洗车后车锁被冻住而无法开、锁车门的事情，有时还会因为油箱盖打不开而无法加油。

图 15-10　吹干门缝、车窗密封条等部位

清洗车辆的外表面后，一般还要对整车进行抛光和打蜡。

15.2

内饰的清洗

15.2.1　内饰的损坏与污染原因

汽车内部饰件在使用过程中会受到各种不同程度的损伤，主要表现在塑料件和橡胶制品在风吹日晒的情况下因氧化龟裂而失去光泽，皮革件易出现老化、磨损、褪色，纤维制品易受到尘埃脏物污染及氧化褪色而影响汽车的舒适性和美观，乃至缩短其使用寿命。

（1）老化　汽车驾驶室内所有的物品随着使用时间、次数的增加，都会产生老化现象。在汽车内饰当中塑料、橡胶等高分子材料最容易老化，如仪表板、车门内衬板等内部饰件。如图 15-11 所示，二手车已老化的座椅，既影响美观，也影响乘坐的舒适性。

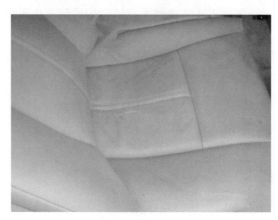

图 15-11　老化的座椅

（2）磨损和撕裂　磨损是使用频率过高造成的。最容易受到磨损的部位有：转向盘 ［图 15-12（a）］、脚踏板 ［图 15-12（b），离合器踏板、制动器踏板、油门踏板］、座椅、扶手、变速器换挡杆头 ［图 15-12（c）］等。

(a) 磨损的转向盘　　　　　　　(b) 脚踏板　　　　　　　(c) 变速器换挡杆头

图 15-12　磨损的部位

15.2.2 内饰清洗流程

一般按如下流程清洗内饰。

① 清除灰尘和杂物。将车内的脚垫等无关的杂物取出，倒掉烟灰缸内的烟灰和烟蒂。尽量清除车内的垃圾。车门保持开启状态。

② 打开空调吹风机到最大挡，并拨弄空调出风口风向调节钮，清除空调系统内部的灰尘，如图15-13所示。

图 15-13　拨弄空调出风口风向调节钮

对于仪表板上那些沟沟坎坎的地方需用自己设计的专用工具：用各种不同厚度的木片或尺子片，把它们的头部修理成斜三角、矩形或尖形等不同样式，然后把它们包在干净的抹布里面清扫。

③ 用吸尘器清除座椅下部等边角处的灰尘和杂物，座椅要配合着前后调节，靠背放平，尽量将夹缝清洁干净。如图15-14所示。

图 15-14　清除杂物

④ 在车门上方的顶棚处和手扶部位，由于人员上下车的刮蹭，污渍最多，最难清洗。可用蒸汽清洗，还能将顶棚内的细菌杀死。如图15-15所示。

图 15-15　清洗顶棚

⑤ 如图 15-16 所示，安全带在清洗时，要使用车内清洁剂或温水清洗并自然干燥，不能使用人工加热如烘烤等方式，这样会影响安全带的安全性能和使用寿命。

图 15-16　清洗安全带

15.2.3　保养护理

（1）保养车门内饰板　如图 15-17 所示，取保养剂喷涂于柔软毛巾或无纺布上，均匀涂于车门内饰板表面，并立即用另一条柔软毛巾或无纺布擦干；或者直接将保养剂均匀地喷涂于车门内饰板表面，再用柔软的毛巾或无纺布擦匀、擦干。

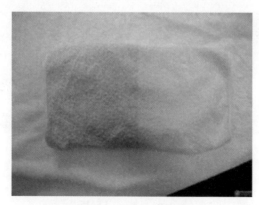

图 15-17　喷涂保养剂

如图 15-18 所示，需要保养的车门内饰板部位都要擦拭到，这样保养后的部件就会光亮如新。

图 15-18　车门内饰板部位都要擦拭到

（2）座椅、地毯和顶棚的保养　保养座椅、地毯和顶棚的操作方法与保养车门内饰板的方法相似，所不同的是使用的材料有差别。

15.2.4　皮革破损修复

（1）皮革修复剂　皮革修复剂是一种独特的白色膏状混合物，通过用 300℃左右的热风加热可以快速固化。固化物透明，韧性好，强度高，对真皮、人造革、乙烯材料的黏附性好。同时表面能用内纹理片压出与其他部位相似的纹理，再喷涂上内饰改色涂料，基本上还原到皮革的最新状态。

（2）修复步骤

①将破损部位的毛边修剪整齐，做出斜坡状的茬口。

②使用专用的清洁剂彻底清洗表面，并晾干。

③用皮革处理剂清洗化学污物。

④用 400～600 号水磨砂纸打磨破损处的边缘，再次用皮革处理剂清洗、晾干，如图 15-19 所示。

图 15-19　用皮革处理剂清洗

⑤ 填充一薄层皮革修复剂，用热风枪加热到 300℃ 左右，至修复剂由白色变为透明为止。逐层填补，直到将破损部位填平为止。

⑥ 用内纹理片压制出与皮革相似的纹理。

⑦ 用上色涂料上色即可。

15.2.5　内饰改色

（1）内饰改色涂料　内饰改色涂料是一类超级柔性的水基涂料，安全环保，可用于真皮、人造革、塑料、乙烯材料以及绒布、地毯等材料上，有很好的黏附力，持久耐用，并且颜色大多与汽车原厂内饰配套，也可以根据配方调配出自己选择的任意颜色。它有喷涂式和气雾罐式两种，操作方便。

（2）改色步骤

① 先用除尘的刷子去除塑料内饰上的灰尘。然后用专用的清洁剂在塑料内饰上喷上专用的内饰清洁剂，将需要改色的部位彻底清洗干净，如图 15-20 所示。

图 15-20　内饰改色涂料

② 如有化学污物，可用皮革处理剂清洗。

③ 用菜瓜布打磨改色表面，至磨砂状态，再次清洗污物，晾干。

④ 喷涂一薄层改色涂料，晒干一会儿，再次喷涂，直到颜色完全遮盖为止。

15.2.6　内饰清洁注意事项

① 使用适当的清洁剂。进行车饰清洁时，要根据不同材质使用专用的清洁剂或最相近的清洁剂，例如，用水性真皮清洁柔顺剂清洁真皮座椅（图 15-21），用化纤清洗剂清洗丝绒纤维制成的座椅、地毯等，用玻璃清洗液清洗车窗内侧的玻璃等。

② 切记不要随意混合或加热使用车饰清洁用品。不同的车饰清洁用品混合后，有可能产生一些有害物质，有些化学成分混合后可能会释放出有毒气体。

③ 对不熟悉的产品应先测试使用。对于首次使用的清洁剂，应先找到相同材质的部件进行清洗测试，或可在待清洗部件的不显眼处进行测试。如使用真皮清洁剂清洗车内座

椅皮革时，可先在座椅底部或背面等不显眼的地方小面积使用，观察清洗效果如何，以防褪色或有其他损害。

图 15-21　清洁真皮座椅

④ 车饰件上有特殊的污渍如焦油、油漆、机油等时，不可用力擦洗，应选用专用清洁剂进行清洗。

⑤ 清洁作业时，喷上清洁剂稍停片刻后才进行擦拭。擦拭方向要求后期只能单向运动，以便保持光线漫射面一致。

⑥ 如有需要，可对清洗过的较难干燥的饰件进行烘干处理，有利于防止发霉。

15.3
发动机的清洗

发动机舱的清洗不一定是为了美观，更多车商是为了掩盖气门室、油底壳渗油，有专用的清洁剂。当然这类清洁剂过后对发动机、缸体都有腐蚀，会出现很多霉状斑点。

清洗发动机时，具体的清洗方法基本相同，使用的清洗材料非常低廉，唯一的要求就是清洗干净就行，所以最常用的清洁剂就是发动机清洗剂和泡沫清洗剂。年岁长的二手车难免会有些渗油、漏油、滴油的情况，所以不少车商会对车辆的发动机舱进行清洗，更利于车辆的售出，抬高相应的车价。

15.3.1　发动机外部清洗

发动机易受各机件的传动而污染（如制动油、润滑油、清洁剂、冷却液、齿轮油、动力油等）。除此之外，发动机舱最大的污染源为灰尘、污泥等。如长期未予清除，易使水分、灰尘进入发动机、油路（如制动油路）、电器部件中而造成故障或损坏。

发动机外表可用刷子（如图 15-22 所示）或压缩空气等先进行除尘，然后选用合适的发动机外部清洗剂进行擦洗处理。注意，不能用汽油来代替专用清洁剂清洗发动机外表。

图 15-22　用刷子清洁发动机外表

清洗发动机，一般可由专业人员或由车主自行操作。其方法可分为发动机外部清洗剂清洗、高压水枪清洗、高压空气清洗等，目前高压水枪清洗被广泛采用。

无论使用何种方法，在清洗发动机或发动机舱时，应先将发动机熄火，使所有电器不作用，使发动机舱温度下降，千万不可在高温下清洗。在清洗发动机舱时，要避免发动机熔丝盒处的线束与水接触，对电器部件和线束接头等不宜水淋处要做防水保护。

（1）使用的工具与设备

① 保护膜。保护膜是对所要保护的汽车电器如点火线圈、插接器等部件包的一层膜，使其不受水淋。

② 发动机外部清洗剂。发动机外部清洗剂能快速乳化分解去除油污，且不腐蚀机体及其部件。水溶性好，可完全生物降解，易用水冲洗。

（2）发动机外部清洗剂清洗法

① 如图 15-23 所示，在喷洒清洗剂前先用毛巾或塑料薄膜等将高压线、电路等电器部位遮盖好。

毛巾————

图 15-23　遮盖高压线、电路等电器部位

② 将专业的发动机外部清洗剂喷洒在发动机舱内油污处，如图 15-24 所示。

③ 油污处喷洗后应稍等油污溶解。

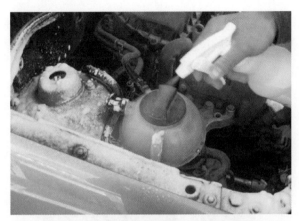

图 15-24　在发动机舱内油污处喷洒清洗剂

④ 如图 15-25 所示，待油污溶解后用海绵擦拭油污处（海绵不伤漆），不要遗漏每个角落。

图 15-25　用海绵擦拭

⑤ 擦拭污泥后可用压缩空气吹干。

（3）清洁发动机外部的注意事项

🔧 小 / 提 / 示

◆清洗时应选用碱性小、不腐蚀橡胶塑料件及外涂银粉的清洗剂。

◆用清洗剂擦洗之前，先用刷子或压缩空气掸出灰尘或细砂等。

◆清洗发动机舱时，注意不要将清洗剂喷到电气系统的零件上，更加不能用水去冲洗，否则可能造成电器短路，使发动机不能启动。如果不小心溅到电气系统上，应用干布擦干，或用压缩空气把水吹干。

◆一定要先把清洗剂喷到棉布或海绵上，然后再擦洗。

◆清洗完后可擦上塑料橡胶件保护剂使其色泽重现，延缓老化。

15.3.2　发动机表面锈渍的处理

（1）处理表面锈渍　发动机铸铁部位等金属表面生锈是一个缓慢的氧化过程，开始时表面出现一些细小的斑点，然后斑点逐渐扩大，颜色变深，形成片状或一层层的锈渍，从而形成严重的锈蚀。发动机生锈部位如图15-26所示。

生锈部位

图15-26　发动机生锈部位

对于铸铁等金属表面上的锈斑，应早发现早处理，在生成小斑点时就进行清除，以免斑点扩大后较难处理。

如图15-27所示，可用除锈剂喷在锈斑处，然后进行擦洗。

图15-27　用除锈剂喷在锈斑处

（2）注意事项　使用除锈剂时，建议穿戴防护手套，不要用手直接接触。除锈剂不能饮用，如不慎入眼，立即用清水冲洗。

15.3.3 发动机电器部分清洗

发动机电器电路部分包括起动机、发电机、各种传感器和执行器、点火线圈及各种电路线束等，这些部件的清洗必须采用特定护理产品进行，如果长期用水或普通的清洁剂处理，则只能加速其塑料壳体和线束橡胶的老化，影响汽车启动和行驶。

清洗发动机电器部分，如图 15-28 所示，可用压缩空气吹掉灰尘，然后再用清洁剂等清洗。

图 15-28　用压缩空气吹掉灰尘

清洗时注意对电器部分的防水处理。如果电器部分对防水要求较高的话，应避免用高压、高温的水枪来冲洗发动机，可以用毛刷醮清洗剂清洗发动机外表。

虽然发动机舱内的部件很多都做了防水处理，但由于采用电子控制系统，发动机舱里会安装有发动机电脑、变速器电脑及各种传感器和执行器等。如果这些电子元件接触到水，有可能会出现短路，留下自燃隐患。

第 16 章

二手车的维修

16.1

更换机油和机油滤清器

① 启动发动机，并保持怠速运转 3 ～ 5min。当水温表指示达到 60 ～ 70℃时，关闭点火开关，停止发动机运转。

② 用棉纱擦净机油加注口盖周围，旋下加注口盖，如图 16-1 所示。

图 16-1　旋下机油加注口盖

③ 举升车辆。调整举升机提升臂的角度和长度，使 4 个提升臂托垫对正汽车底部的举升支撑点。操纵举升机，将汽车升到适当高度。确认汽车可靠固定在提升臂上后，方可进入车下作业。

汽车举升前，卸下承载物；汽车举升时，车内不得有乘员，并关闭好车门；汽车举升中，严禁车下站人或穿梭，不得晃动车辆。

④ 将机油回收装置放在油底壳放油螺塞［图 16-2（a）］的正下方，拧松放油螺塞，然后用手缓缓旋出放油螺塞，让废机油流入回收装置，如图 16-2（b）所示。

小 / 提 / 示

不要让机油溅出回收盆，并小心被烫伤。

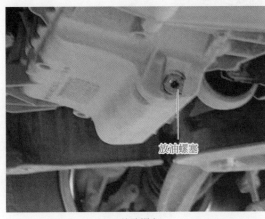

(a) 放油螺塞

(b) 放置机油回收装置

图 16-2　放出机油

⑤ 如图 16-3 所示，用机油滤清器专用扳手拆下机油滤清器，将残存在机油滤清器的机油倒入回收盆中。

图 16-3　拆下机油滤清器

⑥ 检查并清洁机油滤清器的安装面。

⑦ 在新的机油滤清器 O 形圈上涂抹一薄层干净的机油，如图 16-4 所示。若不涂机油，安装时密封圈与接合面发生干摩擦，密封圈易翘曲和损坏，造成密封不良而漏油。先用手拧入机油滤清器，然后用专用扳手将机油滤清器拧至规定力矩 7 ～ 8N·m。

图 16-4　在新的机油滤清器 O 形圈上涂抹机油

⑧ 检查放油螺塞垫片是否损坏（图 16-5），如有断裂应进行更换。用棉纱擦净放油螺塞上吸附的金属屑。先用手拧入放油螺塞，然后用梅花扳手将放油螺塞拧至规定力矩 35N·m。

⑨ 操纵举升机，将汽车平稳降至地面。

⑩ 加注机油（可利用漏斗），如图 16-6 所示。当加注量接近油桶容量（4L）的 3/4 时，停止加注机油。2 ～ 3min 后，拔出机油尺，擦净机油尺后重新将其插入到位，再次拔出机油尺，机油液面高度应位于机油尺上、下限之间。

图 16-5　检查放油螺塞垫片

图 16-6　机油的加注

小/提/示

边检查液面高度，边加注机油，但不允许液面高于机油尺上限。

⑪ 检查机油液面高度，液面偏上限为正常，偏下限应添加适量机油，高于上限就放出适量机油。

⑫ 预热发动机并检查机油是否泄漏。如有泄漏部位，应及时检查排除。

更换火花塞

16.2.1 火花塞的拆卸

① 工具准备。拆卸火花塞需要扳手、长接杆和六角套筒。汽车上的火花塞一般是用 16mm 的六角套筒拆卸的。

② 发动机冷却后方可拆卸。先清理点火线圈及其附近的灰尘和油污，然后拔下点火线圈的线束插头，用套筒拧下点火线圈的固定螺栓，如图 16-7 所示。

点火线圈

固定螺栓

线束插头

图 16-7　拧下点火线圈固定螺栓

③ 如图 16-8 所示，拔出点火线圈。一些车型的点火线圈和缸体之间用橡胶密封，拔出时需要用点力。

点火线圈

图 16-8　拔出点火线圈

④ 取下点火线圈后，如图 16-9 所示，用套筒把火花塞拧松。当旋松所要拆卸的火花塞后，用一根细软管逐一吹净火花塞周围的污物，以防火花塞旋出后污物落入燃烧室内。

套筒

图 16-9　用套筒把火花塞拧松

⑤ 取出火花塞。如图 16-10 所示，将之前拆下来的点火线圈插入已拧松的火花塞上，将火花塞取出。

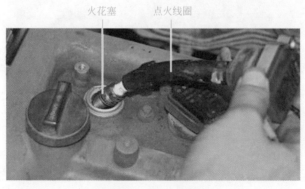

火花塞　　　点火线圈

图 16-10　取出火花塞

也可使用带磁性的套筒，在拆卸火花塞时把旋出的火花塞带出。如果没有带磁性的套筒，可以在套筒内塞一段较厚的双面胶，也能够把旋出的火花塞带出。

16.2.2　火花塞的检查

（1）新旧火花塞对比　如图 16-11 所示为使用后的火花塞与新火花塞外观的对比。

使用后的火花塞　　新火花塞

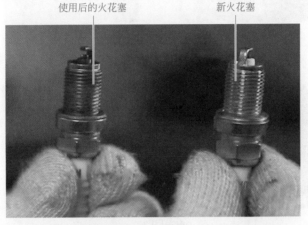

图 16-11　使用后的火花塞与新火花塞外观的对比

（2）检查火花塞的工作情况　火花塞的工作情况如图 16-12 所示。

① 从火花塞外观上检查，如有破损、明显缺陷，应更换新的火花塞。

② 火花塞上如有积炭、黑色油迹等，应进行清理，必要时更换新的火花塞。

③ 如在火花塞上发现熏黑、形成釉层等其他不正常现象，应进行清理，必要时更换新的火花塞。

(a) 工作正常

(b) 积炭

图 16-12

(c) 黑色油迹

(d) 呈白色

电极损坏

绝缘体
损坏

(e) 损坏

形成釉层

熏黑

(f) 其他

图 16-12　火花塞的工作情况

（3）检查调整火花塞电极间隙　火花塞的电极间隙一般可按 0.8 ～ 1.2mm 调整。火花塞电极间隙因车型的不同而异，可以从随车手册中查找。火花塞电极间隙过小，火花塞跳火能量变弱，电极容易烧蚀；火花塞电极间隙过大，发动机高速运转时易出现断火。如图 16-13 所示，火花塞电极间隙可用塞尺进行测量。

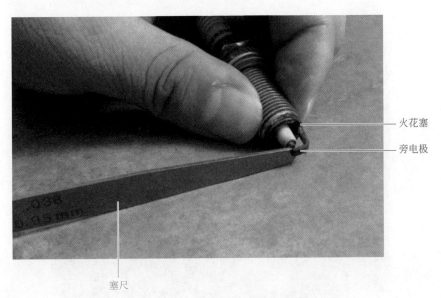

火花塞

旁电极

塞尺

图 16-13　火花塞电极间隙的测量

如果火花塞电极间隙不符合要求，应进行调整。调整间隙时，只能调整旁电极，不能调整中心电极，以免损坏绝缘体。

火花塞间隙太大时，可用旋具柄轻轻敲打旁电极来调整，但不要用力过大，否则旁电极可能因过度弯曲而损坏；如果间隙过小时，可用一字头的旋具插入电极间，扳动旋具把间隙调整到规定值为止。

16.2.3　火花塞的安装

① 安装火花塞时，先将火花塞放到套筒里。

② 将火花塞对准缸盖上的火花塞座孔，用手轻轻拧入火花塞。

③ 拧到约螺纹全长的二分之一后，再用套筒初步旋紧。

④ 使用扭力扳手紧固火花塞，一般拧紧力矩为 20N·m。

⑤ 拧紧火花塞时，注意套筒及扭力扳手要对正火花塞，同时注意拧紧力矩不能过大，防止损坏火花塞及缸盖火花塞座孔的螺纹。

⑥ 若拧动时手感不畅，应退出检查是否对正螺口或螺纹中有无夹带杂质，切不可盲目加力紧固，以免损伤螺孔，殃及缸盖，特别是铝合金缸盖。

⑦ 应按要求力矩拧紧，过松会造成漏气，过紧使密封垫失去弹性，同样会造成漏气。锥座型火花塞由于不用密封垫，一定要用规定力矩拧紧火花塞。

⑧ 在安装点火线圈时，注意不要把顺序弄错，按每个缸原来的位置对应安装。

16.3

更换蓄电池

（1）蓄电池的拆卸

① 首先把汽车的发动机舱盖打开，找到蓄电池的位置（图16-14）。

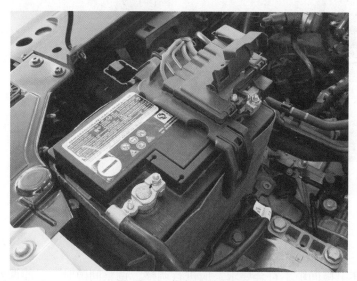

图 16-14　蓄电池的位置

② 关闭点火开关。如图16-15所示，拧松蓄电池负极桩螺栓（极桩处一般标注"-"记号），取下负极桩导线。

图 16-15　拧松蓄电池负极桩螺栓

③ 如图 16-16 所示，将蓄电池正极桩（极桩处一般标注"+"）上的导线拆下。

图 16-16 拆下蓄电池正极桩上的导线

④ 拆下蓄电池固定座上的固定压杆，取出蓄电池。

（2）**蓄电池的安装** 蓄电池的安装可按与拆卸的相反顺序进行，同时应注意以下事项。

① 蓄电池一定要安装牢固。如蓄电池未装牢固，蓄电池振动会影响其使用寿命；如固定不当，会损坏蓄电池栅板和蓄电池壳体，造成蓄电池电解液流出，使蓄电池报废。

② 一定要先安装并固定好蓄电池正极导线，然后再安装蓄电池负极导线。

③ 蓄电池正、负极一定不能接反，否则，将会造成汽车电子部件损坏。

⚙ **小/提/示**

◆关闭点火开关。

◆在拆卸蓄电池之前，有的车型应检查音响的防盗密码并做好记录，以备安装蓄电池后使用。

◆在取下蓄电池导线时，应先断开蓄电池负极导线，再断开蓄电池正极导线。复装时，按相反顺序进行。

16.4

车轮的拆装

（1）车轮总成的拆卸

① 停稳车辆，如图 16-17 所示，用三角木、橡胶块等前后掩住一个不拆卸的车轮，防

止溜车（如有举升机，则可用举升机升起车辆）。

图 16-17　用三角木掩住车轮

② 如有车轮装饰罩，应先取下车轮上的装饰罩。弄清汽车左右侧车轮与轮毂固定螺栓的螺旋方向，使用轮胎扳手、扭力扳手等按对角线的顺序初步拧松车轮固定螺栓。

③ 用千斤顶顶在车辆指定的位置，使被拆车轮稍离开地面。也可用举升机升起车辆，使车轮稍离开地面。

④ 拆下车轮与轮毂连接的全部螺栓，从轮毂上取下车轮总成。

（2）车轮总成的安装

① 先将车轮抵靠在轮毂上，将车轮固定螺栓初步拧在轮毂上，使车轮与轮毂贴靠在一起。

② 落下车辆使车轮与地面稍接触，用扭力扳手按对角线的顺序分 2 ～ 3 次拧紧车轮螺栓（如图 16-18 所示），最后一次要按规定力矩拧紧。

图 16-18　按对角线顺序拧紧车轮螺栓

（数字为螺栓拧紧顺序）

第17章

二手车的整备

二手车整备也就是常说的"翻新、包装"，一台"脏、乱、差"的车摆在那儿肯定没人看（图17-1）。如果二手车有故障、漏油、内饰的磨损、皮革的破裂等现象，都会影响顾客的感官和二手车的价值，所以整备的目的是快速地吸引顾客的眼球、卖个好价钱。当然也不排除不良商贩"欲盖弥彰"。

图 17-1　旧二手车

17.1

二手车整备方案类型

二手车整备方案一般可按车辆的里程数来分类。

（1）6万公里以内二手车　这类二手车的整备方案相对简单。车辆行驶里程数较少，如果使用时间短，能够提供车辆的原始保养记录的话，车况基本上都比较理想（图17-2）。

图 17-2　6 万公里以内的二手车

对于此类车辆，二手车经销商们只要重点检查车辆的轮胎、转向、制动等内容，并对于损坏的零部件进行更换，有碰撞的地方进行钣金、喷漆维修处理即可。

（2）6 万 ~ 15 万公里二手车　在二手车市场中，行驶里程数在 6 万 ~ 15 万公里的车辆占比比较大。相较于 6 万公里以内的二手车，这类车辆的整备过程就需要更深一层了，而且对专业性的要求也有所提高，比如蓄电池、轮胎、冷却液管路、散热器、风扇、火花塞、正时带、轴承、制动摩擦片，以及车辆的机油、制动液、冷却液等，如果有无法使用的部分都需要进行维修或更换。

（3）15 万公里以上二手车　此类二手车的整备过程一般都需要大修大补，涉及安全相关的所有零部件，基本都要更换，这就对工作人员的专业性提出了更高的要求。所以如果不是行情很好的车型，经销商一般不会收这类车。

17.2

二手车整备流程

二手车整备流程一般包括接车、整备前检查、进行整备、整备项目追加、出售确认及出售等几个环节。

（1）接车　评估师要对车辆进行初步审核，检验车辆证件、车主信息、保险信息以及车辆基本状况，对于符合标准的车辆进行登记入库。填写车辆入库检查表等车辆相关资料。

（2）整备前检查　依据二手车的估价报告表，确认二手车的具体维修项目，对整车维修的任务进行合理分工。

（3）进行整备　在二手车整备过程中，依据二手车的整备规范、维修项目进行施工，预估维修完成后的可出售日期和整车维修费用并进行追踪管控。

（4）**整备项目追加**　在对二手车进行维修过程中，如有需要追加的整备项目，则需要进行追加项目的确认与安排。

（5）**出售确认**　对整备后的车辆进行整车性能测试，审核维修单据，依整备项目规范做维修最终检查。

（6）**出售**　确认车况良好，便可上架出售。

参 考 文 献

［1］吴兴敏. 二手车鉴定与评估. 3 版. 北京：人民邮电出版社，2019.

［2］明光星. 二手车鉴定与评估实用教程. 3 版. 北京：机械工业出版社，2016.

［3］赵培全. 二手车鉴定评估交易全程通. 北京：化学工业出版社，2016.

［4］林绪东. 手把手教你鉴定评估二手车. 北京：机械工业出版社，2018.

［5］刘春晖. 二手车鉴定与评估图解. 北京：机械工业出版社，2021.

视频目录